7장. 7적 금성인	220	
8장. 8백 토성인	225	
9장. 9자 화성인	230	

8부. 방위학 235
- 1장. 각 구성별 방위현상 237
  - 도표 길방위로 현상 256
- 2장. 흉살 방위로 움직여 받는 재난 260
  - 도표 9궁의 흉살 작용 276

9부. 취기 개운법 277
- 1장. 기氣와 그 방위의 영향력 280
- 2장. 목적별 취기 284
- 3장. 취기효과의 발현시기 288
- 4장. 취기의 시기와 그 방위 291
  - *2024년~29년 취기 날짜와 방향 295
- 5장. 목적지 선정 301
- 6장. 오행별 취기의 요점 303
- 7장. 기타 개운법 317
  - 도표 9궁의 흉살 작용 276

10부. 양택풍수 325
- 1장. 가상(家相) 327
- 2장. 대지(大地)의 상 : 지상(地相) 329
- 3장. 주택의 상(相) 333
- 4장. 가상의 중심점 336
- 5장. 가상의 돌출과 함몰의 길흉 337
- 6장. 본명성별 길상의 요점 351
- 7장. 직업과 가상 360

부록 1. 팔괘의 상과 의미 369

부록 2. 당사주 383
1. 당사주란? 385
2. 당사주의 별 386
3. 당사주 포국법 389
4. 연월일시의 작용 395
5. 일장금(一掌金) 402
6. 12지의 일주와 운세 406
7. 12신살 415

후 기 428

박창원의
구성학 강의
- 운명학과 취기

저자/ 박창원
1955년생
강원대 경영학과 졸업
현대건설, 대명건설 근무
1995년 철학입문
1996년부터 구성학 강의 시작
현재까지 구성학 명리학 육효 주역 매화역수 강의 중
저서에 『박창원의 구성학 강의』

저자/ 이연실
1970년생
성균관대학교 문학석사
대유학당 편집인 100여 종 편집.
대유학당 자미두수반 교수.
저서에 『별자리로 운명 읽기 1~5권』,
『어디, 역학공부 좀 해 볼까?』

박창원의 구성학 강의 운명학과 취기

- 초판 2024년 1월 9일   ■3쇄 2024년 11월 26일
- 저자 박창원 이연실   ■발행인 윤상철
- 표지 윤여진   ■마케팅 위세웅 정서윤
- 교정 교열   김원경 김태관 김현수 박승호 신동선 양재직 이지선 안현희 최상경
- 발행처 대유학당   ■출판등록 1993년 8월 2일 제 1- 1561호
- 주소 서울 성동구 아차산로17길 48 SK V1 센터 1동 814호
- 전화 02-2249-5630, 010-9727-5630
- 블로그 http : //blog.naver.com/daeyoudang
- 유튜브 대유학당 TV
- 여러분이 지불하신 책값은 좋은 책을 만드는 데 쓰입니다.
- ISBN 978-89-6369-156-5 03180
- 값 30,000원

박창원의
구성학 강의
- 운명학과 취기

머리말

　동양 고전중의 고전인 주역에는 변역, 불역, 간역(간이)이 있습니다. 변역이란 세상의 모든 사물은 반드시 변화하고 바뀌어야 존재를 이어간다는 것입니다. 불역이란 세상이 계속해서 바뀌며 변화하지만, 그 과정에는 만고불변의 일정한 법칙이 존재한다는 것입니다. 간역(간이)이란 변역의 과정이나 불역의 법칙은 간단하고 쉽다는 것입니다. 이러한 주역의 세 원칙은 동양철학의 모든 과정에 적용되는 뿌리원칙입니다.
　그런데 우리는 지식과 지혜와 경험의 부족으로 그 원리를 쉽게 찾지 못하고 종종 갈 길을 모르고 헤매고 있습니다. 시시각각으로 변화하고 있는 세상의 변화가 아무리 다양하고 복잡하더라도, 그 변화의 원리를 이해하고 알게 되면, 아주 쉽고 간단하게 풀 수 있는데도 말입니다.

　구성학은 하도와 낙서의 이치를 응용한 학문입니다. 낙서의 구궁도에 주역의 팔괘가 운행하며 길흉을 찾는, 다시 말해서 구성과 구궁으로 인간의 운명을 쉽고 간단하게 풀이하는 간역(간이)의 대표적인 학문입니다.
　이렇게 간단하게 낙서와 팔괘를 응용하는 학문이지만 그 응용범위는 넓고도 정확합니다. 년 운세, 월 운세, 일 운세, 시 운세를 알 수 있는 것은 물론이고, 평생 운세를 부모운, 부부운, 형제운, 재산운, 직장운, 부동산운, 건강운 등으로 구분해서 볼 수 있으며, 또 나이별로 운세를 보는 것까지 다양하게 풀이할 수 있습니다. 짧은 시간 안에 학습이 가능하면서도, 다양한 분야를 볼 수 있으므로 활용도가 높은 요즘말로 '가성비가 높은 학문'인 것입니다.

이 책은 편하게 보고 쉽게 이해할 수 있도록 도표를 많이 활용했으며, 실제 상담을 한 예문을 실어 독자분들이 쉽게 상담에 활용할 수 있게 하였습니다. 이 책을 통해 성실하게 학습한다면, 인간의 운명을 쉽고 정확하게 파악할 수 있는 능력을 충분히 갖출 수 있을 것이라고 확신합니다.

끝으로 부족한 저를 가르치면서 아껴주시고 격려해주신 스승님(고 영천선생님)께 머리 숙여 감사드립니다. 또 오랫동안 창고에 갇혀있던 원고를 꺼내도록 응원하고 재촉해주며, 새롭게 편집을 해서 책을 짜임새 있게 해주고, 알기 쉬운 용어로 바꾸면서 내용을 일목요연하게 알 수 있도록 도표로 정리해주신 대유학당의 중전 이연실님의 노고가 아니었다면 이 책은 세상에 빛을 보지 못했을 것입니다. 아울러 대유학당의 구성학반 학생들의 헌신적인 교정도 많은 도움이 되었습니다. 이 자리를 빌려 깊은 감사를 드립니다.

박창원

일러두기

이 책은 구성학을 활용측면에서 오랫동안 강의하셨던 박창원 선생님의 교재를 편집한 후, 예제를 추가한 것이다. 총 10부와 2개의 부록으로 이루어져 있다. 전체를 아우르는 것은 역시 구성학이지만 사주명리와 당사주도 언급되어 있으니 이 한 권을 잘 익히면 실제적인 추명이 가능할 것이다.

1부는 구성학의 기초이론으로 구성을 공부하려면 여러 번 읽고 배치도 해 보아야 쉽게 눈에 들어오고 풀이가 가능하다.

2부와 3부에서는 동회법, 경사법, 대충을 다루는데, 다른 학문에는 없는 구성학의 특성이라고 할 수 있다.
4부에서는 가장 중요한 5황살에 대해 설명하고, 공망살과 공망을 이용한 천중살을 보는 법을 설명하였다.

5부에서는 래정법을 설명하였는데, 구성의 래정법은 해당년이나 월에 발생되는 사회 전반에 관한 사항, 해당 일이나 시간에 자신과 자신의 주변에 일어나는 사항, 찾아온 사람의 정황을 알 수 있는 장점이 있다. 년명성별 조견표도 있으니 년월반을 보고 싶은 분들은 참고하기 바란다.

6부에서는 운 보는 방법을 총체적으로 설명하였다.

이것을 바탕으로 7부에서는 실제 사례를 들어 1백수성부터 9자화성까지 명리와 함께 구성평생운을 설명하였다. 반복해서 읽으면 구성으로 평생운 보는 방법을 알게 될 것이다.

8부에서는 구성의 특징인 방위학에 대해 다루며, 9부에서는 그 방위를 이용하여 개운하는 방법인 취기를, 10부에서는 양택풍수를 간단하게 설명하였다. 8~10부는 방위를 응용하여 실생활 개선에 목적이 있으므로 반드시 실천해 보았으면 한다.

[부록1]에서는 구성학의 기본 원류가 되는 팔괘의 상과 의미를 설명하였다. 잘 아는 분이라면 넘어가도 되지만, 1부만 보고 이해가 되지 않는다면 부록1의 내용을 여러 번 보아야 한다.

[부록2]는 이 책의 내용과는 별개의 것이지만, 좀 쉽고 간단한 명리하고 불리는 당사주를 정리한 것이다. 12지만 가지고 보며 새로운 사주는 만들어 보는 것인데, 당사주만 가지고도 실전에 아주 적중률이 높다고 하니 익혀 보시기 바란다.

참고도서
배성현, 『백리길 여행으로 운명이 바뀐다』『만다라 개운법』
이찬욱, 「구성학 강의록」
작자미상, 「법도진리 강의록」

목 차

머리말   5
일러두기   7

1부. 구성학의 기초 이론   13

1장. 팔괘   15
2장. 구성이란   17
3장. 구성과 구궁의 주된 의미   19
    도표 구성 키워드 요약   25
4장. 구성의 배치   27
5장. 흉살의 배치   34
6장. 포국의 예시   37

2부. 동회법(同會法)   39

1장. 년운의 감정   41
2장. 월운의 감정   47
3장. 추가 참고사항   56
4장. 구성별 동회와 피동회시의 작용   58

3부. 경사법과 대충　　　　　　77

1장. 경사법이란?　　　　　　79
2장. 경사법의 관찰요점　　　　81
3장. 경사법의 감정 사례　　　　88
　　도표 경사궁으로 판단하는 직업　　106
4장. 대충 관계　　　　　　　109

4부. 흉살론　　　　　　　　113

1장. 흉살의 종류와 특성　　　　115
2장. 5황살　　　　　　　　119
3장. 공망살　　　　　　　　127
4장. 천중살(天中殺)　　　　　134

5부. 래정법　　　　　　　　141

1장. 사회전반에 관한 사항(년, 월반)　143
2장. 자신의 주변상황(일, 시반)　　151
3장. 년명성별 조견표　　　　　156

6부. 운을 보는 방법　　　　　167

1장. 운을 보는 방법　　　　　169

7부. 평생운 사례   191

     1장. 1백 수성인   193
     2장. 2흑 토성인   197
     3장. 3벽 목성인   203
     4장. 4록 목성인   208
     5장. 5황 토성인   212
     6장. 6백 금성인   216
     7장. 7적 금성인   220
     8장. 8백 토성인   225
     9장. 9자 화성인   230

8부. 방위학   235

     1장. 각 구성별 방위현상   237
     도표 길한 방위로 움직이면 생기는 일   256
     2장. 흉살의 방위로 움직여 받는 재난   260
     도표 9궁의 흉살 작용   276

9부. 취기 개운법   277

     1장. 기氣와 그 방위의 영향력   280
     2장. 목적별 취기   284
     3장. 취기효과의 발현시기   288
     4장. 취기의 시기와 그 방위   291
     5장. 목적지 선정   301
     6장. 오행별 취기의 요점   303
     7장. 기타 개운법   317

10부. 양택풍수   325

   1장. 가상(家相)   327
   2장. 대지(大地)의 상 : 지상(地相)   329
   3장. 주택의 상(相)   333
   4장. 가상의 중심점   336
   5장. 가상의 돌출과 함몰의 길흉   337
   6장. 본명성별 길상의 요점   351
   7장. 직업과 가상   360

부록 1. 팔괘의 상과 의미   369

부록 2. 당사주   383

   1. 당사주란?   385
   2. 당사주의 별   386
   3. 당사주 포국법   389
   4. 연월일시의 작용   395
   5. 일장금(一掌金)   402
   6. 12지의 일주와 운세   406
   7. 12신살   415
   후 기   428

1부. 구성학의 기초 이론

1장. 팔괘　　　　　　　　　　　15
2장. 구성이란　　　　　　　　　17
3장. 구성과 구궁의 주된 의미　　19
4장. 구성의 배치　　　　　　　27
5장. 흉살의 배치　　　　　　　34
6장. 포국의 예시　　　　　　　37

1장. 팔괘

구성을 쓰기 위해서는 알아야 할 개념이 있다. 주역에 나오는 '팔괘'라는 것인데, 구성에서는 후천팔괘를 이용한다. 낙서 9궁이라고도 부르는데, 기본적인 개념은 여기에서 시작한다.

후천팔괘를 이용한다고 했는데, 당연히 선천팔괘라는 것도 존재한다. 선천팔괘는 천지자연의 원리를 가지고 만든 것이다. 이에 반해 후천팔괘는 인간생활에 중심을 둔 원리이다.

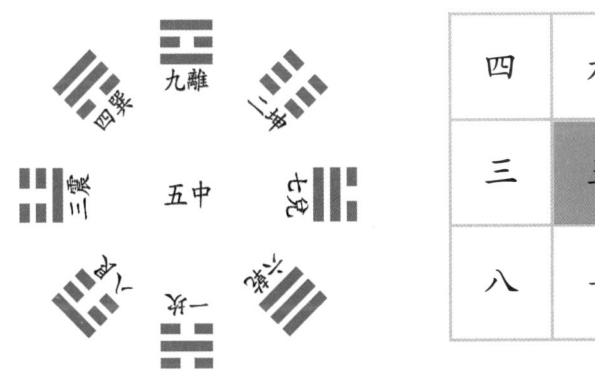

후천팔괘는 위와 같이 생겼으며 괘는 두고 숫자만 따오면 오른쪽 그림이 된다. 맨 위에 리괘(離卦)인 불을 두고 아래에는 감괘(坎卦)인 물을 두고, 왼쪽에 진괘(震卦)인 우레와 오른쪽에 태괘(兌卦)인 연못을 두었다. 우레로부터 불을 얻고(목생화), 연못에서 물을 얻어(금생수) 인간이 활용하는 것을 중요시하여 정방위에 배치하였고, 나머지 4괘 중에 건괘(乾卦)인 하늘은 서북방에, 곤괘(坤卦)

인 땅은 서남방에, 간괘(艮卦)인 산은 동북방에, 손괘(巽卦)인 바람은 동남방인 사잇방에 배치하였다.

　이 후천팔괘와 낙서(落書)가 만나 구성학의 기본도가 되었으므로, 주역을 구성학의 기본토대라고 하는 것이다.

　선천팔괘가 구성학의 기본적인 원리(體)의 작용이라면, 후천팔괘는 구성학의 구체적인 활용(用)의 작용을 한다고 볼 수 있다. 따라서 8괘의 의미를 알아야 구궁과 구성의 의미를 알 수 있다.

四 손	九 리	二 곤
三 진	五 중	七 태
八 간	一 감	六 건

동남	남	서남
동	중앙	서
동북	북	서북

　동양학의 경우 동서남북을 보는 관점이 서양과 다르다. 그래서 아래쪽이 북쪽이고 위쪽이 남쪽이다. 위의 두 그림은 꼭 외워두는 것이 좋다. 물론 실제 구성을 활용할 때는 앱을 사용할 것이므로 잘 읽기만 하면 되지만 기본적인 내용은 알고 있어야 방위를 헷갈리지 않고 판단할 수 있다.

　부록으로 팔괘를 넣었으니 필요하신 분은 꼼꼼히 읽어 보시라.

2장. 구성이란

　구성(九星)은 아홉 별이다. 팔괘에 중궁(5)을 더하여 1, 2, 3, 4, 5, 6, 7, 8, 9라는 숫자를 뽑았으며, 그 숫자에 색깔과 오행을 더해서 이름을 붙였다. 이 아홉 별들에게는 각자의 위치가 주어지는데, 구성에서는 각 별의 뜻도 중요하지만, 위치도 매우 중요하다.
　명리학과 비교해 보자. 일반적으로 명리학은 대부분 시간에 주안점을 두어 운명을 감정하고 있다. 감정의 기초가 되는 사주부터 연월일시를 토대로 뽑는 것을 보면 알 수 있다.
　구성학은 시간적인 요소를 사용하면서도 그 외에 공간적인 요소, 즉 방위를 많이 적용한다. 따라서 그 활용범위가 상당히 넓어진다.

　구성학을 공부하게 되면 여러 부분에서 활용할 수 있다. 년명성만 가지고 그 해의 운이 어떤지 알 수 있고, 년명성과 월명성을 가지고 60세까지의 운을 판단할 수 있다. 구성에는 방위의 개념도 포함되므로 자신에게 유리한 것을 찾는데도 유용하다.

　그 예로,
　① 일반 명리학과 같이 연월일시로 보는 평생 운세
　② 해당년의 운세, 해당월의 운세, 해당일의 운세, 해당시간의 운세
　③ 해당일에 어떤 일이 일어나고, 어떤 사람들이 찾아오는가를

보는 래정법

④ 운명을 개선하는 취기(取氣) 개운법

⑤ 현재 자신이 살고 있는 주택이 자신에게 적합한지 여부와 어떤 집에서 살아야 좋은 기운을 받고 사는지를 분석하는 양택 풍수지리법

⑥ 이사나 전근 시 가는 방위가 좋거나 나쁜지 알 수 있는 방위학

⑦ 당면 문제의 결과나 미래를 알 수 있는 점법

등으로 광범위하다고 할 수 있다.

이 책에서는 ①~⑥까지 다룰 것이고, 점법에 대해서는 따로 언급하지 않는다. 점법은 상황에 따라 많이 다르게 보기도 하고, 하나의 사건만을 가지고 응하는 것이라고 볼 수 없으므로 실제로도 자주 사용하지 않는다. 이 부분은 더 깊은 연구가 필요하다.

3장. 구성과 구궁의 주된 의미

1. 1백수성(一白水星) = 감궁

4 손	9 리	2 곤
3 진	5 중	7 태
8 간	1 감	6 건

숫자 1에는 백(白)색과 오행으로 수(水)를 붙여 1백수성이라고 부른다. 숫자 1은 백색이며, 수의 속성을 지닌다는 것이다. 당연히 자리는 감궁(북쪽)에 들어간다.

① 주된 의미 : 수(水), 함(陷), 험(險), 수고로움, 극쇠운, 곤란, 차남(次男), 부하, 종업원, 신장, 음부의 성기, 혈(血), 땀, 눈물.

② 주요 작용 : 비밀 작용, 색정(色情), 임신, 궁색, 고민, 병들게 함, 사물의 출발, 금품의 분실, 도난, 침투.

2. 2흑토성(二黑土星) = 곤궁

4 손	9 리	2 곤
3 진	5 중	7 태
8 간	1 감	6 건

숫자 2에는 흑(黑)색과 오행으로 토(土)를 붙여 2흑토성이라고 부른다. 숫자 2는 검은색이며, 토의 속성을 지닌다는 것이다. 원래 자리는 곤궁(서남방)이다.

① 주된 의미 : 유순, 포용, 대지(大地), 노동, 치역(致役), 봉사, 육성, 어머니, 위(胃), 비장(脾臟), 오른 손, 피부.

② 주요 작용 : 사물의 육성, 순종, 노력, 준비, 끈기, 옛것(고향 친구, 골동품, 헌 집).

3. 3벽목성(三碧木星) = 진궁

4 손	9 리	2 곤
3 진	5 중	7 태
8 간	1 감	6 건

숫자 3에는 벽(碧)색과 오행으로 목(木)을 붙여 3벽목성이라고 부른다. 숫자 3은 푸른 색이며, 목의 속성을 지닌다는 것이다. 원래 자리는 진궁(동방)이다.

① 주된 의미 : 진(進), 출(出), 번개, 전기, 소리, 활동, 전진, 장남(長男), 간장(肝腸), 목구멍, 발, 관절.

② 주요 작용 : 출현, 성장, 활기, 명랑, 말소리의 작용, 신선함, 젊음, 승진, 개업.

4. 4록목성(四綠木星) = 손궁

4 손	9 리	2 곤
3 진	5 중	7 태
8 간	1 감	6 건

숫자 4에는 록(綠)색과 오행으로 목(木)을 붙여 4록목성이라고 부른다. 숫자 4는 녹색이며, 목의 속성을 지닌다는 것이다. 당연히 자리는 손궁(동남쪽)에 들어간다.

① 주된 의미 : 바람, 신용, 조화, 장녀(長女), 대장(大腸), 소장(小腸), 호흡기, 왼손, 머리카락.

② 주요 작용 : 여행, 출장, 성장 및 결혼의 작용. 매사를 왕성하게 하는 작용, 교류의 작용, 증감, 거래, 장사, 무역.

5. 5황토성(五黃土星) = 중궁

4 손	9 리	2 곤
3 진	**5 중**	7 태
8 간	1 감	6 건

숫자 5에는 황(黃)색과 오행으로 토(土)를 붙여 5황토성이라고 부른다. 숫자 5는 누런 색이며, 토의 속성을 지닌다는 것이다. 원래 자리는 중앙이다.

① 주된 의미 : 중앙, 중심, 욕구, 제왕, 오장육부.

② 주요 작용 : 신진대사의 작용, 부패, 변질 및 토화 작용. 흉한 일, 변사(變死), 사고사, 독물, 음독자살, 암(癌), 사망, 강도, 피살.

6. 6백금성(六白金星) = 건궁

4 손	9 리	2 곤
3 진	5 중	7 태
8 간	1 감	**6 건**

숫자 6에는 백(白)색과 오행으로 금(金)을 붙여 6백금성이라고 부른다. 숫자 6은 하얀 색이며, 금의 속성을 지닌다는 것이다. 원래 자리는 건궁(서북방)이다.

① 주된 의미 : 하늘, 결단, 행동, 아버지, 남편, 머리, 좌측 폐(肺), 척추의 골수, 큰 뼈.

② 주요 작용 : 쉬지 않고 활동, 베풀기, 권위, 위엄, 새로운 시작, 완고, 큰 자본, 도박 행위.

7. 7적금성(七赤金星) = 태궁

4 손	9 리	2 곤
3 진	5 중	**7 태**
8 간	1 감	6 건

숫자 7에는 적(赤)색과 오행으로 금(金)을 붙여 7적금성이라고 부른다. 숫자 7은 붉은 색이며, 금의 속성을 지닌다는 것이다. 원래 자리는 태궁(서방)이다.

① 주된 의미 : 연못, 기쁨, 향락(享樂), 막내딸, 입, 혀, 치아, 우측 폐(肺), 인후(咽喉), 가슴.

② 주요 작용 : 현금의 수입과 지출 작용, 삶의 즐거움(사교, 연애, 주색, 음식, 도박), 애교, 취미, 오락.

8. 8백토성(八白土星) = 간궁

4 손	9 리	2 곤
3 진	5 중	7 태
8 간	1 감	6 건

숫자 8에는 백(白)색과 오행으로 토(土)를 붙여 8백토성이라고 부른다. 숫자 8은 하얀 색이며, 토의 속성을 지닌다는 것이다. 당연히 자리는 간궁(동북쪽)에 들어간다.

① 주된 의미 : 산(山), 변화, 개혁, 축적, 막내 아들, 코, 귀, 등과 허리, 손, 맹장(盲腸).

② 주요 작용 : 상속과 인수인계의 작용, 변화와 개혁, 교대(끝과 시작), 생과 사, 저축과 집적, 단절, 정지, 침체 현상, 이전, 늦어짐, 연속, 지체.

9. 9자화성(九紫火星) = 리궁

4 손	9 리	2 곤
3 진	5 중	7 태
8 간	1 감	6 건

숫자 9에는 자(紫)색과 오행으로 화(火)를 붙여 9자화성이라고 부른다. 숫자 9는 보라색이며, 화의 속성을 지닌다는 것이다. 원래 자리는 리궁(남방)이다.

① 주된 의미 : 화(火), 명예, 정열, 차녀(次女), 심장, 눈, 유방, 붉은 혈액.

② 주요 작용 : 나타냄(발견). 선악의 판명, 판결, 재판, 정신, 이별(생이별), 합격 불합격, 감정의 기능, 미화, 고급화의 작용. 신앙심, 관재구설, 수술.

이렇게 구성에 색깔을 넣어 사용하기 때문에 자백(紫白)이라고도 부른다. 색깔과 이름을 모두 넣으면 구성의 기본도가 완성된다.

4록 목성 손궁	9자 화성 리궁	2흑 토성 곤궁
3벽 목성 진궁	5황 토성 중궁	7적 금성 태궁
8백 토성 간궁	1백 수성 감궁	6백 금성 건궁

이 기본도를 아홉 별이 모두 제자리에 있는 배치라고 해서 정위도(正位圖)라고 부른다.

1백수성의 제자리는 감궁이므로, 감궁을 본궁(本宮)이라고 부른다. 마찬가지로 2흑토성은 곤궁이 본궁, 3벽목성은 진궁이 본궁, 4록목성은 손궁이 본궁, 5황토성은 중궁이 본궁, 6백금성은 건궁이 본궁, 7적금성은 태궁이 본궁, 8백토성은 간궁이 본궁, 9자화성은 리궁이 본궁이 된다.

복잡해 보이지만 구성판을 그대로 읽은 것이니, 이것 만큼은 외워두어야 한다.

기본 배치라 하였으니 이 배치와는 다른 위치에 구성이 들어가는 경우도 있다는 의미이다.

각 년월일시에 따라 정해진 배치법을 통해 구성을 포국하고, 새로운 배치끼리의 관계를 통해 그 해의 운세나 평생운세 등을 풀어내는 방식이 구성학이다.

10. 구성 키워드 요약

	사	오	미	
진	**4 록 목** 사업, 교제, 신용 결혼, 해외, 여행 바람, 무역(거래) 결혼궁, 중매결혼 장녀, 수습, 마무리 대장, 소장, 호흡기	**9 자 화** 머리, 정신, 문서 명예, 직위, 학문 탄로(발현), 망신 이별, 재판(민사), 중녀 도장, 심장, 눈 유방, 혈액 수술(확인해서 하는)	**2 흑 토** 가정, 직업(취직) 부모, 처궁, 여자 엄마, 서민, 희생 고집 세다, 골동품 노력, 봉사, 옛 것 위장, 비장, 피부	신
묘	**3 벽 목** 새로움, 시작(출발), 소리, 전기 통신, 갑작스런 사고, 사기, 아이디어, 젊음, 승진, 개업, 간(肝), 목구멍	**5 황 토** 욕심, 욕구, 부패 고질병, 암, 사고 문제(오래된 병) 장의사, 하자 자기중심, 폭력 오장육부의 병	**7 적 금** 재물, 손재 소비, 연애, 구설 향락, 유흥, 음식점 돈쓰는 취미 수술, 막내딸 입, 혀, 치아, 폐	유
인	**8 백 토** 부동산, 형제, 조상 산소, 통장, 감춤 종교, 막내아들 상속, 변화, 가족 직업전환 가능 침체기, 단절 허리, 다리, 관절	**1 백 수** 계획, 극쇠운 자식, 부하, 차남 이성(숨은 애인) 고난, 술집, 종업원 도적, 사기, 범죄 비밀, 병들게 함 비뇨기 질병	**6 백 금** 아버지, 남편, 국가 대통령, 조상, 재벌 사장, 회장, 자본 항공, 법규, 정치 투자, 역술, 승려, 자동차 사고, 도박, 귀인, 뼈, 골수, 재판(형사)	술
	축	자	해	

구성학의 기초이론

11. 본명성을 위주로 감정하는 법

본명성은 자신이 태어난 해의 구성 숫자이며, 이것을 **년명성**이라고도 부른다. 아래는 본명성에 따른 특징을 언급한 것이다. 본명성(년명성) 구하는 방법으로 뒷 장을 참조하라.

① **1백** : 어렵다, 힘이 없다, 고난, 부하나 자식으로 인한 고난, 인정받기 힘들다, 제일 밑이다.
② **2흑** : 일벌레, 개미.
③ **3벽** : 황태자, 부왕(父王)이 빨리 죽어야 한다.
④ **4록** : 자기 정리가 잘 된다, 자격증이 많다.
⑤ **5황** : 왕이다. 집안을 좌지우지한다.
⑥ **6백** : 활동력 강하다, 건강하다, 어렸을 때 잘사는 집안에서 지냈다, 6이 할아버지를 의미하므로 조상을 찾아야 잘 된다, 찾아가면 아들이 잘 된다, 장래성이 있는 자식이 된다.
⑦ **7적** : 치아가 어떤지를 보아 단단하면 고생은 하지만 괜찮게 살겠다고 판단한다, 부모가 일찍 죽는다(3벽과 비슷), 이빨이 망가졌다면 33살부터 망하겠다고 본다.
⑧ **8백** : 태어날 때 집안에 변화가 있었다, 무언가 바꾸려 하는 상태에서 태어났다, 산이나 절에 가야 잘 된다, 류마티스, 관절염 조심.
⑨ **9자** : 불, 학자 타입, 무엇을 가르치는 일, 무엇을 밝혀야 한다, 신문사, 감사, 부정한 일을 밝혀야 한다, 정보과 등.

4장. 구성의 배치

이제 구성의 정위도를 알았으니, 연월일시에 따라 어떻게 배치되는지 간단히 알아보도록 하겠다.

구성은 연월일시에 각기 붙이게 되어 있는데, 여기에 붙이는 법을 설명하기는 하지만, 일일이 기억하기 어렵기 때문에 도사폰 앱을 활용하면 좋겠다. 휴대폰에 도사폰 앱을 구매하면 구성은 기본으로 설치된다.

1. 년에 붙이는 법

1864년부터 1923년은 1백수성부터 시작하며 역행[1]한다.
1924년부터 1983년은 4록목성부터 시작하며 역행한다.
1984년부터 2043년은 7적금성부터 시작하며 역행한다.

아래 조견표를 참고하고, 여기에 나오지 않는 년도는 9를 더하거나 빼면 된다.

년명성	태어난 년도
1	1918, 27, 36, 45, 54, 63, 72, 81, 90, 99, 2008, 2017, 2026년생
2	1917년생, 26, 35, 44, 53, 62, 71, 80, 89, 98, 2007, 2016, 2025년생

---

1) 역행은 1→9→8→7→6→5의 순서로 숫자가 줄어드는 것을 말한다.

3	1916년생, 25, 34, 43, 52, 61, 70, 79, 88, 97, 2006, 2015, 2024년생
4	1915년생, 24, 33, 42, 51, 60, 69, 78, 87, 96, 2005, 2014, 2023년생
5	1914년생, 23, 32, 41, 50, 59, 68, 77, 86, 95, 2004, 2013, 2022년생
6	1913년생, 22, 31, 40, 49, 58, 67, 76, 85, 94, 2003, 2012, 2021, 2030년생
7	1912년생, 21, 30, 39, 48, 57, 66, 75, 84, 93, 2002, 2011, 2020, 2029년생
8	1911년생, 20, 29, 38, 47, 56, 65, 74, 83, 92, 2001, 2010, 2019, 2028년생
9	1910년생, 19, 28, 37, 46, 55, 64, 73, 82, 91, 2000, 2009, 2018, 2027년생

아래 두 가지 방법은 조견표가 없을 경우 빠르게 계산하는 방법이다.

① 해당인의 생년으로 계산하는 법

① 생년의 서기년도를 합산하여 9로 나누어 남는 수 : @라 한다. 이 경우 서기년도를 숫자로 그냥 합산해도 된다(9진법).
② 11이라는 가상숫자에서 @를 빼면 그 수가 해당인의 본명성이 된다.

예) 1955년 을미(乙未)생의 경우
  1+9+5+5 = 20
  20 = 2+0 = 2-〉 @

11 - 2 = 9. 9자화성. 이 사람의 본명성은 9자화성이다.

만약 @가 0이나 1이 되어 11-@가 11또는 10이 되는 경우에는 어떻게 계산할까?

이런 경우 11은 1+1 = 2, 2흑토성으로, 10은 1+0 = 1, 1백수성으로 보면 된다.

예) 1998년 무인(戊寅)생의 경우

1+9+9+8 = 27

27 = 2+7 = 9. 9/9=1, 나머지는 없으므로 @=0

11-0 = 11. 수가 10이 넘어 구성에 대입할 수 없으므로 1+1 = 2로 계산, 본명성은 2흑토성이다.

② **구성해당년도마다 나이에서 일정한 수를 빼는 법**

구성년도	1백	2흑	3벽	4록	5황	6백	7적	8백	9자
나이공제수	9	8	7	6	5	4	3	2	1

* 구성년도과 공제수를 합하면 10이 된다고 기억하면 쉽다.

예) 2009년에 1955년생은 55세가 된다.

2009년의 구성은 9자화성년이 된다.

9자화성년의 공제수는 1이 된다.

따라서 나이 55세에서 1을 빼면 54가 남고, 이를 숫자로 더하면 5+4=9가 되어 9자화성 본명성이 된다.

2. 월에 붙이는 법

자오묘유년 : 인월에 8백부터 시작하여 역행한다.
축진미술년 : 인월에 5황부터 시작하여 역행한다.
인신사해년 : 인월에 2흑부터 시작하여 역행한다.

사월 5황토성	오월 4록목성	미월 3벽목성	신월 2흑토성
진월 6백금성	자오묘유년의 월명성 위치도		유월 1백수성
묘월 7적금성			술월 9자화성
인월 8백토성	축월 6백금성	자월 7적금성	해월 8백토성

자오묘유년이라면 인월은 8백, 묘월은 7적, 진월은 6백 순으로 구성의 숫자가 줄어드는 것이다. 이것 역시 외울 필요는 없고, 다음 달이 숫자가 줄어 든다는 것만 기억하면 된다.

사월 2흑토성	오월 1백수성	미월 9자화성	신월 8백토성
진월 3벽목성	축진미술년의 월명성 위치도		유월 7적금성
묘월 4록목성			술월 6백금성
인월 5황토성	축월 3벽목성	자월 4록목성	해월 5황토성

사월 8백토성	오월 7적금성	미월 6백금성	신월 5황토성
진월 9자화성	인사신해년의 월명성 위치도		유월 4록목성
묘월 1백수성			술월 3벽목성
인월 2흑토성	축월 9자화성	자월 1백수성	해월 2흑토성

3. 일에 붙이는 법

일에 붙이는 방법은 조금 복잡하다. 해당하는 날짜가 양둔인지 음둔인지 먼저 구분해야 하기 때문이다. 이것도 역시 도사폰 앱을 이용하면 어렵지 않게 찾을 수 있다.

양둔(동지부터 하지 전)이라면
① 갑자일부터 시작하여 순행한다.
② 동지에 가장 가까운 갑자일이 1백수성, 을축일이 2흑토성, 병인일이 3벽목성, ······으로 순행하여 나간다.

음둔(하지 부터 동지 전)이라면
① 갑자일부터 시작하여 역행한다.
② 따라서 하지에 가장 가까운 갑자일이 9자화성, 을축일이 8백토성, 병인일이 7적금성, ······으로 역행하여 나간다.

4. 시에 붙이는 법

시에 구성을 붙이는 것은 일(日)에 따라 정해진다.

일이 양둔일과 음둔일이 있으므로, 시(時)도 그에 따라 정해진다.

보려고 하는 날이 양둔에 속하면

자오묘유일 : 자시에 1백부터 시작하여 순행한다.

축진미술일 : 자시에 4록부터 시작하여 순행한다.

인신사해일 : 자시에 7적부터 시작하여 순행한다.

사시 6백금성	오시 7적금성	미시 8백토성	신시 9자화성
진시 5황토성	자묘오유일의 시명성 위치도		유시 1백수성
묘시 4록목성			술시 2흑토성
인시 3벽목성	축시 2흑토성	자시 1백수성	해시 3벽목성

사시 9자화성	오시 1백수성	미시 2흑토성	신시 3벽목성
진시 8백토성	축진미술일의 시명성 위치도		유시 4록목성
묘시 7적금성			술시 5황토성
인시 6백금성	축시 5황토성	자시 4록목성	해시 6백금성

사시 3벽목성	오시 4록목성	미시 5황토성	신시 6백금성
진시 2흑토성	인사신해일의 시명성 위치도		유시 7적금성
묘시 1백수성			술시 8백토성
인시 9자화성	축시 8백토성	자시 7적금성	해시 9자화성

보려고 하는 날이 음둔에 속하면

자오묘유일 : 자시에 9자부터 시작하여 역행한다.

축진미술일 : 자시에 6백부터 시작하여 역행한다.

인신사해일 : 자시에 3벽부터 시작하여 역행한다.

사시 4록목성	오시 3벽목성	미시 2흑토성	신시 1백수성
진시 5황토성	자묘오유일의 시명성 위치도		유시 9자화성
묘시 6백금성			술시 8백토성
인시 7적금성	축시 8백토성	자시 9자화성	해시 7적금성

사시 1백수성	오시 9자화성	미시 8백토성	신시 7적금성
진시 2흑토성	축진미술일의 시명성 위치도		유시 6백금성
묘시 3벽목성			술시 5황토성
인시 4록목성	축시 5황토성	자시 6백금성	해시 4록목성

사시 7적금성	오시 6백금성	미시 5황토성	신시 4록목성
진시 8백토성	인사신해일의 시명성 위치도		유시 3벽목성
묘시 9자화성			술시 2흑토성
인시 1백수성	축시 2흑토성	자시 3벽목성	해시 1백수성

결론적으로 년월은 역행으로 구성의 숫자가 줄어들고, 일시는 양둔에 속하면 순행하고 음둔에 속하면 역행한다. 도사폰 앱에는 미리 계산되어 뜨게 되어 있다.

5장. 흉살의 배치

구성에서 쓰는 흉살은 암검살, 5황살, 파살로 크게 3가지이다. 물론 공망과 천중살도 있지만 지금 단계에서는 3가지만 설명한다.[2] 구성의 흉살은 피해가야 할 어떤 것으로 이해하면 되는데, 흉살이 없다면 무난한 것으로 간주한다.

1. 5황살(五黃殺)

① 5황살을 만나면 지나치게 욕심을 내거나 무리하게 밀어붙여 스스로 재난을 초래하게 된다.

본명성이 중궁에 들어갈 때에도 5황토성 동회[3]와 같이 본다. 강하게 밀어붙이는 것이 지나치기 때문에 지속성이 없어지므로, 현재 상태가 자신의 최대치임을 알고 멈추면 재난을 피할 수 있다.

5황토성 피동회의 경우에는 지나치게 덤비다가 실수하기 십상이다. 강한 기세를 믿고 지나치게 밀고 나감이 극도에 달하면 결국 실수하게 되니, 지나침은 곧 부족함과 같다는 것을 알고 멈출 줄 알아야 한다.

---

[2] 흉살에 대해서는 4부에서 자세하게 다룬다.
[3] 동회와 피동회는 2부에서 다룬다. 피동회는 5황살이 내가 있던 자리에 들어가는 것을 말한다.

2	7	9
1암	3	5
6	8	4

② 5황살은 간단하다. 5황토성이 회좌된 궁에 포국된다.

왼쪽 그림은 3벽목성이 중궁에 있다. 5황토성은 태궁에 있으므로, 태궁이 5황살을 먹은 것이다.

2. 암검살(暗劍殺)

① 작용 : 암검살은 어두운 곳에서 숨어 기다리고 있다가 칼로 내리치는 무서운 살이라고 직역할 수 있다. 암검살을 만나면 타인에 의하여 혹은 외부로부터 재난이 온다고 판단한다. 타인의 방해에 의하여 목적 달성이 되지 못한다고 할 수 있다.

② 암검살은 포국 시 중궁에 자리한 구성의 원래 자리(본궁)에 포국된다. 즉 중궁구성의 기본 정위궁에 포국된다.

4	9	2
3	5	7
8	1	6

왼쪽 그림은 중궁에 5황이 자리했다. 5황의 원래 자리(본궁)도 중궁이며, 여기에 암검살이 포국된다. 이 경우에는 정위에 배치된 것으로 암검살을 맞은 구성이 없다.

③ 결론적으로 암검살은 5황토성이 자리한 궁의 대충(對沖)궁에 포국된다.

8	4암	6
7	9	2
3	5	1

왼쪽 그림은 9자화성이 중궁에 있다. 그러므로 암검살은 9자화성의 본래자리인 리궁에 들어간다. 암검살은 '암'이라고 표시한다.

그런데 포국해놓고 보면 5황살 입장에서 대충궁인 리궁에 암검살이 들어가게 된다. 즉 기본 원리는 중궁에 배치된 구성의 원래자리에 암검살이 들어가는 것이지만, 결국 5황의 대충궁에 늘 암검살이 위치하므로 5황을 가지고 찾는 것이 편하다.

3. 파살(破殺)

① 파살이 동회(同會)한 경우 다툼의 상이 있고, 해당하는 일이 깨지게 된다. 흉살이 동회하였다고 해서 결정적으로 악운이라고는 할 수 없는데, 흉살의 동회 피동회시에 길신(吉神)이 같이 있는 경우에는 좋은 운세가 첨부되어 흉살의 기운이 약해진다.

② 파살은 년, 월, 일, 시에 모두 붙는다.
파살은 포국된 운세반에서 중궁 지지의 대충궁에 위치한다.

3암	8	1
2	4무오	6
7	9파	5

왼쪽 그림은 4록목성이 중궁에 있다. 파살은 '무오'의 대충궁(자오충)인 감궁에 붙는다. 파살은 '파' 혹은 'P'로 표시한다.

6장. 포국의 예시

1. 년반 포국

① 2009년 9자화성년
9자화성년이므로 중궁에 9자화성을 넣고 순행으로 포국한다.

8	4암	6파
7	9기축	2
3	5	1

② 2008년 1백수성년
1백수성년이므로 중궁에 1백수성을 넣고 순행으로 포국한다.

9	5파	7
8	1무자	3
4	6암	2

2. 월반 포국

① 2009(기축)년 기사월의 경우
월명성이 2흑토성이니 2흑토성을 중궁에 넣고 순행으로 포국한다.

1	6	8암
9	2기사	4
5	7	3파

② 2008(무자)년 을묘월의 경우
월명성이 7적금성이니 7적금성을 중궁에 넣고 순행으로 포국한다.

6	2	4
5	7을묘	9암파
1	3	8

3. 일반 포국

① 서기 2009년 5월 19일(음력 4월 25일) 갑자일의 경우

일명성이 4록목성이니 4록목성을 중궁에 넣고 순행으로 포국한다.

3암	8파	1
2	4갑자	6
7	9	5

② 서기 2008년 3월 24일(음력 2월 17일) 계해일의 경우

일명성이 3벽목성이니 3벽목성을 중궁에 넣고 순행으로 포국한다.

2파	7	9
1암	3계해	5
6	8	4

4. 시반 포국

① 2009년 4월 15일(음력 3월 20일) 경인일 경진시의 경우

시명성이 2흑토성이니 2흑토성을 중궁에 넣고 순행으로 포국한다.

1	6	8암
9	2경진	4
5	7	3파

② 2008년 10월 18일(음력 9월 20일) 신묘일 신묘시의 경우

시명성이 6백금성이니 6백금성을 중궁에 넣고 순행으로 포국한다.

5	1	3
4	6신묘	8파
9	2	7암

2부. 동회법(同會法)

1장. 년운의 감정　　　　　　　　　41
2장. 월운의 감정　　　　　　　　　47
3장. 추가 참고사항　　　　　　　　56
4장. 구성별 동회와 피동회시의 작용　58

1장. 년운의 감정

1. 동회(同會)란

 동회(同會)의 의미는 어떤 궁에 어떤 별들이 같이 모였다는 뜻이다. 운세반을 포국했을 때 해당 구성이 정위궁 중 어디에 위치하였는가를 뜻한다. 포국을 통해 어떤 궁에 배치된 구성과 그 궁의 원래 주인인 구성이 함께 만난다는 뜻 정도로 생각하면 되겠다. 피동회(彼同會)는 운세반 포국 시 해당 구성의 본궁(本宮·정위반에서의 자기궁)에 어떤 구성이 위치하였는가를 말하는 것이다. 한 자리에 모였으니 서로 영향을 주고받는다고 해석한다. 동회를 '갔다'로 하고, 피동회는 내 원래 자리에 '누군가가 왔다'로 보면 좋겠다.

2. 동회법은

 일반적으로 년운과 월운과 일운과 시운 모두를 판단할 때에 사용된다. 그러나 일운 및 시운의 판단은 너무 단기간이라 동회법에서는 활용함이 적고, 어떤 사건의 해결이나 대인관계 상황 또는 점괘의 해석 등에 주로 활용된다.
 년운을 볼 때는 기본 정위궁에 그 해의 년반을 동회시켜 동회궁과 피동회성(彼同會星)을 도출한다.
 움직여서 간 궁을 주된 운세로 보고, 피동회한 피동회성을 보조된 운세로 본다. 실제 예를 들어 보겠다.

3. 2027년 9자화성 중궁년을 예로 보면

정위궁 년반

손궁	리궁	곤궁
진궁	중궁	태궁
간궁	감궁	건궁

(운세반)

8	4암	6
7	9정미	2
3파	5	1

1백수성은 **건궁에** 갔고,
(자기의 본궁인 감궁에는) 5황토성이 와 있다.
2흑토성은 **태궁에** 갔고,
(자기의 본궁인 곤궁에는) 6백금성이 와 있다.
3벽목성은 **간궁에** 갔고,
(자기의 본궁인 진궁에는) 7적금성이 와 있다.
4록목성은 **리궁에** 갔고,
(자기의 본궁인 손궁에는) 8백토성이 와 있다.
5황토성은 **감궁에** 갔고,
(자기의 본궁인 중궁에는) 9자화성이 와 있다.
6백금성은 **손궁에** 갔고,
(자기의 본궁인 건궁에는) 1백수성이 와 있다.
7적금성은 **진궁에** 갔고,
(자기의 본궁인 태궁에는) 2흑토성이 와 있다.
8백토성은 **손궁에** 갔고,
(자기의 본궁인 간궁에는) 3벽목성이 와 있다.

9자화성은 **중궁**에 갔고,
(자기의 본궁인 리궁에는) 4록목성이 와 있다.

옆으로 나뉜 그림을 위아래로 배치하면 다음과 같다. 위와 같은 것을 한번 더 설명한 것이다.

8 손궁	4암 리궁	6 곤궁
7 진궁	9정미 중궁	2 태궁
3파 간궁	5 감궁	1 건궁

- 1백수성 본명인
  동회 : 자신(1백수성)이 가 있는 건궁
  피동회 : 자신의 본궁인 감궁에 와 있는 5황토성
- 2흑토성 본명인
  동회 : 자신(2흑토성)이 가 있는 태궁
  피동회 : 자신의 본궁인 곤궁에 와 있는 6백금성
- 3벽목성 본명인
  동회 : 자신(3벽목성)이 가 있는 간궁
  피동회 : 자신의 본궁인 진궁에 와 있는 7적금성
- 4록목성 본명인
  동회 : 자신(4록목성)이 가 있는 리궁

　　　　피동회 : 자신의 본궁인 손궁에 와 있는 8백토성
　　■ 5황토성 본명인
　　　　동회 : 자신(5황토성)이 가 있는 감궁이 동회궁
　　　　피동회 : 자신의 본궁인 중궁에 와 있는 9자화성이 피동회성
　　■ 6백금성 본명인
　　　　동회 : 자신(6백금성)이 가 있는 곤궁
　　　　피동회 : 자신의 본궁인 건궁에 와 있는 1백수성
　　■ 7적금성 본명인
　　　　동회 : 자신(7적금성)이 가 있는 진궁
　　　　피동회 : 자신의 본궁인 태궁에 와 있는 2흑토성
　　■ 8백토성 본명인
　　　　동회 : 자신(8백토성)이 가 있는 손궁
　　　　피동회 : 자신의 본궁인 간궁에 와 있는 3벽목성
　　■ 9자화성 본명인
　　　　동회 : 자신(9자화성)이 가 있는 중궁
　　　　피동회 : 자신의 본궁인 리궁에 와 있는 4록목성

　이와 같이 동회궁과 피동회성이 각기 어떤 궁에서 같이 모여서 (동회) 서로 감응하여 영향을 주고받는다고 판단하여 감정하는 것이다.

　동회하고 있는 **동회궁을 '자주적인 의사 또는 행위'**로 보며, 피동회하고 있는 **피동회성을 '환경 또는 주어진 여건'**으로 판단한다.

　다시 말하면 동회궁은 적극적으로 자신의 의지에 기인한 표현 내지는 행동이라고 하겠고, 피동회성은 수동적으로 받을 수밖에

없는 형편이나 주변 환경이라고 하겠다.

이것을 내가 어느 곳으로 이사하는 것으로 비유한다면,
동회(同會)는 내가 이사 가서 사는 집에서 발생하는 일이라 하겠고, 피동회(彼同會)는 나의 본가에서 발생되는 일이라고 할 수 있다.
즉 동회가 주된 운세이고, 피동회가 부차적인 운세라고 본다는 의미이다.

8 손궁	4암 리궁	6 곤궁
7 진궁	9정미 중궁	2 태궁
3파 간궁	5 감궁	1 건궁

이 예시를 가지고 1백수성인을 보면, 1백수성 본명인의 2027년 정미년 운세는 건궁에 동회한다. 따라서 건궁이 의미하는 행동성이 강해져서 분주하게 바쁘고, 권위적인 일이나 관청과 관련된 일, 명예에 관한 일이 생기며, 무엇인가를 외부적으로 벌여나가는 행동이 있을 것이다.

그러나 피동회가 5황토성이라 실수를 하거나 판단을 잘못할 수 있으므로, 매사에 세밀하게 살펴서 조심하고 신중하여야 하며, 그로 인해 차후에 문제가 되지 않도록 유의하여야 한다.

이는 동회(同會)는 건궁의 기(氣)가 감응되어 그러한 의사나 행동이 나오는 것이며, 피동회(彼同會)는 5황토성의 기가 감응하여 그러한 형편이나 환경이 나오는 것이다.

여기에서의 감정은 이해를 돕기 위하여 간단하게 본 것으로 생략한 것이 많으며, 각 본명성별 운세는 다음 장에 나오는 동회와 피동회의 내용을 참고하면 되겠다.

2장. 월운의 감정

월운을 동회로 보는 방법에는 두 가지 방법이 있다.

1. 단반(單盤)법

첫째는 년운을 보는 것처럼 월반을 정위반에 동회시켜보는 방법이다. 2027년 정미년(9자화성년) 11월 임자월의 운세를 예를 들면 다음과 같다.

정위궁

손궁	리궁	곤궁
진궁	중궁	태궁
간궁	감궁	건궁

월반

3암	8파	1
2	4임자	6
7	9	5

- 1백수성은 곤궁에 갔고,
  자기의 본궁인 감궁에 와 있는 9자화성이 와 있다.
- 2흑토성은 진궁에 갔고,
  자기의 본궁인 곤궁에 와 있는 1백수성이 와 있다.
- 3벽목성은 손궁에 갔고,
  자기의 본궁인 진궁에 와 있는 2흑토성이 와 있다.
- 4록목성은 중궁에 갔고,
  자기의 본궁인 곤궁에 와 있는 3벽목성이 와 있다.

- 5황토성은 건궁에 갔고,
  자기의 본궁인 중궁에 와 있는 4록목성이 와 있다.
- 6백금성은 태궁에 갔고,
  자기의 본궁인 건궁에 와 있는 5황토성이 와 있다.
- 7적금성은 간궁에 갔고,
  자기의 본궁인 태궁에 와 있는 6백금성이 와 있다.
- 8백토성은 리궁에 갔고,
  자기의 본궁인 간궁에 와 있는 7적금성이 와 있다.
- 9자화성은 감궁에 갔고,
  자기의 본궁인 리궁에 와 있는 8벽토성이 와 있다.

이 경우 감정은 년운 감정과 같이 보면 된다. 길흉의 판단은 암검살, 5황살, 파살이 있거나 중궁 감궁 간궁에 들어가는 것을 좋지 않게 본다. 나머지 궁은 대체로 무난하다.

2. 년반과 월반을 함께 보는 법

둘째는 년반에 월반을 동회시켜 보는 방법이다.

이 방법은 약간 복잡해 보이나 그만큼 상세하게 알 수 있다는 장점이 있다.

① 정미년 임자월

년반				월반		
8	4암	6		3암	8파	1
7	9정미	2		2	4임자	6
3파	5	1		7	9	5

이렇게 된 도표를 겹쳐서 그리면 아래와 같다.

아랫줄에 월반, 윗줄에 년반을 그린다.

이 경우 월반을 기준반으로 하여 동회를 정하고, 년반을 기준하여 피동회를 정한다.

- 1백수성은 월반에서 1이 있는 곤궁과, 년반의 같은 위치에 있

는 6백금성과 동회하고 있다.

년반에서 1이 있는 건궁과, 월반의 같은 위치에 있는 5황토성과 피동회하고 있다.

- 2흑토성은 월반에서 2가 있는 진궁과, 년반의 같은 위치에 있는 7적금성과 동회하고 있다.

년반에서 2가 있는 태궁과, 월반의 같은 위치에 있는 6백금성과 피동회하고 있다.

- 3벽목성은 월반에서 3이 있는 손궁과, 년반의 같은 위치에 있는 8백토성과 동회하고 있다.

년반에서 3이 있는 간궁과, 월반의 같은 위치에 있는 7적금성과 피동회하고 있다.

- 4록목성은 월반에서 4가 있는 중궁과, 년반의 같은 위치에 있는 9자화성과 동회하고 있다.

년반에서 4가 있는 리궁과, 월반의 같은 위치에 있는 8백토성과 피동회하고 있다.

- 5황토성은 월반에서 5가 있는 건궁과, 년반의 같은 위치에 있는 1백수성과 동회하고 있다.

년반에서 5가 있는 감궁과, 월반의 같은 위치에 있는 9자화성과 피동회하고 있다.

- 6백금성은 월반에서 6이 있는 태궁과, 년반의 같은 위치에 있는 2흑토성과 동회하고 있다.

년반에서 6이 있는 곤궁과, 월반의 같은 위치에 있는 1백수성과 피동회하고 있다.

- 7적금성은 월반에서 7이 있는 간궁과, 년반의 같은 위치에 있

는 3벽목성과 동회하고 있다.
년반에서 7이 있는 진궁과, 월반의 같은 위치에 있는 2흑토성과 피동회하고 있다.
- 8백토성은 월반에서 8이 있는 리궁과, 년반의 같은 위치에 있는 4록목성과 동회하고 있다.
년반에서 8이 있는 손궁과, 월반의 같은 위치에 있는 3벽목성과 피동회하고 있다.
- 9자화성은 월반에서 9가 있는 감궁과, 년반의 같은 위치에 있는 5황토성과 동회하고 있다.
년반에서 9가 있는 중궁과, 월반의 같은 위치에 있는 4록목성과 피동회하고 있다.

여기에서 주의할 것은 이 방법의 경우 구성(九星)의 의미가 구궁(九宮)의 의미보다 더 강하게 작용한다는 것이다. 구성이 70%, 구궁은 30% 정도로 생각하면 된다.

이 경우 감정 역시 년운의 감정방법과 같이 동회(同會)를 적극적인 의사나 행위로 보고, 피동회(彼同會)를 수동적인 환경이나 주변 형편으로 보는 것은 같다. 다만 두 가지로 볼 수 있어 더욱 상세히 볼 수 있다는 장점이 있다.

위 년월반에서 1백수성인은 곤궁과 6백금성과 동회하고 있다.
따라서 가정이나 일터나 직장에서 일이 많아져 분주하고 열심히 일하게 되거나, 직장에서 고위직이 되거나, 바쁜 일을 인내와 끈기로 버텨 내는 일이 일어난다.

또한 건궁과 5황토성이 피동회성이 된다. 따라서 활동적이고 바쁘며 권위적이고 승부를 보려는 면이 있는데, 자칫하면 실수하고 자신감이 과도하여 실패할 수 있으니 조심해야 하는 환경에 있다고 하겠다.

즉 직장이나 가정에서 많은 일이 생겨 더욱 바쁘고 활동적으로 움직이게 되는데, 과로로 몸을 상하거나 과도한 자신감으로 실수나 판단미스를 할 수 있으므로 조심하면서 일을 진행하면 좋겠다.

② 경진년(9), 갑신월(8)의 8백 본명의 월운

8	4암	6
7	9진	2
3	5	1파

7	3	5
6	8신	1
2암파	4	9

8 7	4암 3	6 5
7 6	9진 8신	2 1
3 2암파	5 4	1파 9

왼쪽의 화살표는 대충을 표시한 것이다.

월반이 기준이 된다.

본명 8백이 월반 중궁에 있으므로 중궁 동회 : 동회궁
               년반 중궁에 9자가 있으므로 9자가 걸려있다.

본명 8백이 년반 손궁에 있으므로 월반 손궁에 있는 7적 : 피동

회성

이 사람의 월운은

- **중궁 동회** 심적 불안정, 적막감, 동요로 변화, 변동으로 인한 나쁜 작용이 있으나, 옛 것을 지키고 움직이지 않으면 괜찮다.
- **9자** 정신적, 명예, 이합집산, 탈바꿈, 외면은 호황이나 내면은 공허하다. 옛날 일이 드러나 다투거나 불명예
- **7적 피동회** 결혼, 이성교제 등 즐거운 일이 많은 길상이나 재산 손실이 있다. 유흥, 연애, 사치로 시간과 금전의 낭비
- **4 4 남북 대충**[4] 4암 교제, 거래관계 불리
  남북 대충은 심신 불안정, 돌발적 변화, 언쟁조심
  연구 노력은 결과를 얻는다.

---

4) 대충이란 상대 간지를 쳐서 그 기력을 소멸하고 날려 버리는 것을 말한다. 년반과 월반을 배치한 후 같은 숫자가 마주 보는 궁에 있는 것을 말한다. 이 책의 100쪽 참조.

3. 상생 상극의 길흉

동회법으로 년운, 월운 또는 일운을 판단할 경우에, 동회궁 및 피동회성와 본명성과의 생극관계를 보아 길흉을 판단한다.

아래의 내용과 같이

동회 피동회가 다 같이 상생의 관계가 되면 가장 좋은 '대길'이고, 동회 피동회 중에서 한 쪽이 상생, 다른 쪽이 상극이면 '중길'이며, 동회 피동회가 모두 상극이면 '흉'이 된다.

동회 피동회 길흉표

구분	동 회	피 동 회	판단
본명성	상생	상생	대길
본명성	상생	상극	중길
	상극	상생	
본명성	상극	상극	흉

이 판단법의 경우에도 5황살 암검살 및 파살의 흉작용과, 태세 월덕 및 일덕의 길 작용을 첨가하여 판단할 것이다.

예를 들어 설명한다면 다음과 같다.

8	4암	6
7	9정미	2
3파	5	1

1백수성 본명인은

건궁이 동회궁이 되므로 건궁은 오행이 金이라, 금생수가 되어 본명성과는 상생의 관계이고,

피동회성은 본궁인 감궁에 있는 5황토성이므로, 토극수가 되어 상극의 관계가 되니

전체적으로 판단한다면 중길(中吉)이다.

2흑토성 본명인은

태궁이 동회궁이 되므로 태궁은 오행이 金이라, 토생금이 되어 본명성과 상생의 관계이고,

피동회성은 본궁(本宮)인 곤궁에 있는 6백금성이므로, 토생금이 되어 본명성과 상생의 관계가 되니

전체적으로는 대길(大吉)이다.

3벽목성 본명인은

간궁이 동회궁이 되므로 간궁은 오행이 토라, 목극토가 되어 본명성과 상극의 관계이고,

피동회성은 본궁(本宮)인 진궁에 있는 7적금성이므로, 금극목이 되어 본명성과는 상극의 관계가 되니

전체적으로 흉하다.

게다가 간궁에 파살이 동회하고 있어, 흉한 운세를 조심하여야 하며, 충돌하고 깨지는 일이 있다고 보아야 한다.

배치법은 간단한데, 원리만 기억하면 될 것 같다. 어차피 어플을 이용해서 볼 것이기 때문이다.

3장. 추가 참고사항

1) 년반에서 본명성 회좌궁에 암검살 및 파살이 있는 해에는 매사에 망설임이 많아 이것저것 생각하는 등 정신적으로 힘이 든다.

2) 월반에서 자신의 본명성이 년반의 암검살 5황살 파살의 궁에 동회하면, 좋은 일은 없고 주변과 쟁론하거나, 영업 사업 등이 한산해지거나, 산뜻하지 못한 기분과 생각이 들거나, 사고와 부상 또는 질병의 발생 등 제반사가 엇갈리어 말썽 등이 생겨나기 쉽다.

3) 년반에 자신의 본명성이 회좌한 궁에, 다시 월반에서 자신의 월명성이 회좌하여, 같은 궁에서 동회하는 경우
5황, 암, 파가 동회하면 월의 운세는 무엇이든 변화가 일어나는데, 나쁜 면의 변화가 많다. 주로 질병이 생기거나 금품을 분실하거나 좋지 못한 일이 발생하기 쉽다.

4) 년반과 월반의 중궁성이 동일할 때에는 1백수성으로부터 9자화성까지가 같은 궁에서 자신의 본명성과 동회하게 된다. 이 경우에는 각 구성은 그 표리관계로 변화한 현상으로 발현된다.

* 표리관계

배합관계로도 보며, 선천팔괘도에서 서로 반대되는 괘의 관계이다.

1백수성과 9자화성과는 표리관계이자 배합관계이다.
2흑토성과 6백금성과는 표리관계이자 배합관계이다.
3벽목성과 4록목성과는 표리관계이자 배합관계이다.
7적금성과 8백토성과는 표리관계이자 배합관계이다.
5황토성의 표리관계는 여자인 경우 6백금성이 되고, 남자인 경우 7적금성이 된다.

8 8	7	4 4	3	6 6	2
7 7	8	9 9	1	2 2	6
3 3	4	5 5	남7 여6	1 1	9

감1 ☵ ↔ ☲ 9리
곤2 ☷ ↔ ☰ 6건
진3 ☳ ↔ ☴ 4손
태7 ☱ ↔ ☶ 8간

년월반이 동일한 경우 오른쪽의 숫자로 바뀌게 된다. 손궁의 8은 7로, 진궁의 7은 8로 바뀌게 된다. 뒤에 년월반을 가지고 길흉을 판단할 때 쓴다.

4장. 구성별 동회와 피동회시의 작용

　이 부분은 자주 읽어서 익숙하게 해 두면 상담할 때 매우 유용하다. 감궁에 들어갔을 때, 혹은 1백수성인 경우 아래와 같이 판단한다.

1. 1백수성, 감궁(☵)

1) 새로운 계획에 착수하고자 한다.
2) 고민이나 고독에 빠져 괴로워한다.
3) 주된 사업 이외의 부업을 하려고 한다.
4) 이면공작(숨어서 하는 일)을 하고 싶어 한다.
5) 깊은 사색에 빠져 철학 등을 연구하려고 한다.
6) 색정에 빠질 우려가 있다.
7) 일을 실행하기 어려워 고난에 빠지기도 한다.
8) 매사에 수고롭기만 하고 진전이 없다.
9) 일을 해도 고생한 만큼 인정받지 못한다.
10) 부하와 자식 문제로 애로가 생긴다.
11) 이성이나 친구 등 새로운 인간관계를 맺는다.
12) 신장이나 자궁 및 귀에 질환이 생길 수 있다.
13) 임신할 수 있다.

특징 깊은 물은 속이 잘 보이지 않으므로, 밖으로 드러나는 활동적인 일보다는 지적인 일이나 어딘가에 가려져 다른 사람이 잘 알아볼 수 없는 일이 자신의 성격에 맞는다. 한 곳에 전력을 기울이는 것보다는 취미로 하는 일이나, 정해진 본업 이외에 부업으로 하는 일이 좋은 결실을 맺을 수 있으며, 오히려 본업보다 수입이 많을 수 있다. 물의 성격이라 유연하게 흐르므로 사람을 가리지 않고 사귀는 편으로 대인관계가 원만하다. 내성적이고 말이 적어서 겉으로 보기에는 경계심과 의심이 많아 보이며, 이지적이고 냉정한 느낌을 주는 사람이 많다. 그러나 내면의 부드러움과 깊은 속정 때문에 사람은 따른다. 생각지 않은 일로 고생이 따르며, 그 기준이 어디에 있느냐가 문제이지만 고생이 있어야 낙이 온다.

체질은 약한 편이며 몸은 약하지만 인내력이 있는 사람과, 약하면서도 신경질적인 사람으로 나눌 수 있다. 이성 문제로 고난을 겪는 일이 많고, 자식 때문에 고민하는 일이 있을 수 있다. 누구나 초년에 고생하면 말년에는 어려움이 없을 것이고, 반면 초년에 잘 살면 말년에 어려움이 따를 수 있다.

개운법
- 고난을 참아내고 노력하면 점진적으로 두각을 나타내게 된다.
- 본업보다 부업을 권장, 모양보다 실적이 좋아야 함, 가면을 벗어 던져야 개운된다.
- 옷은 검정색, 보라색, 감색을 입어야 힘을 얻고, 흰색을 입으면 금이 수로 변하여 기력이 빠진다.

2. 2흑토성, 곤궁(☷)

1) 움직여서 일하고 싶은 마음이 생긴다.
2) 계획한 일을 준비하여 실행코자 한다.
3) 열심히 노력하고 봉사하는 일꾼이 된다.
4) 지난 옛 일이나 오래된 일에 관심 갖는다.
5) 부동산에 관심 가지며 되며 부동산 관련한 일이 생긴다.
6) 하는 일이 지지부진해지기도 한다.
7) 장래의 발전을 위한 준비기에 해당하니 구체적인 발전은 없지만, 내용은 충실하다.
8) 헌신적으로 노력하나 받는 것은 적다.
9) 고향이나 옛 친구와 관련된 일이 생긴다.
10) 나이 든 여자와 만나든지 협조하는 일이 생긴다.

특징 '대지'의 뜻으로 부지런하여 직장에서 열심히 일을 해서 윗사람에게 칭찬을 받는 것을 좋아한다. 대가보다는 자기 스스로 일을 하고 그 일을 인정받는 것에서 만족을 느낀다. 만물을 소생시키는 땅의 기운이니, 근면성과 인내력이 있을 뿐 아니라, 자신의 욕망을 이루기 위하여 주변을 해치지도 않는다.

무엇보다도 아무 일도 하지 않으면서 멋이나 부리고 허세만 떠는 것을 싫어하며 항상 부지런하게 일을 찾아다닌다. 그러므로 어떤 분야에서나 없어서는 안 될 인물이 많다. 늘 주변을 정리정돈하고 깨끗한 상태로 만드는 것을 좋아한다. 사업 부문에서는 자신이 직접 경영하는 것보다, 직장에 들어가 참모나 보좌역을 맡는 것이 능률이 높고 매사가 순조롭게 이어질 것이다. 직장에서의 일에 대한 강한 의욕은 생존을 위한 과정이라 할 것이다.

 경제적인 일이든 정신적인 것이든 여러 명이 함께 협조하여 처리하는 것에서 매사가 잘 풀린다. 만약 본인이 직접 경영하게 되면 예상하지 못한 일로 곤란해지고 좌절하기 쉬우며 실패를 맛보게 될 것이다.

개운법

- 개운하려면 행동범위를 넓혀 사람이 모이는 곳이나 취미에 맞는 장소를 찾아 나서야 한다.
- 옷은 자색이나 황색을 입어야 좋다. 붉은 색과 자색은 힘을 얻는다.

3. 3벽목성, 진궁(☳)

1) 외부로 진출과 발전하는 운이다.
2) 지금까지 해온 일(사업, 직업 등)에 싫증을 느낀다.
3) 적극적으로 활동하고자 한다.
4) 새로운 일 또는 진기한 일에 관심을 갖게 된다.
5) 열정적으로 행동해 발전은 있으나 아직 그만큼의 실질소득은 없다.
6) 겉으로만 요란할 뿐이고 실체는 없다.
7) 숨겨진 것들이 밖으로 드러난다(폭로된다).
8) 언어와 관련된 언쟁이나 구설이 발생한다.
9) 모든 것을 분명하게 하고자 한다.
10) 허언을 따르다가 손실 본다.
11) 놀랄 일이 생긴다.
12) 새로운 발견을 한다.
13) 승진하거나 개업하고자 한다.
14) 활력적, 정력적으로 변해간다.

특징 우레와 천둥, 벼락의 기운으로 활력적이고 열성적인 기운이 있다. 남의 일까지 맡아서 하므로 고생을 스스로 초래하는 일이 많다. 우레는 새로운 봄이 오면서 갑자기 울리는 것으로, 그 소리와 빛이 크고 밝아서 여러 사람들이 보고 들으며 봄의 생동감을 느낀다. 따라서 새롭게 시작하는 사업이라고도 볼 수 있다. 새로운 일은 계획이 잘못되면 발전할 수 없으므로 좋은 아이디어를 창출해 나가야 한다. 성질이 급하여 느린 행동을 싫어한다. 또한 남에게 숨겨온 일이 있다면 알려지게 되니 조심하여야 한다.

새로운 것을 좋아하고 젊음의 활력이 있어, 밀고 나가는 저력을 타인에게 과시한다. 지나치게 활기가 넘쳐 주변과의 마찰이 많으며, 사고나 재난, 화재, 교통사고를 조심해야 한다. 주변 환경에 적응을 잘하며 직장 내에서도 사람들과 잘 어울리는 편이나, 성질이 급하고 싫증을 빨리 느끼므로, 대가가 노력에 미치지 못하면 바로 사직하는 일이 많고, 건실하게 노력해서 차곡차곡 버는 것보다는 한꺼번에 크게 벌기를 바라므로, 자칫 잘못하면 생각지 못한 고통을 맛보게 될 것이다. 일확천금을 바라지 말고 행동해야 한다.

초년에 수준급의 실력을 발휘하여 성공하는 사람이 많으나, 노년을 대비하지 않아 중년에 실패하게 된다면 다시 회복하기 어렵다. 그러니 매사에 신중히 처신하는 것이 좋을 것이다.

개운법
- 과감한 행동력은 좋으나 성급함이 약점이다. 한 번 더 생각하고 움직여라.
- 한 발 물러서는 출발이 성공으로 가는 길이 된다.
- 타인의 입장에서 이야기 하고, 막혔을 때는 한 박자 늦추어라.
- 검정색 보라색을 입으면 힘을 얻는다.

4. 4록목성, 손궁(☴)

1) 교제범위나 거래관계를 확대하고자 한다.
2) 결혼하고 싶어진다.
3) 자신의 생각보다 타인의 의사에 따르고자 한다.
4) 망설이다가 좋은 기회를 놓치는 경우가 있다.
5) 먼 곳의 일에 관심이 생기고 여행을 떠나고자 한다.
6) 주선, 중매, 중개하는 일이 생긴다.
7) 타인의 부탁으로 여러 가지 일(업무)를 떠맡게 된다.
8) 신용이 높아지고 대인 관계가 원활해진다.
9) 활발하게 이루어질 때 말을 가려가면서 하라.
10) 혼담이 들어온다.
11) 먼 곳과의 거래가 성사된다.
12) 감기 등 전염병을 조심해야 한다.

특징 바람의 기운이라 주변 환경에 적응을 잘하며 친화력이 좋다. 대인관계가 넓어 자신과 수준이 상당히 다른 사람과도 교제하므로 겉으로는 주체적이지 못한 모습이라고도 보일 수 있다. 수습하고 정리하는 능력이 좋아 사업 부진으로 곤란한 상태에 처한 일도 맡으면 잘 처리한다. 복잡하게 얽힌 일도 잘 풀어내며, 설득력이 좋아 싸움이 생겨도 중재를 잘해 화해시키는 능력이 있다. 남의 일에는 잘 나서서 중재를 잘하나 이상하게도 자신의 일은 제대로 처리하지 못하는 경우가 많다.

평상시에는 일을 미루어 두고 있다가, 때가 되면 다급해져서 서두르며 허둥지둥 야단법석을 떨고, 또한 한 곳에 느긋하게 있지 못하고 매사 분주하게 행동하게 된다.

또한 바람은 소문을 펼치니 나이 찬 맏딸(☰)이 있다면 소문을 듣고 여기저기서 혼담이 들어올 것이다.

바람은 여기저기 안 다니는 곳이 없으니, 먼 곳이나 해외와 관련이 많고, 무역이나 거래를 하게 된다. 고향을 떠나 타향에서 한 가지 일에 꾸준히 전념하면, 사회적인 신용을 바탕으로 사람들에게 인정받아, 거래를 통해 큰 재산을 얻게 될 것이다. 외국으로 다니며 무역을 하려면 무엇보다도 신용이 중요한데, 그래야 거래가 성사되고 사람들과의 관계도 좋을 것이다. 정상으로 가는 길에 신용을 잘 지켜야 정상으로 갈 수 있다.

개운법
- 보통 사람이 알 수 없는 경지를 생각한다.
- 어떻게든 되겠지 하고 도전하면 성공이다. 주저하는 마음을 치워 두어야 한다.
- 긍정적인 마인드로 있는 곳에서 꽃을 피워라. 조력자가 생긴다.
- 검정 흰색이면 힘을 얻는다.

5. 5황토성, 중궁

1) 스스로 중심적인 존재가 되므로 자신감이 강해진다.
2) 자신의 생각대로 행동하고자 한다.
3) 억지로라도 밀어붙이고자 한다.
4) 건물을 신축하거나, 또는 이사 및 전직하고 싶어진다.
5) 억지로 결말을 짓고자 한다.
6) 욕심이 생기는데 지나치면 실수한다.
7) 처음에는 좋으나 나중에는 나쁘다.
8) 좋은 일과 나쁜 일이 양쪽에서 일어난다.
9) 결함 있는 물건을 입수하게 된다.
10) 숨어있던 병이 도진다.
11) 독불장군처럼 혼자서 헛된 노력만 한다.
12) 지금까지 건실하게 해온 일은 좋은 결과를 얻는다.

특징 중앙의 기운으로 모든 일의 중심에 있는 제왕의 기운이다. 왕의 기질이라 모든 것에 이러쿵 저러쿵 참견이 많고, 고집이 강해 완고하다. 기질이 강하여 자신이 원하는 것은 폭력을 써서라도 굴복시키려 하고, 강제로 눌러서라도 복종시키려 한다.

사람에 따라서는 상당한 지위에 올라 한 몸에 영예를 받으며 큰 존경과 신망을 얻고 사는 사람과, 괴로운 생활을 면치 못하고 거친 세파 속에서 시달려가며 사는 사람으로 양분할 수 있다.

일의 시작은 좋으나 끝마무리를 잘 맺지 못하는 편이다. 주변의

사고나 범행에 뜻하지 않게 말려들어 고생을 겪는 사람도 있다. 따라서 사회 흐름에 어떻게 적응하는가에 따라 운세가 달라진다고 할 수 있다.

고집이 세며 남에게 굽히기 싫어하고, 그렇기 때문에 남의 밑에 있으면 자신의 빛을 발하지 못하는 사람이다. 큰 일은 대담하게 잘 처리하나 작은 일은 지나치게 신중하게 생각하다가 잘 처리하지 못하는 일도 있다. 대중을 이끌어나갈 지도자의 운세를 지니고 있어 많은 사람이 따르기도 하지만, 자신의 의견을 관철시키기 위해 남의 의견을 무시하기도 하고, 자기보다 못하면 타인을 하찮게 취급하는 모순된 점도 갖고 있다.

개운법
- 취미와 적성에 맞는 일이 좋다.
- 자만심을 버리고 스스로를 단속하라.
- 적색이나 자색 옷을 입으면 힘 얻는다.

6. 6백금성, 건궁(☰)

1) 규모가 큰 일이나 큰 사업을 원하고 투기·투자에 마음이 동한다.
2) 스포츠와 건강에 관심을 가진다.
3) 바쁘게 활동하며 동분서주한다.
4) 주변에 베푸는 것을 기쁨으로 여긴다.
5) 하는 일을 지나치게 확대하여 예산이 초과된다.
6) 후원자를 얻게 된다.
7) 투자로 성공한다.
8) 배짱이 너무 커서 승부를 보려고 한다.
9) 후원자를 만나고 상사의 뒷받침을 얻는다.

특징 하늘의 기운으로 권위적이고 거만하며, 투쟁적이고 고급을 추구한다. 모든 일에 승부욕이 강하다. 어떤 일이든지 수행력·통솔력·행동력이 강하여, 한 가지 목표를 세우면 지나칠 정도로 적극적으로 밀어붙이므로 주변 사람들이 힘들어하기도 한다.

자존심이 세고 승부에 대한 집착이 강하며 매사에 의욕이 넘치므로 지위와 명예를 얻는 사람도 적지 않으며, 사회적으로 지도자 계층이 많다.

고급을 선호하며 국가 공무원, 교통순경 등에 종사하는 사람이 많다. 대중을 위하여 솔선수범하고 자신을 희생할 줄도 안다.

너무 솔직하고 바른 말도 가리지 않고 잘해 타인과 마찰을 빚기도 하며, 남의 의견을 듣지 않고 일방적으로 정리를 하려고 한다.

　사람에 따라서는 교양이 부족하고 제멋대로 행동하여 남을 놀라게 하는 일도 적지 않을 것이다. 불의를 보면 참지 못하고, 남의 일이라도 뜻이 맞기만 하면 자신의 비용을 쓰면서까지 돌보는 인간미가 있다. 통이 커서 소소한 일보다 규모가 있는 일을 하려고 하며, 확장하는 것을 좋아하여 자금난을 자주 겪는다.

개운법
- 명분이 있는 일이라면 서두르지 말고 주변을 살펴보라.
- 일을 크게 벌이는 것보다 완벽하게 하는 것이 필요하다.
- 황색 자색 입으면 좋다.

7. 7적금성, 태궁(☱)

1) 취미생활과 외식을 즐긴다.
2) 금전적인 면에 관심을 가져 현금유통이 활발해진다.
3) 현금의 회전이 호전되어 기세가 강해진다.
4) 화려한 낭비를 좋아해 지출이 많아진다.
5) 현금의 수지가 적자로 변해간다.
6) 유흥에 빠지게 되고 이성에 관심 가져 연애를 한다.
7) 말이 많아지고 경솔한 언행으로 관계에 흠이 생긴다.
9) 결과가 원하던 만큼에서 삼분의 일 정도 부족하다.
10) 완전한 충족을 느끼지 못해 더 충족하려 깊이 빠진다.
11) 연애가 결실이 되기도 하나, 색난에 빠질 수도 있다.
12) 색정에 빠져 건강을 소홀히 하여 입원, 수술할 수도 있다.

특징 연못의 기운으로 사막에서 오아시스를 만난 것처럼 잔치를 벌여 춤추고 노래하며 음식 먹고 술 먹으면서 지치도록 논다. 첩을 두는 사람이 많으며 현금을 좋아하고 돈을 잘 쓴다. 이렇게 놀다보면 낭비가 심해져서 돈이 궁해지고 색정 문제가 생길 수도 있으며, 쓸데없는 말을 해서 구설수에 오르기도 한다. 결국 건강 문제가 생긴다. 몸에 상처가 나기 쉽고 호흡기 질환이나 과식으로 위장이 좋지 않다.

사람에 따라 어려서 부모 중 어느 한 쪽을 잃었거나 아니면 가난 속에서 파란만장하게 살아온 사람과 아주 부유한 가정에서 호

강하며 살아온 사람으로 양분된다. 후자의 경우 부모의 과잉보호 속에서 과식으로 인해 위장이 좋지 않은 사람도 있다.

예감이 뛰어나고 민감하여 유행 따라 생활을 즐기려고 하며, 취미생활에 투자를 많이 하고, 대인관계가 부드러워 많은 사람들이 좋아하고 따른다.

현실에 대한 욕구가 강하지만 자존심도 강하여 좋은 기회를 놓치기 일쑤이다. 나이에 비해 젊어 보이며 자유분방함을 좋아하는 사람이라 타인의 속박이나 다른 사람의 간섭을 제일 싫어한다.

가난했던 사람은 늦은 나이에 재물운이 왕성해지고, 부유하게 자란 사람은 한번 전 재산을 탕진한 후 다시 일어설 것이다.

개운법
- 말할 때나 일할 때 다시 한 번 생각하라.
- 흰색 황색을 입으면 좋다.

8. 8백토성, 간궁(☶)

1) 현 상태를 개혁하거나 다른 변화를 추구한다.
2) 사업 또는 하는 일을 바꾸어보고자 한다.
3) 상속 문제나 친척 간의 문제가 생긴다.
4) 욕심이 생기며 매사를 정리하고자 한다.
5) 세대교체의 문제가 나타난다.
6) 직장인은 직장 내에서의 부서 이동 또는 다른 직장으로 이직한다.
7) 동료와의 관계에서 문제가 생긴다.
8) 하는 일이 정체되고 현상 유지가 어려워진다.
9) 저축을 생각하고 실천도 한다.
10) 산 밑에서 산을 올라가려는 변화나, 산 정상에서 내려오려는 변화를 마주한다.

특징 간궁은 산의 기운이다. 큰 산이 앞을 막았으니 넘어가든지 빙 돌아가든지 아니면 뒤돌아가든지 하는 변화의 운에 봉착한 것이다. 그래서 고향과 형제 친척을 떠나게 되고, 육친과 인연이 박하여 타향살이도 할 수 있게 된다. 자신의 욕망을 채우기 위해 부지런히 돌아다니고, 일이 풀리지 않으면 다시 방법을 바꾸어 해내는 칠전팔기 오뚝이 인생관을 가졌다.

가업 계승권이 있어 비록 적은 것일지라도 가업이나 가옥을 이어받게 된다. 남에게 주기보다 받기를 바라는 성격으로 사소한 이익이 생기면 상대를 무시하는 일이 많다. 강한 욕망은 대를 이을 정도로 집요하고 부동산 상속의 욕심이 대단하다. 따라서 집안, 형제, 친척, 친구와의 관계를 잘 유지한다. 사소한 일에는 마음이 끌리지 않는 성품이며 지나친 고집 때문에 가정불화를 겪을 수 있다.

필요하면 자신을 희생해가면서 일을 추진하는 경우도 생기며, 일에는 자신감이 넘친다. 종교에 심취하며, 현실적이지만 오랜 습관과 전통을 지키는 보수적인 성향의 사람이 많고, 자신의 가정을 잘 지키려는 사람이 대부분이다. 한 가지 일에 신념을 갖고 과감하게 행동하여 사회적으로 신망을 얻어 출세하는 사람도 많다.

병으로는 허리나 관절과 관련된 질병, 코와 관련된 질병 등을 조심해야 한다.

개운법
- 자기편이 많이 모이는 것이 개운이다.
- 붉은색, 자색 옷을 입으면 힘 얻는다.

9. 9자화성, 리궁(☰)

1) 정신적인 것과 미적인 것에 관심 갖고 학문과 예술에 빠진다.
2) 밖으로 보이는 것, 즉 장식이나 허식에 마음을 빼앗긴다.
3) 공적인 것에 관한 일이 일어난다.
4) 새로운 발견에 의하여 개발을 시도하고자 한다.
5) 친하게 지내왔던 사람과 이별하고자 한다.
6) 하던 일을 그만두고 새로운 것을 시작하길 원한다.
7) 타인과 심하게 다투게 되어 시비를 가리는 재판 송사가 일어난다.
8) 지난 기간에 잘해 왔으면 명예를 얻고 잘못해 왔으면 명예가 실추된다.
9) 모든 것이 다 나타나 눈에 보이므로 낱낱이 밝히려 한다.
10) 문서와 증서에 관한 일이 발생한다.
11) 오해로 인해 다툼이 일어난다.
12) 과로에서 오는 눈병이 생긴다.
13) 직위가 올라가거나 성적이 향상된다.

특징 리궁은 태양이고 불이라 비밀이 없고 밝히기를 좋아하며, 물질보다는 명예나 지위를 중시하는 성격의 소유자이다. 사회적 흐름에 민감하며, 매사에 변화를 추구하기 때문에 지속력이 없어 한 가지에 전념하기 어렵다. 감정의 기복이 심하여, 금방 화를 냈다가 금방 식어버리는 면이 있다. 자신의 뜻과 맞지 않으면 상대의 뜻을 무시하고 일을 자기 마음대로 처리해버려 그로 인해 실패하는 일이 적지 않을 것이다.

화려함을 좋아하고 성격은 명랑하지만 때로는 사색에 잠길 때도 있다. 흥미가 있거나 취미에 맞는 일에는 열정을 다해 매달린다. 보이는 것에 대한 관찰력이 좋아 아름다움을 탐구하는 문예·미술 면에 흥미를 갖는 사람이 많다. 지적인 연구에 적합하고 공부·출세에 대한 의욕이 대단하여 지식·연구·학술 분야에서 성공한다.

겉모습에 신경을 많이 쓰며, 경솔한 행동으로 신의를 잃기도 한다. 매사 자신의 감각에 따라 일을 처리하므로 변덕이 많아 불안정하고 지속성이 없을 때가 많다. 이기려고 하는 욕심과 자존심이 지나쳐서 좋아하는 친구가 별로 없을 것이다. 성격도 좋을 땐 좋고 나쁠 땐 나빠 극단적인 행동은 피하는 것이 기회를 살리는데 유리할 것이다.

개운법
- 합당한 언행을 하라.
- 스케줄 변경이 있더라도 자기의 가치관으로 밀고 가야 개운이 된다.
- 녹색과 청색으로 힘을 얻는다.

10. 회좌와 동회의 작용

손궁 - 4록	리궁 - 9자	곤궁 - 2흑
일이 매듭지어진다 혼담, 신용, 교제 확대 여행, 무역 사람의 출입이 잦음 혼돈이 일어남, 결단력 부족, 감기에 걸림 식구의 증감(출가, 출산) 타인의 부탁.	문서, 인감, 책, 세금문제 이합집산, 생사이별수 명예, 지위 향상, 성과. 길흉의 반복 사건의 명백화 비밀폭로, 소송, 재판. 화려함 추구, 낭비, 적자 정신적 분야, 기도, 공부	재회, 고향사람과 인연 부동산, 땅, 집마련. 노동, 취직문제 조직속의 실적 근면, 성실속의 안정 옛 문제 발생 현상유지
진궁 - 3벽	중궁 - 5황	태궁 - 7적
결실이 적다, 바빠진다. 새로운 시작. 재능이 빛을 본다. 매사 신경 예민 인기상승 서두르면 실패 놀라는 일, 돌발 사고 과장된 말, 사기성, 구설. 잠복된 질병이 벌견	중심적 존재로 바쁘다. 묵은병 재발 운동부족, 위장장애 도난, 실물수. 고집과 욕심태과는 실패 물질적 이득없이 수고롭다.	유흥, 레저, 이성문제. 금전 과다지출. 업무소홀, 구설주의. 기력, 건강 쇠약. 과음, 과식. 수술수. 결혼문제 성사(연애). 치통, 치과.
艮宮 - 8백	감궁 - 1백	건궁 - 6백
직업변화, 사업변화. 저축심, 재물이 축적 직장인은 전근. 동료, 친척 문제. 운동부족, 등산. 부동산(건물, 임야). 일의 정리, 중지, 부활. 상속문제. 현상유지가 어려움	분실, 건강 적신호 이성문제, 색정. 호적, 자식문제. 부하 고용인 문제. 지병 재발, 냉증, 우울증. 고민, 어렵다. 투자는 물질적 안 됨. 기술, 정신적 투자 길함. 학습이나 견습	투자, 확장, 후원자 생김 윗사람, 상사 문제. 분주, 과로, 발열. 투기, 매매, 융자, 번창. 경쟁자와 마찰. 예산초과 곤경. 규모 큰일 추진 결단력. 공공분야, 봉사, 보시.

3부. 경사법과 대충

1장. 경사법이란? 79
2장. 경사법의 관찰요점 81
3장. 경사법의 감정 사례 88
4장. 대충 관계 109

1장. 경사법이란?

'경사(傾斜)'는 말 그대로 경사진 언덕을 따라 공이 굴러가듯이, 운명이 어느 궁으로 기울었는지를 보는 것이다. 태어난 달의 월반을 포국하고, 그 월반에서 자신의 본명성이 어느 궁에 회좌하고 있는가를 보아, 그 궁을 '경사궁'이라고 한다. 인생에 있어 경사궁의 특성을 많이 쓰게 되므로, 경사는 그 사람이 가진 특징이 된다.

경사궁을 기준으로 그 사람의 선천적인 종합 운명과 함께 가정운·결혼운·직장운·재물운·건강운 등을 보는 것을 경사법이라고 한다. 경사 찾는 법은 다음과 같다.

예1) **1955년 12월생**이면, 본명성은 9자화성이며 월명성은 3벽목성이 된다.

오른쪽 그림은 월반을 그려 넣은 것이다. 본명성이 9자화성이고 곤궁에 있으니 곤궁경사이다.

2	7	9파
1암	3	5
6	8	4

예2) **1945년 4월생**이면, 본명성은 1백수성이며 월명성은 5황토성이 된다.

본명성이 1백수성이고 감궁에 있으니 감궁경사이다.

4	9	2
3	5	7
8	1	6파

예3) 1965년 8월 생이면, 본명성은 8백토성이며 월명성은 4록목성이 된다.
본명성이 8백토성이고 리궁에 있으니 리궁경사이다.

3암	8	1
2파	4	6
7	9	5

예4) **본명성 4록목성인의 酉월 1백수성월**의 경사는 본명성 4록이 간궁에 있으므로 간궁경사이다.

9	5	7
8파	1유	3
4	6암	2

칠전팔기의 오뚝이 인생관을 가지고 있다.

가업계승권이 있어 가업과 주택을 이어받을 수 있다.

남에게 주기보다 받기를 바라는 성격이며, 종교에 심취하고, 오랜 습관과 전통을 지키는 보수적인 경향을 가지고 있다.

자신의 영역을 잘 지키고, 신념을 갖고 과감하게 행동함으로써 사회적인 신망을 얻어 출세한다.

곤궁경사성이면 곤궁의 기운을, 감궁경사성이면 감궁의 기운을, 리궁경사성이면 리궁의 기운을 자신의 운명에 동반하게 된다.

단 특수하게 **본명성과 월명성이 같아, 월반의 중궁에 본명성이 회좌하는 경우**가 있는데, 이 경우에는 **중궁경사**로 보면서, 추가로 표리 관계성을 찾아 그 구성의 경사로도 보아야 한다.

2장. 경사법의 관찰요점

앞서 경사법은 월명반을 가지고 본인의 취향이나 성격을 판단한다고 했다. 또한 경사법으로 타인과의 관계가 어떤지도 알 수 있다는 장점이 있다. 구체적으로 어떻게 보는지 살펴보겠다.

1. 부모 및 부부 관계

건궁은 아버지·남편을, 곤궁은 어머니·처를 보며 해당 궁에 회좌한 구성의 의미로 판단한다.

2. 자녀 관계

① 간궁에 회좌한 구성으로 총괄적인 판단을 한다.
② 각각의 자녀 의미는 해당 구성(장남═ 3벽, 차남═ 1백, 소남═ 8백, 장녀═ 4록, 차녀═ 9자, 소녀═ 7적)이 자리한 궁으로 판별한다.
- 간궁에 자리한 구성으로 아들, 양자, 형제, 집안 친척 관계, 상속 등을 판별한다.
- 해당 자녀의 구성에 흉살(암 파) 있으면 부모에게 거역하거나 부모에게서 멀리 떨어져 외국 등에서 살아가는 관계가 된다.
- 길신이 있으면 그 자녀는 성공이 기대된다.
- 여명이 감궁 또는 1백수성에 흉살이 동회하면 출산에 애로가

있고, 길신이 있으면 출산을 잘한다.

3. 형제 자매 관계

① 간궁에 자리한 구성으로 판단한다.

4. 집안친척이나 친구 관계

① 곤궁에 자리한 구성으로 판단한다.

장녀 ☴	중녀 ☲	어머니 처 집안친척 친구 ☷
장남 ☳	중궁	소녀 ☱
자녀(소남) 형제 자매 ☶	중남 ☵	아버지 남편 ☰

5. 재산 관계

① 기본적으로 사(巳) 유(酉) 축(丑) 월생, 즉 월반에 금국(金局)의 삼선이 있으면 재산과 관련이 많다고 판단한다.
② 태궁으로 현금, 동산(動産)을 판단하고
   간궁으로 부동산, 저축을 판단한다.

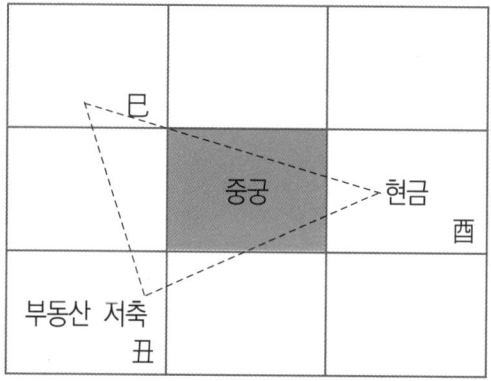

6. 결혼운

① 손궁 및 태궁에 자리한 구성으로 본다.
② 4록 또는 7적이 자리한 궁
- 손궁 및 태궁에 흉살이 있거나, 4록목성 및 7적금성에 흉살(암파)이 동회하면 연애가 결혼으로 급속히 진전된다.
- 월명성이 토성(2흑, 5황, 8백)의 경우, 손궁과 태궁에 자리하는 구성이 1백, 4록, 7적이 되어 연애결혼의 경향이 있다.
- 해당 궁이나 구성에 길신이나 삼합선 있으면 중매결혼을 통해 길한 인연을 맺을 수 있다.
- 손궁, 태궁에 자리한 구성별 결혼 시기
    3벽, 4록 : 조혼(早婚)임(20세 안팎)
    1백, 9자 : 20대 중반(25 : 26세 쯤)
    2흑, 8백, 6백, 7적 : 27세 전후
    5황 : 아주 조혼(20세 전) 아니면 아주 늦게 한다.
- 요즘은 만혼이 널리 퍼져 있어 해당 나이를 좀 더 늦춰야 한다.

결혼운		
	중궁	결혼운

7. 직업운

① 건궁으로 출세나 관청과의 관계를 보고
② 손궁으로 거래, 신용, 무역 관계를 보며
③ 곤궁으로 종업원, 노동력, 먹고 살기 위한 직업을 본다.

- **건궁** 흉살인 암·파가 있으면 사업체의 사장 직위에 흉재가 따르고, 관재구설(직업상)의 암시 또는 사업자금 조달에 난관이 따른다.
- **곤궁** 흉살인 암·파가 있으면 항상 직업이 불안정하다. 남의 과실로 파직, 파산되는 경우가 있다.
- **손궁** 흉살인 암·파는 거래상 장애, 신용의 결함이다.
- **길신과 삼합선** 있으면 그 자리에 있는 흉살을 완화시키는 작용을 하며, 만족스러운 직장과 직업을 갖는다.

거래 신용 무역		종업원 노동력 직업
	중궁	
		출세 관청과의 관계

8. 길흉신의 작용

길신과 삼합선에 있으면 길하고 좋은 관계이다.
흉살은 교제상 괴로움이 있음을 뜻한다.

① **암검살** 외도를 좋아하고 가정은 다음이다.
② **파살** 생사별, 별거 등의 파탄이 있다.
③ **길신(吉神)** 천월덕, 천덕합, 월덕합, 생(生) 등이 있으면 흉신의 동회를 다스리고, 성격이 원만하고 이해심이 좋다.
④ **천덕(天德)[5]** 대길(大吉)의 작용을 한다. 회좌궁에 암파가 있더라도 그 흉살을 방지하여 그 해당궁의 기를 길하게 한다.
⑤ **월덕(月德)[6]** 천덕(天德)의 다음가는 길신이다. 행운의 혜택을 본다. 어려운 처지에서도 의외의 인물로부터 후원받을 암시가 있다. 중길(中吉)의 길신이다.
⑥ **천덕합** 월덕의 다음가는 길신이다.
⑦ **월덕합** 천덕합보다 길운 작용이 약간 약하다. 소길이 된다.
⑧ **생기** 실추된 기력을 회복해 주는 작용이 있으며, 피로한 정신과 육체에 생생한 활력을 준다.

---

5) 인월생이 사주에 정이 있는 경우를 말한다. 인월 - 정 / 묘월 - 미 신 / 진월 - 임 / 사월 - 신 / 오월 - 술 해 / 미월 - 갑 / 신월 - 계 / 유월 - 축 인 / 술월 - 병 / 해월 - 을 / 자월 - 진사 / 축월 - 경
6) 인오술월 - 병 / 신자신월 - 임 / 해묘미월 - 갑 / 사유축월 - 경

9. 태생반의 관찰의 다른 학설

　보통 월명반의 경사법을 가지고 판단하지만 아래처럼 년명반으로 보기도 한다. 예를 들어 결혼생활을 잘 할까는 손궁을 보는데, 암이나 파, 5황살, 1백수성 등이 없다면 무난하다고 보는 것이다.

① 태생 본명반(년명반)으로
- 결혼생활 : 손궁
- 재산운 : 태궁
- 지성(知性) : 리궁
- 대운 기회 : 진궁

결혼	지성	
기회	년명반	재산

② 월명반으로
- 연애 : 태궁
- 성, 부부생활(관능) : 감궁

	월명반	연애
	부부생활	

③ 직업
- 월명성 : 직업상의 경향 및 특징
- 본명성 : 적합한 직업의 특징
- 월 경사성 : 종합적인 직업운

④ 감추어진 건강상의 취약점
- 1~7세까지 일명반의 감궁에 자리한 구성
- 8~25세까지 월명반의 감궁에 자리한 구성
- 26세 이후 본명반의 감궁에 자리한 구성으로 판단한다.

3장. 경사법의 감정 사례

1. 가정운

건궁과 6백금성을 부친과 남편 그리고 남자의 자리로 본다.
건궁에서는 그 자리에 **자리한 구성의 의미**로 감정하고,
6백금성에서는 6백금성이 자리한 궁의 의미로 감정한다.
곤궁과 2흑토성을 모친과 아내 그리고 여자의 자리로 본다.
곤궁에서는 그 자리에 **자리한 구성의 의미**로 감정하고,
2흑토성에서는 2흑토성이 자리한 궁의 의미로 감정한다.

① 월명성이 3벽목성인 경우의 부친운 감정

건궁에 4록목성이 자리하고 있으므로 부친이 자영업이나 무역업에 종사하는 분이고, 원만하고 신용을 중요시하며, 주변 환경에 적응을 잘하고 수습 정리에 뛰어난 것을 알 수 있다.

		어머니
		아버지

2	7	9
1암	3	5
6	8	4

또한 6백금성이 간궁에 자리하고 있어 부친이 보수적이며 전통을 지키면서도 변화가 많은 삶을 살아온 것을 알 수 있다.
어머니의 자리인 곤궁의 9자화성과 아버지 자리인 건궁의 4록

목성이 목생화로 서로 상생이 되고 있어, 두 분 사이가 원만하고 좋음을 알 수 있다.

② **월명성이 1백수성인 경우 모친운 판단**

손	리	곤 어머니
진		태
간	감	간 아버지

9	5	7
8	1	3
4	6암	2

어머니 궁인 곤궁에는 7적금성이 있으니 어머니가 직접 돈을 벌어 생활하는 가정이다. 이 어머니는 금전유통도 잘하며 젊어 보여 소녀와 같고, 말주변이 좋아 재미있고 외식을 좋아하며 자유스러운 사람이다.

또한 2흑토성은 건궁에 회좌하고(=자리하고) 있어 활동적이고 자존심이 강하며 권위적이라 가정에서의 주권도 어머니에게 있다.

곤궁의 7적금성과 건궁의 2흑토성이 토생금의 관계로 상생이라 두 분 사이는 원만하며, 대체로 아버지가 모든 면에서 이해하고 포용하는 면이 많아 서로 잘 지낸다고 볼 수 있다.

③ **월명성이 8백인 경우**

7	3	5파
6	8	1
2암	4	9

■ 건궁 : 조부, 부친

- 곤궁   조모, 모친
- 태궁   금전 유통
- 간궁   재산 축적

- 건궁에 9자   부친이 학자나 의사이고, 명예 지위를 중시하며 성급한 성격
- 진궁에 6백   전기 계통, 기술 계통
- 곤궁에 5황   모친은 강직한 성격으로 자아가 강하며, 자신의 능력을 과시하는 경향이 있고 배짱이 좋으며 대담하다.
- 간궁에 2암   부지런하나 강경하고 욕심이 많다. 암이라 시끄럽다.
- 태궁에 1백   금전적 의미의 고난이 있다.
- 간궁에 2암   재산은 없다.

2. 자식운

자식운은 간궁에 회좌한 구성으로 판단한다.
간궁을 총체적인 자식궁으로 보며, 자식·양자·상속 관계를 의미한다.

장녀 / 4 ☴	중녀 / 9 ☲	
장남 / 3 ☳		막내딸 / 7 ☱
막내아들 / 8 ☶	중남 / 1 ☵	

개별적인 자식궁은 진궁을 장남, 감궁은 차남, 간궁은 막내아들, 손궁은 장녀, 리궁은 차녀, 태궁은 막내딸로 본다. 여기에서 차남이나 차녀는 맏이와 막내를 제외한 중간의 모든 자식을 말한다.
또한 진궁은 3벽목성이니 3벽목성도 장남이다. 이하 모든 구성과 자식과의 관계를 그렇게 보면 된다.

자식운
- 포괄적으로는 간궁을 본다.
- 개별적으로는 3벽(장남),
- 1백 차남(장남과 막내를 제외한 모든 아들),
- 8백 막내 아들

- 4록 장녀
- 9자 차녀
- 7적 막내 딸이 된다.

자식궁에 길신과 삼합선이 있으면 장래에 성공이 기대되는 자식이고 부모와의 관계도 좋으나, 흉살인 암검살·5황살·파살 등이 있으면 부모 자식간의 사이가 좋지 않으며 부모를 거역하거나 반항하여 별거하는 등의 일이 생기게 된다.

① **월반이 3벽목성일 때의 자식운**

2	7	9
1암	3	5
6	8	4

총체적인 자식궁인 간궁에 6백금성이 있어 자식들은 크게 잘 되고 공무원이나 관청에 근무하는 사람도 있을 것이며 전반적으로 장래가 보장될 것이다.

세분하여 본다면 장남은 진궁인데 진궁에 1백수성이 자리해 초년에는 고생하나 자수성가할 것이며, 또한 3벽목성으로 보면 중궁에 회좌하여 지배자의 기운을 가져 명예운이 있으나, 자만심이 강하여 실수할 일이 있으니 조심하여야 하겠다.

장녀는 손궁인데 2흑토성이 회좌하여 봉사정신이 강한 노력형의 헌신적인 사람이며, 4록목성은 건궁에 있어 권위적이고 활동적이며 공무원이나 큰 조직의 종사자가 되면 좋겠다.

② 월명성이 9자인 경우 부부관계와 자식운

8	4암	6
7	9	2
3	5	1

부부관계

- **곤궁에 6백** 6백은 활동, 권위, 자본의 별이라, 모친은 엄격하고 고집 센 활동가
- **2흑은 태궁** 말 주변이 좋아 금전 융통은 좋다.
- **건궁에 1백** 남편은 머리는 좋으나 건강이 좋지 않으며, 모친 앞에서 기를 펴지 못한다.
- **6백은 곤궁** 얌전하고 평범하나 부지런하고 노력가이다.
- **부부사이는** 건궁 1백수성과 곤궁 6백금성이 금생수로 상생이니 원만하고 좋은 가정이나 중궁 9자화성이라 성급하고, 변화성이 있는 가정이 된다.

재산

- **태궁 2흑** 금전 유통은 대중적, 서민적으로 평범하다.
- **간궁 3벽** 재산은 새롭게 쌓아 올라가야 하니 저축으로 조금씩 올라간다.

3. 형제운

형제운은 간궁에 회좌한(=자리한) 구성으로 판단하며, 다음과 같이 감정한다. 현대는 핵가족 시대라 옛날과 달리 형제의 영향이 적을 것이니, 형제사이의 관계가 좋은지 나쁜지의 정도로 판단하면 좋을 것이다.

2	7	9
1암	3	5
6	8	4

형제운은 간궁에 회좌한 6백금성의 의미로 판단한다.
형제간에 사이는 좋을 것이며, 형제중에 관청이나 큰 조직에 근무하는 사람이 있고 또한 출세한 사람도 있을 것이다.

4. 부부운

남편은 건궁에 회좌한 구성과 6백금성이 자리한 궁으로 판단한다. 부인은 곤궁에 회좌한 구성과 2흑토성이 있는 궁으로 판단한다.

① 己丑月 3벽목성의 월반

2	7	9파
1암	3기축	5
6	8	4

남편은 건궁에 자리한 4록목성의 의미로 판단 원만하며 이해심이 많다. 경제관념이 뛰어나며 무역을 하거나 자영업을 하는 사람으로 신용이 좋고, 여행을 좋아하며 인기도 있는 사람이다.

또한 6백금성이 있는 궁은 간궁이니 간궁의 의미로도 판단 신앙심이 있고 보수적이며 강인한 끈기로 욕망이 많은 사람이며, 상속운도 있고 가업을 계승할 것이다.

부인은 곤궁에 자리한 9자화성의 의미로 판단 외모가 좋은 미인형이며 옷차림도 잘 꾸미고, 약간 급한 성격에 정열적이다. 학문을 좋아하고 영감이 강하여 직관력이 있다.

또한 2흑토성이 자리한 궁은 손궁이니 손궁의 의미로도 판단 원만하고 이해심 많고 교제 관계가 넓어 외부출입이 많은 사람이며, 전업주부보다는 스스로 직업을 갖거나 자영업을 영위하는 사람이다. 다만 파살이 있어 자영업을 한다면 실패할 수 있으니 조심하여야 한다.

　두 사람의 관계는 건궁의 4록목성과 곤궁의 9자화성이 목생화의 관계로 **상생** 원만하고 좋을 것이나, 가정궁인 곤궁에 파살이 있어 부부싸움이 있을 것이다. 주로 부인이 급하여 싸움을 걸고 남편은 이해하면서 살아가는 가정이 될 것이다.

② 壬午월 1백수성의 월반

9	5	7
8	1임오	3
4	6암파	2

　남편은 건궁에 회좌한 구성과 6백금성이 회좌한 궁으로 판단 부인은 곤궁에 회좌한 구성과 2흑토성이 회좌한 궁으로 판단한다.

　남편은 건궁에 회좌한 2흑토성의 의미로 판단 모든 일을 포용하고 순응하는 서민적이고 협조적인 사람이다. 끈기와 욕망이 있는 직장인으로 근면과 노력으로 주위의 신망을 얻어 성공하는 사람이다. 화목한 가정을 유지하기 위해 노력하고 검소하며 봉사와 희생 정신이 강한 사람이다.

　또한 6백금성이 회좌한 감궁의 의미와 그곳에 같이 있는 암검살을 가지고 판단 처음에는 고생하면서 스스로 자립하여 자수성가하는 사람이다. 밖으로 드러나게 활동적인 일보다는 계획이나 연구 등 지적인 일과 맞고, 정해진 본업 이외에 부업으로 하는 일이 좋은 결실을 맺을 수 있으며, 오히려 본업보다 수입이 많다. 사람을 가리지 않고 사귀는 편으로 대인관계가 원만하며 내면의 부드러움과 깊은 속정 때문에 사람은 따른다. 그러나 암검살이 있으므로 함정에 빠지거나 배신당할 수 있으므로 매사에 조심하여야 한다.

부인은 곤궁에 회좌한 7적금성의 의미로 판단 합리적이고 유행에 민감하며 사람들과 어울려 놀기 좋아하는 사람이다. 전업주부보다는 밖에 나가 경제활동을 하며 대인관계가 좋다. 유머감각도 좋고 말도 재미있게 잘하여 인기가 있으나 쓸데없는 말로 구설수에 오르기도 한다. 현금을 좋아하고 돈을 잘 쓴다. 유행 따라 생활을 즐기려고 하며, 취미생활에 투자를 많이 한다. 나이에 비해 젊어 보이며 자유분방함을 좋아하는 사람이라 타인의 속박이나 다른 사람의 간섭을 싫어한다.

또한 2흑토성이 회좌한 건궁의 의미로 판단 권위적이고 투쟁적이며 승부욕이 강한 사람으로 목표를 세우면 적극적으로 밀어붙이는 편이다. 자존심이 높고 매사에 의욕이 넘치므로 지위와 명예를 얻는다. 솔선수범하고 자신을 희생하기도 하나, 솔직하고 바른말을 가리지 않고 잘해 타인과 마찰을 일으키기도 한다. 소소한 일보다 큰일을 하려고 하며, 확장하는 것을 좋아하여 자금난을 잘 겪는다.

부부사이를 본다면 남편은 2흑토성이며 부인은 7적금성이라 토생금(土生金)의 상생관계 원만하고 서로 잘 이해하는 편이다. 부인이 좀 더 강하여 가권(家權)을 쥐고 있는 편이며, 모든 일에 남편이 보다 많은 이해심을 가지고 살아가는 가정이라 하겠다.

③ **월명성이 8백토성인 경우**

7	3	5
6	8	1
2암	4	9

 건궁에 9자화성 부친은 학자나 의사이고, 명예와 지위를 중시하는 사람으로 다소 성급한 성격을 가지고 있다.
 6백금성이 진궁에 회좌 부친은 전기 전자계통이나 기술 계통에도 근무하였을 것이다.

 곤궁에 5황토성 모친은 강직한 성격으로 자존심이 강하며, 자신의 능력을 과시하며 배짱이 좋고 대담하다.
 2흑토성은 간궁에 암검살과 같이 회좌 모친은 부지런하나 강직하고 바르며 욕심이 많고, 암검살이라 시끄럽다.

 태궁에 1백수성 금전의 고난이 있다.
 간궁에 2흑토성과 암검살이 회좌 큰 재산은 없다.
 부부사이는 모친은 강하고 부친은 성급하여 충돌은 있으나, 5황토성이 생 9자화성하여 상생의 관계이니 그런대로 좋다고 하겠다.

④ 월명성이 9자화성인 경우

8	4암	6
7	9	2
3	5	1

　곤궁에 6백금성　활동, 권위, 자본의 별이라 모친은 엄격하고 권위적이고 자존심 강한 활동가이다.
　2흑토성은 태궁에 회좌　모친은 말주변이 좋아 금전 융통도 잘하는 수완가이다.

　건궁에 1백수성　부친은 머리가 좋고 지혜가 있으나 건강이 좋지 않다.
　6백금성이 곤궁에 회좌　부친은 얌전하고 평범한 직장인이며 부지런하고 열심히 노력하는 사람이다.

　태궁에 2흑토성　현금관계는 대중적, 서민적인 수준으로 평범하다.
　간궁에 3벽목성이 회좌　재산은 새롭게 쌓아 올라가야 하니 벌어서 저축으로 조금씩 올라간다.

　부부사이는 건궁 1백수성과 곤궁 6백금성이 금생수로 상생　원만하고 좋은 가정이나 남녀의 역할이 바뀐 가정이고, 중궁에 9자화성이라 성급하고, 변화가 있는 가정이 된다.

※ 길신(吉神)이 있으면 성격이 원만하고 이해심이 많으며 그 궁이나 구성의 의미를 좋게 해석하고, 흉살이 있으면 그 궁이나 구성의 의미를 나쁘게 해석하며, 추가로 다음과 같은 면이 있는 것으로 판단한다.

- 암검살이 있으면 돌아다니며 바람피우기를 좋아한다.
- 5황살이 있으면 수입면에서 많았다 적었다하여 불안정하다.
- 파살이 있으면 상대와 충돌하여 별거하거나 이별하는 일이 많다.

5. 결혼운

　결혼운은 첫째로는 손궁에 회좌한 구성과 **4록목성이 있는 궁의 의미**로 판단한다.

　두 번째로는 **태궁에 회좌한 구성과 7적금성이 있는 궁**의 의미로 판단한다.

　그 이유는 손궁은 제(齊:가지런히 하다)의 의미로 완성단계의 뜻을 가지고 있고, 이러한 때는 지인이나 친구, 선배 등의 중매로 맞선을 통하여 교제하여 결혼하게 되기 때문이며, 태궁은 열(悅:기쁨)의 뜻으로 연애를 통해 결혼하는 것을 말한다.

　또한 해당궁에 길신이나 흉살이 있는가를 찾아보아야 한다. 흉살인 5황살, 암검살, 파살이 손궁이나 태궁에 회좌한 년이나 월에는 연애가 결혼으로 빨리 연결된다고 하겠다.

　연애결혼은 자신이 직접 상대를 찾는 것으로 욕망이 강한 2흑토성, 5황토성, 8백토성의 토성본명인이나, 또는 손궁이나 태궁에 흉살이 회좌한 사람은 개성이 강하므로 먼 미래를 생각한다면 연애결혼이 무난할 것이다.

　손궁이나 태궁에 2흑토성, 5황토성, 8백토성이 회좌하면 대체로 결혼을 늦게 한다. 특히 손궁이나 태궁에 5황토성이 회좌하는 경우에는 결혼자체가 좋다고 볼 수 없으며, 자칫하면 고집을 부려 실수하는 결혼이 될 수도 있다. 이러한 경우에는 의도적으로 결혼을 늦추는 것이 장래를 위해 좋다고 하겠다. 또한 손궁이나 태궁에 3벽목성, 4록목성이 회좌하면 일찍 결혼하는 경우가 많다고 본다.

① 기축월 3벽목성 월반의 결혼운

2	7	9파
1암	3기축	5
6	8	4

　손궁에는 2흑토성이 회좌하고 있어 늦게 결혼한다고 보겠고, 태궁에도 5황토성이 회좌하니 역시 늦게 결혼하는 것은 어쩔 수 없을 것이다. 중매결혼보다는 연애결혼이 맞고, 연애기간도 길어서 서로를 많이 안 연후에 결혼하는 것이 장래를 위하여 좋겠다.
　손궁이나 태궁에 길신이 회좌하고 있을 때는 활기가 넘치는 가정생활이 되고, 서로 상대를 이해하고 아껴주며, 당사자의 애정관계가 좋아지며, 상대에게 헌신적인 봉사를 하게 된다. 이로 인해 사회적으로나 재물면에서도 상승작용을 갖게 된다.
　손궁이나 태궁에 흉살이 있을 때는, 상호간에 이해가 안 되는 일이 많아 짜증스러우며, 상대의 단점을 꼬집어 말하여 체면을 손상시키고, 심하면 감정이 폭발하여 상호충돌이 나타나게 된다.

6. 재운·금전운

재운을 볼 때는 태궁에 회좌한 구성으로 현금, 유가증권, 동산의 상태를 판단한다.

또한 간궁에 회좌한 구성으로 부동산 등 축적된 재산의 상태를 판단한다.

이 경우에도 건궁과 곤궁에 회좌된 구성을 참조하여 같이 보는 것이 보다 정확할 것이다.

또한 흉살의 회좌여부도 잘 판단하여야 할 것이다.

① 기사월 2흑토성 월반의 재물운

1	6	8암
9	2기사	4
5	7	3파

태궁에 회좌한 4록목성으로 볼 때 현금이나 유가증권 등 동산은 융통이 잘 되고 좋으나, 간궁에는 5황토성이 회좌하고 있어 부동산은 아주 많이 가진 사람과 없는 사람으로 양분된다.

그러나 건궁과 곤궁에 파살과 암검살이 회좌하고 있어 재산형성 과정에서 애로가 많았으며, 또한 재산상에 많은 변동이 있었음을 알 수 있고, 계속 유지하려면 많은 주의를 기울여야 할 것이다.

7. 직업운

인간이 자신의 적성에 맞는 직업을 택하면 즐겁고 보람차게 일하며, 또한 자신의 취미도 살리게 되어 즐겁게 생활을 영위한다. 그러나 적성에 안 맞는 일은 하기 싫어 짜증이 나는 등 정신적으로 고통이 따르게 되어 불만스러운 삶을 살게 된다.

구성학에서는 경사궁에 근거하여 자신의 적성에 맞는 일을 선택할 수 있다.

- 감궁경사와 리궁경사 : 기획이나 연구에 관련된 분야
- 곤궁경사와 간궁경사 : 생산이나 예능에 관련된 분야
- 진궁경사와 리궁경사 : 인사나 마케팅에 관련된 분야
- 손궁경사와 곤궁경사 : 영업이나 직접 발로 뛰는 분야
- 건궁경사와 곤궁경사 : 총무나 노무에 관련된 분야
- 태궁경사와 건궁경사 : 경리나 금융에 관련된 분야
- 중궁경사는 남자는 태궁경사로, 여자는 건궁경사로 보아 판단한다.

① **본명성이 2흑토성이고 월명성이 7적금성인 사람의 직업운**

6	2	4
5	7	9암
1	3	8

경사궁이 리궁경사라 두뇌가 좋고 영감이 뛰어나므로 학문과 관련된 분야나, 기획이나 연구활동에 관련된 분야나, 시시비비를 밝히

는 소송 관련 분야가 적성에 맞는 직업이라 하겠다.

② **경사궁으로 판단하는 세분된 직업**
- **감궁 경사** 외부로 잘 드러나지 않는 지혜나 사색적인 일, 물과 관련 있는 일, 수산업, 주류업, 화류계, 법률, 철학, 저술, 교사, 비뇨기과 의사, 음식업, 관광업.
- **간궁 경사** 끈기와 노력이 필요한 일, 신앙과 관련된 일, 부동산과 관련된 일, 여관업, 광산업, 가옥 매매업, 교육, 변호, 종교, 기사, 토목, 건축, 은행.
- **진궁 경사** 말이나 소리와 관련된 일, 전기 전자와 관련된 일, 능변, 발명 이론가, 전기 전자, 악기업, 텔레비전 광고업, 작곡가, 신경외과 의사, 탐험가, 세일즈맨.
- **손궁 경사** 거래와 관련된 일, 원방과 관련된 일, 신용, 자영업, 운수업, 무역업, 통관관계, 목재, 건축, 면사, 정보, 신용판매, 제면, 관광여행, 제지업.
- **리궁 경사** 영감을 발휘할 수 있는 지적 수준이 높은 고급 업종의 일. 눈에 보이는 일. 저술가, 출판, 미술, 흥행업, 정치, 학자, 안과의사, 재판, 증권, 약국, 경관, 회계사.
- **곤궁 경사** 근면과 노력이 필요한 일, 대중적인 일, 지배인, 농업관계, 근로자, 토지 매매업, 토목 건설, 대중식당, 대중업, 부인용품, 잡화상.
- **태궁 경사** 말과 관련된 일, 돈과 관련된 일, 사치, 능변, 식품관계, 음식관계, 금융관계, 금속가공, 강사, 예술, 레저, 의사, 계

리사, 탤런트.
• 건궁 경사 권위 있는 일, 관청과 관련된 일, 지도자, 귀금속, 생산 공장, 정치, 사상가, 항공업, 교육, 증권, 스포츠, 자동차.

경사궁으로 판단하는 직업

	사	오	미	
진	**4 록 목** 영업, 섭외, 인사 대외업무 자영업 운수업 정보, 관광, 여행업 세일즈맨 국수, 제지(종이)	**9 자 화** 기획, 저술, 출판 교육자, 미술 방송, 총무 회계사, 정치학자 주식, 증권 경찰관, 안과의사	**2 흑 토** 영업, 생산직 노력가, 지배인 총무, 노무, 중개 토지 매매업 부인용품, 잡화상 대중업, 대중식당	신
묘	**3 벽 목** 연구개발, 인사직 발명가, 이론가 광고, 전기, 작곡 악기업, 광고 신경외과 의사 탐험가, 사기꾼	**5 황 토** 남자는 태궁으로 여자는 건궁으로 봄	**7 적 금** 말, 강사, 섭외 돈과 관련된 일 경리, 증권, 금융 금속가공, 의사 레저, 사치, 매매 식품, 음식점 유흥업, 탤런트	유
인	**8 백 토** 생산관리, 부동산 종교, 여관 교육, 토목, 건축 광산, 부동산 매매 은행업	**1 백 수** 기획분야, 비서직 수산, 화류계 법률, 철학, 저술 교사, 비뇨기과 의사, 주류, 술집 인사, 계획	**6 백 금** 회장, 사장 지도자 항공, 교육, 증권 스포츠, 자동차 귀금속, 정치 사상가, 생산공장 직장(대기업)	술
	축	자	해	

8. 사업운

사업운은 건궁·손궁·곤궁에 회좌한 구성으로 판단한다.
- 건궁은 사장·지배자의 의미가 있고,
- 손궁은 장사·거래의 의미가 있으며,
- 곤궁은 관리자·노동자의 의미가 있다.
- 독립된 사업이나 자영업은 건궁이나 손궁을 위주로 보고,
- 곤궁은 주로 직장운을 보게 된다.

곤궁에 길신이 회좌하면 장래성이 있으며 만족할만한 직장을 가지게 된다. 그러나 곤궁에 흉살인 암검살이나 파살이 회좌하면 직장이 불안정하며 전직하는 경우가 많이 생기고, 타인의 잘못으로 인하여 자신이 해고당하기 쉬우며, 회사가 도산하여 직장을 잃는 경우도 많다.

사업은 우선 기획과 영업방침이 좋아야하고, 설비나 자본에서 여유가 있어야 가능하다. 따라서 운세가 좋은 시기를 찾아야하고, 건궁·손궁에 회좌한 구성에 따라 사업의 성공과 실패가 좌우되기 쉬우므로 신중하여야 한다.

① 갑술월 6백금성 월반의 사업운

5파	1	3
4	6갑술	8
9	2	7암

건궁에 7적금성과 암검살이 회좌 사업에는 자금회전에 문제가 생기

겠고, 손궁에 5황살과 파살이 있어 완고하고 강한 기질 때문에 스스로 실수를 가져오며, 타인과의 충돌이 많아 깨뜨리기 쉬워 사업가로서 독립하여 자영업을 운영하기는 어렵다.

손궁에 파살이 있으면 거래에 부진이 따르고 신용을 얻기가 힘들며, **건궁에 암검살**이 있으면 자본의 조달, 활동력도 불리하며, 5황살이라 성격도 강하고 외고집이라 교제나 상술에는 불리하므로, 사업가보다는 직장인으로 종사함이 무난할 것이다.

9. 질병운

월반에서 5황살과 암검살과 파살의 회좌궁으로 선천적인 신체의 약한 곳을 판단할 수 있으며, 흉살이 같은 궁에 중첩되어 회좌하면 더욱 강하여 병으로 나타난다고 볼 수 있다.

4장. 대충 관계

대충이란 상대 간지를 쳐서 그 기력을 소멸하고 날려 버리는 것을 말한다. 년반과 월반을 배치한 후 같은 숫자가 대충궁에 있는 것을 말한다.

8 3암	4암 8파	6 1
7 2	9정미 4임자	2 6
3파 7	5 9	1 5

이렇게 되어 있다면 동방과 서방에 있는 숫자 2가 대충이며, 2·2 대충이라고 부른다. 대충도 경사와 마찬가지로 그 사람의 특징이 된다.

① 子午 : 남북 대충, 旺氣 대충. 1·9 대충
- 돌발적인 변화, 심신 불안정, 언쟁, 이별, 고통(숨은)
- 하지와 동지의 계절적 대립관계, 水火대립, 1백수성(숨어 있는 곳)과 9자화성(밝히는 곳, 명예)의 대립, 문서와 물질간의 돌발적인 극한 변화, 상하대립, 싸움, 이반, 분열, 급성 병, 부도 사태, 이별, 연구 노력의 결과는 명예를 얻는다.
- 심신불안, 고집으로 오는 대립 분열, 부정은 밝혀진다.

② 丑未 : 동북 서남 대충, 곤궁 대 간궁, 墓氣, 8·2 대충
- 중도 좌절, 방해, 실수, 고립
- 대서와 대한 대립, 未 丑 土土의 동질성이나 水火의 극, 이상과 현실에 괴리가 있는 상태, 2흑 평지 전원의 진흙과 8백 산 위에 있는 백토의 대립관계, 집안, 재산, 상속, 맥을 이어가야 할 문제이다.
- 억지, 의심, 성급한 실수로 소멸, 2흑 생존욕, 5황 폭욕, 8백 강욕, 소뿔과 양뿔의 대결로 날린다.

③ 寅申 : 동북 서남 대충, 곤궁 간궁 대충, 生氣, 8·2 대충
- 감정에 의한 갈등과 불만, 서둘러서 생긴 실수, 정신적인 괴로움
- 우수와 처서 대립, 寅은 몇 번이고 화살 촉을 수정하여 쏘는 정신적 감정변화이고, 申은 억지로 잡아당겨 끌어가는 성질이므로 서로 대립한다. 어지러움, 좌절, 실수, 정신적 타격, 갈등이 있다.

④ 卯酉 : 동서 대충, 진궁과 태궁, 旺氣, 3·7 대충
- 주는 것 없이 미운, 간섭, 불화, 배반, 괴로움
- 춘분과 추분의 대립, 목금 대립, 3벽은 소리만 있고 형태는 없는 벼락이고, 7적은 낭만이 넘치는 호수 늪이다. 호수에 허리케인 태풍이 들어온 요란한 상태가 된다. 자극, 짜증, 배신, 재난, 병난, 주는 것 없이 밉고, 보면 속이 터지고 헤어지면 궁금

하다.
- 특히 卯는 영역의 중심이라 영역이 흔들리고, 酉는 파헤치고 먹고 마시고 병나고, 즐기는데 탕진한다.

⑤ 辰戌 : 서북 동남 대충, 건궁 손궁대충, 墓氣. 4·6 대충
- 규정이나 방식에 따름, 가식, 마찰, 언쟁, 고립
- 곡우와 상강의 대립, 4록은 수습·정리·바람의 성질이고, 6백은 투기·승부욕·싸움·확장이므로 성질이 반대된다. 바람이 휘몰아쳐 만물을 집어삼킨 상태, 바라는 꿈은 사라지고, 진동을 주어가며 상대를 자극하니 헛된 결과가 된다.
- 辰은 후려쳐 진동을 주고, 戌은 소리 질러 현실을 지키려하는 대립으로 현물이 소멸되고 날아간다.

⑥ 巳亥 : 서북 동남 대충, 건궁 손궁 대충, 生氣, 4·6 대충
- 저돌적인 행위, 분열, 풍파, 기괴한 행각
- 소만과 소설의 대립, 巳(화금)와 亥(수목)의 대립, 4록 거래의 시발, 승부, 싸움, 확장과의 대립, 뒤치고 앞서가는 이권 상태, 하는 일에서 장애, 몰두, 저돌, 정신 분열, 과욕에서 오는 배신, 오판, 의심으로 중도 좌절 소멸된다.
- 巳의 파란은 저돌적인 亥의 행위에 소멸되고, 밀어붙이는 亥는 巳의 파란에 소멸된다.

子午	돌발적 변화, 불안정, 이별, 1·9 子 : 물질, 어두움. 午 : 정신, 명예, 밝음의 대립
丑未	중도좌절, 방해, 실수, 고립, 8·2 丑 : 산, 이상, 권력욕. 未 : 전원, 현실, 생존욕의 대립
寅申	정신적 갈등, 불만, 서두르다 생긴 실수, 8·2 寅 : 화살촉을 수정하여 쏘려는 정신변화 申 : 억지로 잡아당기려고 함
卯酉	간섭, 불화, 배반, 3·7 卯 : 진동, 바람. 酉 : 호수, 늪에 태풍
辰戌	자극, 마찰, 소멸, 4·6 辰 : 수습, 정리 戌 : 싸움, 확장으로 소멸
巳亥	분열, 풍파, 4·6 巳 : 거래, 시발 亥 : 저돌, 밀어붙여 생기는 파란

4부. 흉살론

1장. 흉살의 종류와 특성　　　　115
2장. 5황살　　　　　　　　　　119
3장. 공망살　　　　　　　　　　127
4장. 천중살(天中殺)　　　　　　134

1장. 흉살의 종류와 특성

앞에서 살펴본 세가지 흉살을 포함해 구성의 흉살은 5개이다. 그 중 대흉살은 5황살, 암검살, 파살이며, 중흉살은 본명살과 본명적살이 있다. 하나씩 방위와 작용을 살펴보자.

1. 대흉살

이는 모든 사람에게 공통으로 작용하는 흉 방위이다.

① **5황살(五黃殺)**
- 팔방위궁 중에서 5황토성이 회좌한 궁의 방위이다.
- 해당 방위궁에 5황토성이 있어서 '5황살'이라고 칭한다.
- 스스로 재난을 초래하는 대흉살의 방위이다.
- 5황살의 가장 큰 특징은 전 지구적으로 모든 생명체에 대한 강력한 부패(腐敗)작용이다. '토화(土化)작용'이라 하여 생명체를 분해하여 흙으로 되돌리고자 하는 환원작용을 한다.
- 해당방위로 이사, 증축, 개축, 신축 등을 행하면 병들고 죽거나 생활고로 토화·소멸되는 작용이 일어난다.
- 대인관계 등에서도 중도에서 장애가 일어나고, 사기를 당하며 말썽의 책임까지 뒤집어쓰게 된다.
- 5황살 방위에서 일어나는 재난의 원인은 본인의 행동에서 초래된다.

② **암검살(暗劍殺)**

- 팔방위궁 중에서 5황토성이 자리한 궁과 대충하는 궁이다.
- 중궁에 위치한 구성의 정위궁(正位宮:본래 자리)이기도 하다.
- 우연성이 강한 재난 또는 교통사고 등으로 대흉살의 방위이다.
- 타인이 초래한 원인으로 자신은 전혀 예상치 못한 상태에서 폭발적 재난에 휘말려 든다.
- 우군이 적으로 돌변하고, 배신도 당하며, 뜻하지 않았던 함정에 빠져들게 된다.
- 순탄한 사업에 의외의 장애가 발생하여 중도에서 파산 등을 당한다.
- 매사에 추진력과 의지를 상실하고, 몸을 해쳐 결국 은퇴하게 된다.
- 교통사고 등의 돌발적인 재난을 당한다. 이 또한 타인이 초래한 원인에서이며, 예를 든다면 남의 차가 차선을 위반하여 나의 차에 충돌하여 내가 큰 피해를 당하는 경우 등이다.

③ **파살(破殺)**

- 세파(년), 월파, 일파, 시파가 있다.
- 년지, 월지, 일지, 시지가 충하는 궁 및 그 방위를 말한다.
- 해당궁과 방위에 다 같이 흉한 작용을 한다.
- 파괴하고 깨지게 하는 흉한 작용을 한다.
- 당해년의 태세방(2023 계묘년은 동쪽)에는 좋은 현상이 일어나고, 반대쪽인 세파(2023 계묘년은 서쪽)에는 반대로 나쁜

현상이 나타나다. 그 이유는 그쪽으로 지구의 내부에서 부패한 배기가스가 분출되기 때문이다.
- 파살의 방위로 이사, 개업, 신축, 동토, 장기 입원 등의 행동을 하면, 가족간에서나 이성간에서나 친구간에서나 거래간에서의 좋았던 관계가 깨지고, 심하면 생명에까지 영향을 준다.

2. 중흉살(中凶殺)

이는 각 개인의 본명성별로 흉 방위가 정해진다.

① **본명살**
- 각 개인의 본명성이 회좌한 궁의 방위를 뜻한다.
- 방위에서만 흉살작용을 한다.
- 의욕과 추진력을 상실하고 자기 능력을 발휘치 못하며 매사 실패를 맛본다.
- 스스로 자신의 목을 조르는 것과 같은 작용을 하는 방위로, 매사에 의지를 상실하고 몸에 병이 생겨 재기하기 어렵다.
- 3회 이상 반복하여 범하면 자살케 된다는 방위이며, 범법자 또는 가출인이 도피하는 방위이기도 하다.
- 개인을 구성하고 있는 기(본명성)가 반발 및 거절하는 반응의 작용으로 활력이 급속히 소멸되고 세포가 분열되어 사망에 이르게 된다는 것이다.

② 본명적살

- 각 개인의 본명성이 회좌한 궁의 방위를 대충(對沖)하는 방위이다. 방위에서만 흉살작용을 한다.
- 스스로가 화근이 되어 매사에 착오를 일으키고, 손해보거나 실패하게 되는 살이다.
- 자신의 고유한 기를 극하는 방위로 본인에게 나쁜 기가 많이 나타난다. 즉 판단의 착오와 의외의 부상 등을 당한다.
- 자제력을 상실하여 남의 충고를 듣지 않고 독선적인 성격으로 변한다.

3. 오행의 상극살

각 개인의 본명성의 오행에 의하여 상극 작용하는 경우이다.

① 살기(殺氣)방

- 자기 본명성의 오행을 극하는 구성이 회좌한 궁의 방위.
- 이사 전근 등 장기간 움직이는 경우에 흉작용을 하고, 일상적인 행동에는 큰 작용이 없으므로 무방하다.

② 사기(死氣)방

- 자기 본명성의 오행이 극하는 구성이 회좌한 궁의 방위.
- 이사 전근 등 장기간 움직이는 경우에 흉작용을 하고, 일상적인 행동에는 큰 작용이 없으므로 무방하다.

2장. 5황살

구성에서 좋지 않은 부분을 판단할 때는 5황살을 가장 중요하게 본다. 그래서 특별히 5황살의 의미와 현상에 대해 설명한다.

1. 5황토성의 의미

1. **정위(定位)는 중궁** 중궁은 지구의 중심점이며, 8괘 상의 태극인 핵심점이다.
2. **중요 의미** 독살 행위, 참살 행위, 기생충의 행동, 강탈, 강욕, 폐기물화, 물품 식품 건물 등 지상 존재물의 부패 파손 작용, 파산, 실업, 실직, 영업 실패, 과거에 일단락 지어진 사건이나 문제의 재발생, 치유된 질병의 재발 등이다.
3. **장소** 쓰레기 처리장, 불탄 자리, 전투의 격전지나 유적지, 화장터, 사형장, 묘지, 도살장, 참살 행위가 행하여진 장소, 미개지, 황무지 등이다.
4. **사물** 깨어진 것, 오염된 것, 황폐한 건물, 빈 사원, 불교용품, 폐물, 녹슨 물건, 그 외 쓸모없는 물품 등이다.
5. **인물** ① 헌 것, 노인, 원로, 고물상, 고물 취급인.
   ② 독재 국가 원수, 악한, 폭력배, 강도, 살인범, 사형수, 자살자, 변사자, 도살장의 가축 도살인, 불9자
   ③ 비료상, 방황인, 거지, 노숙자, 고리대금업자.

6. **음식** 향과 맛이 없는 음식, 영양분 없는 음식, 썩은 냄새 나는 것, 먹다 남은 것, 팔다 남은 것, 두부, 술 찌꺼기, 간장, 된장 등이다.

7. **생리현상** 대장, 변비, 설사, 티푸스 병, 유산(流産), 위암, 자궁암 등 복부 내의 모든 질환이다.

   해당 방위로의 움직임의 원인으로 하복부 내에 질병이 발생하는데 고열을 동반함이 특징이다.

   5황은 독소이기에 체내에 누적되어 잠재하였다가 그 발작시 신진대사를 방해하여 내부로는 암(癌), 외부로는 종기, 피부암 등의 원인이 된다.

   진궁 5 : 간암 / 곤궁 5 : 위암 / 손궁 5 : 장암 / 감궁 5 : 자궁암 / 리궁 5 : 유방암 등이다.

8. **동물** 빈대, 이, 모기, 체내의 모든 기생충, 독충 일체, 거미나 사마귀(암놈이 수놈을 잡아먹어서) 등이다.

9. **식물** 독 있는 모든 초목이다.

2. 5황토성 방위에서 일어나는 현상

① 일, 시반에서 5황토성이 회좌한 방위로 움직이는 경우

    ㉮ 물건을 매입한다면
- 헌 것, 고물, 부패한 상품
- 보이지 않는 부분에 흠 있는 물품
- 식품, 약품 등은 유통기한이 지난 것
- 점원의 불친절로 인한 상심
- 먹는 음식이 마음에 들지 않음
- 유흥업소에서는 재미 볼 수도 있음
- 쓸모없는 낭비를 하게 됨

    ㉯ 방문 시(사람을 찾아갔을 때)
- 부재중임
- 고장난 물건을 손질하는 중
- 정화조 또는 쓰레기 처리 중
- 대화로는 타협이 어려워 찾아간 목적을 이루지 못함
- 소매치기나 도난당함
- 소지품을 길에 떨어뜨림
- 험담을 들음
- 지난날의 잘못을 지적당함
- 음식은 묵은 것을 대접받아 복통을 일으킴

    ㉰ 5황방위에서 찾아온 사람은

- 하는 말이 거짓임
- 지난날의 고생이나 질병의 이야기를 함
- 꺼려지는 분쟁의 문제를 꺼냄
- 사는 마을 근처에 공동묘지, 도살장, 옛날의 격전지가 있거나, 도깨비가 나올 것 같은 헌 집에 사는 사람

② **5황토성 중궁의 일반, 시반의 경우**
- 구걸인(거지) 만남, 된장 간장 등이 들어옴
- 약속이 깨지는 일 일어나기 쉬움
- 부고(사망소식) 들어옴
- 지난날 묵은 문제의 이야기를 다시 꺼냄
- 들어오는(매입, 입고) 물품은 쓸모 있는 듯 보이지만, 실제는 쓸모없는 것임

③ **5황토성 방위에서 혼담이 온다면**
년반은 당사자의 가문을 보고, 월반은 당사자 자신을 본다.
- 신병(속병)있는 사람
- 무능한 사람
- 저급한 자 또는 실패자
- 곤란에 빠져있는 사람, 욕심 많은 사람
- 사업이 망해가고 있는 집안
- 비 처녀
- 재산 없는 집

④ 5황 방위의 거래처
- 상대가 욕심이 많아 나는 항상 손해를 봄
- 신용이 없음
- 싸구려 상품
- 상품에 흠 많고, 악의가 있음
- 5황방위의 상인과는 절대 상거래하지 말 것

⑤ 본명성 5황인의 특성
- 평생의 운세가 강하고 실천가임. 자신이 매사에 중심이 되어야 만족함
- 큰 사건에는 놀람 없으나, 작은 일에 잘 놀란다.
- 자아가 강하여 협조를 잘 못함. 외유내강.
- 손 댄 일에 열중하여 밑바닥부터 출세함
- 자기중심적 성향과 너그러운 삶의 이중성

3. 5황토성의 동회 작용

① 일반, 월반에서 본명성이 중궁에 회좌하거나 5황토성과 동회

경오월(4) 기미일(8) 월일반

3암	8	1
2	4경오	6
7	9파	5

7	3	5
6	8기미	1
2암파	4	9

3암	8	1
7	3	5
2	4경오	6
6	8기미	1
7	9파	5
2암파	4	9

1. 본명 8백인은 중궁 회좌로 5황의 기를 받음
2. 본명 9자인은 건궁에서 5황과 동회함
   - 지나간 옛 문제, 신병 재발 등의 작용
   - 옛 친구에게 괴롭힘 당함
   - 운동 부족의 현상, 위장의 탈 일어남. 단 것이 먹고 싶어짐
   - 몸이 냉해짐
   - 건망증, 실물, 또는 정신의 집중력이 약화됨

② 5황 동회의 월 운세 판단

어느 본명성이나 5황 동회는 그 운세가 좋지 못함.

감궁 5황 동회 : 본명성 9자

경진년(2000) 기묘월 년월반

8 3암	4암 8	6 1
7 2	9경진 4기묘	2 6파
3 7	5 9	1파 5

- 도난, 실물수 있다.
- 부하, 종업원의 부정행위로 손해봄
- 남에게 알려지기 싫은 고민 생겨남
- 물적, 심적 어려움에 빠짐
- 가정 있는 남녀끼리 공공연히 연애감정에 휩쓸림

리궁 5황 동회 : 본명성 8백

기묘년(1999) 경오월 년월반

9 3암	5 8	7 1
8 2	1기묘 4경오	3파 6
4 7	6암 9파	2 5

- 일단락된 지난 옛 사건이 다시 문제화 되어 고민하게 됨
- 문서나 인감건으로 인해 상심할 일이 생기기 쉬움

- 숨겨온 비밀 폭로 당함
- 경찰, 재판, 송사 등이 일어나기 쉬우며 조심을 요함.
- 친한 사람과 이별수.
- 치료된 옛 신병이 재발
- 높은 곳에서 추락, 높은 데서 떨어지는 물건에 의한 부상, 화재 화상을 조심.

간궁 5황 동회 : 본명성 3벽

무인년(1998) 을축월 년월반

1	6	8암파
8	4암	6파
9	2무인	4
7	9을축	2
5	7	3
3	5	1

- 부동산, 거주 주택건으로 상심사 일어남
- 집안 친척, 아는 사람으로부터 무리한 요구 받든지, 속을 썩음
- 하는 사업이 급하게 한산해지고, 매사에 장애가 발생
- 하는 사업에 싫증을 느껴 새로운 사업에 손을 대 손해를 봄
- 지난날의 헌 사건이 다시 문제화 되든지, 일단 치유됐던 신병이 다시 생김

5황 동회의 결론

5황이 자리한 궁의 모든 기(氣)를 악화시켜 흉한 작용을 일어나게 함.

3장. 공망살

공망은 일주(日柱) 공망을 의미하며, 비었기 때문에 그것을 찾아서 채우려는 경향이 있다. 공망은 각 개인의 취향이나 성격을 나타낸다.

1. 술해 공망 : 토기성

갑자, 을축, 병인, 정묘, 무진, 기사, 경오, 신미, 임신, 계유일
① 술해는 하늘이라 이상적, 정신적이고 고독한 숙명이다. 이상이 높아 현실에 잘 적응이 안 된다.
② 흑백이 분명해야 납득하며, 결벽성이 있고 정의감이 강해 실리보다 명예를 중시하는 유아독존형이다.
③ 적당히 처리하는 융통성 및 요령은 부족하나, 주어진 일은 끝까지 처리하는 저력이 있다.
④ 기발한 아이디어를 가진 창의력이 있으며, 통찰력이 있어 근원을 밝히려 한다.
⑤ 보수적이면서 지나칠 정도로 고상하여 남이 볼 때 건방지게 보인다.
⑥ 싫은 상대는 신랄하게 비판하고 공격한다. 상대를 타협보다는 강인한 인상과 완고함으로 억눌러 놓는 성격이 있다.
⑦ 거만함과 명령조의 말투 때문에 동료, 후배로부터 소외된다.

⑧ 일생을 통하여 감정과 싸워야 하고, 타인과의 마찰시 자신의 살점을 내주고 상대의 뼈를 갈아버리는 공격성이 있다.
⑨ 호강하며 자란 사람이 기반을 잡으면 주변환경과 원만하게 처신하나, 가난 속에서 자란 사람이 기반을 잡으면 육친이나 친척의 출입을 통제한다.
⑩ 머리를 90도로 숙여야 출세한다.

2. 신유 공망 : 금기성

갑술, 을해, 병자, 정축, 무인, 기묘, 경진, 신사, 임오, 계미일

① 속박을 받지 않고 자유를 즐기며 사는 합리주의자이다. 타당성 없는 일, 오랜 풍습, 전통, 종교, 미신 등을 잘 안 믿는다.
② 생각나면 즉석에서 결정하고 행동한다. 하나를 보면 열을 짐작한다.
③ 유행과 정세 흐름에 민감하며 센스가 있다. 천성이 밝고 유머감각이 있어 주변을 즐겁게 한다. 발상과 실행력이 뛰어나다. 운동신경의 발달로 스포츠에 취미가 있다.
④ 앞장서서 일을 밀어붙여 성과는 기대되나, 이에 따른 부작용과 나쁜 영향도 자신이 받게 된다. 책임감과 수행력이 있고, 용감함과 의협심이 강하지만, 지도층으로서 조직을 움직이는 힘이 부족하다.
⑤ 참신한 발상으로 돈을 잘 벌지만 쓰기도 잘 쓰므로 돈이 남아나

지 않는다. 그러나 어떤 경로를 통하더라도 돈은 들어온다.
⑥ 발전을 위해서는 남에게 자신의 권한을 주고 키워내는 신뢰가 있어야 하고, 일에 임할 때는 심사숙고하는 것이 성패를 좌우한다는 것을 알아야 한다.

3. 오미 공망 : 화기성

갑신, 을유, 병술, 정해, 무자, 기축, 경인, 신묘, 임진, 계사일

① 프라이드가 높고, 변화가 많으며, 자기 마음대로 행동한다. 경계가 심해 물증이 있어야 납득한다. 자신의 속뜻을 알아차리고 지적받는 것을 극도로 싫어한다.
② 자신의 생각이나 위신에 관계되는 일을 나타내기 싫어하며, 상대를 외모나 인상으로 판단하는 것이 아니라, 그 마음을 꿰뚫는 투시력이 있어 진짜냐 가짜냐의 구분이 확실하다.
③ 이성보다 감정이 앞서 충동적으로 일을 시작하고, 뜻에 안 맞으면 엉뚱한 말도 서슴지 않고 한다. 대인관계는 열정적이었다가도 쉽게 식어버려 원만하지 못하다.
④ 충동적으로 구입하는 것이 많고 운명적으로 불로 살아가고 망하며, 정신세계로 사는 사람으로 외면은 화려하나 내면은 고독하다. 자존심과 체면유지를 해야 한다는 마음이 강하여 충동구매 등으로 지출이 과다한 편이다.
⑤ 여성은 물 계통의 사업이 좋고, 화목한 가정이 될수록 왠지 자

신의 입지가 고독하게 되며, 배우자나 자식과 멀어지면 이상하게 자신의 세계관에 몰두하면서 정신적으로 고독감에서 해방되는 기분이 든다.

4. 진사 공망 : 천기성

갑오, 을미, 병신, 정유, 무술, 기해, 경자, 신축, 임인, 계묘일

① 현실을 바라보는 눈이 있어 물질적인 면과 실질을 우선으로 생각한다.
② 순진한 면모가 있으며 불행한 사람을 그냥 지나치지 못하는 평화주의자이다.
③ 오늘 안 되면 내일에 희망을 거는 낙천가이고, 사람들을 좋아해 항상 주변에 사람이 있으면 생기에 차 있다가도, 사람이 없으면 쓸쓸해 야밤중에도 전화하는 사람이 많다.
④ 대중 앞에서는 주변의 이목을 끌려고 하며, 이성이나 지성보다는 감정과 인정으로 협조하고 화합하려 한다.
⑤ 뜻밖의 일로 당황하면 공과 사의 구분이 어려워 꾸물대고, 애정문제는 우유부단하여 쉽게 끊지 못하고 상대에게 질질 끌려간다.
⑥ 꿈을 실현시키려는 지구력이 강하고, 어려운 난국에서도 낙담하지 않고 전진하려는 사람으로 난세에서도 적응을 잘한다.

5. 인묘 공망 : 목기성

갑진, 을사, 병오, 정미, 무신, 기유, 경술, 신해, 임자, 계축일

① 건실한 노력가이며, 감정보다 이성을 중시하고, 표면보다 내면이 강한 사람이다. 일단 목표를 세우면 면밀하게 계획을 세워 건실하게 인생을 산다.
② 보수적인 생활 습관으로 매사에 안전함을 지향하여, 돌다리도 두드려보고 건너는 타입이다. 너무 신중히 생각하다가 주어진 기회를 놓치는 일도 많다. 또한 식사를 느리게 한다.
③ 완고한 성품이라 사람을 사귀기가 힘들고, 행동 범위가 자신의 영역인 가정 아니면 주변으로 한정되어 있다.
④ 인내와 노력이 무기로써, 처세술이 없어도 끈기로 대처하므로, 대기만성이 된다. 인내와 끈기로서 주변으로부터 신뢰와 존경을 받고, 힘든 일도 자신의 집념으로 성취시키는 저력이 있어, 사회에서는 없어서는 안 될 존재이다.

6. 자축 공망 : 수기성

갑인, 을묘, 병진, 정사, 무오, 기미, 경신, 신유, 임술, 계해일

① 개성이 강한 사람이다. 사람을 똑바로 꿰뚫어보는 눈이 있으며, 이기적이라 '너는 너, 나는 나'라는 식으로 육친 사이라도 분명한 선을 긋는다.

② 누가 뭐라 해도 자신이 하고자 하면 끝까지 밀고 나가므로 독선적으로 보이지만, 자신의 의지를 살리고 매사 냉정하게 행동하므로 체면을 잃지는 않는다.
③ 이기적이라 베풀 때에도 후일에 돌려받을 계산을 하고 베풀기 때문에 절대로 손해를 보지는 않으나, 상생이 맞지 않는 사람을 만나면 극단적인 비극에 휘말린다.
④ 창업의 영웅으로 유능한 부하를 만날 수 있고, 독립심이 강해 빈손으로 시작해 일대의 부를 만드는 재운이 따른다.
⑤ 아이 취급받는 것을 싫어한다.
⑥ 자신의 능력을 주변에서 인정받을 수 있지만 욕심이 지나쳐 인망을 잃기 쉬우니, 사업이 잘될 때의 과욕은 좌절이 생길 수 있으니 조심해야 한다.

* 요약정리

공망	특징
술해(戌亥)	이상적, 정신적, 이념적, 매사 분명한 결과로 매듭, 권위와 무게를 중시, 어른
신유(辛酉)	합리적, 즉흥적, 자유주의, 욕망적, 적극적, 현실적인 적응력, 보는 순간 마음에 들면 그날로 육체관계, 솔직히 말함, 전통을 싫어하고 새로운 일을 따름, 아이.
오미(午未)	자존적, 열정적, 감성적, 예술적, 환경과 분위기에 따라 변하는 기분파, 만난 날 무드 잡고 직행, 본심을 말 안 함.
진사(辰巳)	현실적, 포용적, 낙천적, 낭만적, 우유부단, 개방적이고 쾌락을 즐기는 섹스.
인묘(寅卯)	보수적, 건실함, 오랜 교제 후 결혼이란 형식 후 섹스, 보수적이고 담백한 섹스.
자축(子丑)	이기적, 계산적, 냉정함, 제멋대로 행동, 무드를 좋아하고 테크닉이 뛰어난 섹스, 가정과 전통에 매어 있기 싫어함.

4장. 천중살(天中殺)

공망을 응용한 살로, 일본에서는 천중살이라고 이름을 붙여 사용한다. 공망이 공허하고 무력하다는 의미인데 안 좋은 것이 시작된다고 보는 것이다. 양년생과 음년생은 시작되는 때가 다르다.

양년생은 자신의 공망이 되는 년의 전년부터 음기가 시작되고 음년생은 자신의 공망이 되는 년부터 음기가 시작되어

음기(陰氣), 정기(停氣), 감기(減氣), 종기(種氣), 생기(生氣), 화기(花氣), 약기(弱氣), 달기(達氣), 란기(亂氣), 회기(會氣), 재기(財氣), 안기(安氣)의 순서로 순행하여 적용한다.

1. 음기(陰氣) : 천중살의 시초

음지에 빠져 있다. 함정에 빠져 있다. 어두운 환경에 처해있다. 마음에 검은 구름이 드리워져 있는 상태이다.

마음속에 헷갈리는 일이 많아 오판·착각·실수를 하게 되므로 심신이 불안하고, 하는 일에 장애가 발생하여 손실을 입는 일이 많아진다.

방향을 잘 못 잡고 이성과 감정이 통제가 안 되며 산만해진다. 타인의 속임수에 걸려든다.

2. 정기(停氣) : 천중살의 왕성

주위의 모든 것이 정지된 상태이다.

사방이 암흑에 빠져 있으니 한 치 앞도 못 보는 상태이다.

주변에 친지가 하나도 없어 누구도 내 말을 들어주지 않는다.

신뢰성을 회복하려 노력하면 할수록 오히려 나빠지고, 손실을 만회하려 하면 할수록 더욱 침체가 된다.

부부나 연인 사이에도 의견대립이 많아져 고독해진다. 따라서 만취하거나 주색잡기에 빠져 자포자기하게 되어, 구설이 생기고 건강에 위험한 일이 생긴다.

3. 감기(減氣) : 천중살의 결과

음기(陰氣)에 발생되어서 정기(停氣)에 고통을 받아왔던 문제의 결과가 나타나는 시기이다.

가슴을 억눌렀던 기운이 없어지기는 하나 결과는 별로 좋지 않다. 믿었던 친지나 사랑했던 이성으로부터의 배신으로 생사별이 있다.

해서는 안 되는 일, 부정한 일 등이 걷잡을 수 없이 일어난다.

악운이 실제로 나타나는 시기로 질병, 재난, 재산의 손실, 부도(不渡), 사고 등이 실제로 나타나게 된다.

4. 종기(種氣) : 천중살을 벗어나 처음으로 씨뿌리는 기운

 어려운 환경에서 벗어나 새롭게 무엇인가를 시작하려고 희망에 부풀어 씨를 뿌리려는 시발점이다.
 자신이 선택한 장래의 목표를 세우고 그 목표를 달성하기 위하여 연구하고 노력하는 중요한 시기이다.
 시작한 일은 좋든 나쁘든 반드시 결과가 있으므로 이 시기에는 정당하고 합리적인 것으로 씨를 많이 뿌리는 것이 좋다.
 구체적으로 말한다면 이 시기에 시작한 사업·연애·결혼·진학·취업·자격증 등은 좋은 결과를 가져올 것이다.

5. 생기(生氣) : 싹이 트는 시기, 출생의 기운

 대지에 뿌려놓은 종자에서 싹이 트며 자라나려는 의욕은 있으나 아직 자라난 상태는 아니며, 장차 큰 재목으로 변한다.
 생기가 있고, 진로를 찾아 발전되어 나간다. 자격증의 취득 취업 진학 승진 등의 기회이다.
 사회에서 인정을 받고 점진적으로 발전하여 장차 크게 성장하게 된다.
 이 시기의 결혼, 연인, 대인관계는 친근감이 강하여 서로 쉽게 믿고 유리한 조건을 활용하게 된다.

6. 화기(花氣) : 꽃이 피는 기운

　삶의 기본 방향을 결정짓는 중요한 시기이다.
　새로운 의욕과 계획으로 도전하는 시기로 노력하면 최대의 성과를 올릴 수 있다.
　개업·독립·취직·결혼 등에 의욕을 가지고 적극적으로 노력한다면 반드시 그 실적이 오르고 또한 후원자도 생기게 된다.

7. 약기(弱氣) : 약해지는 기운

　모든 것은 3개월 3년 등이 지나면 안정과 휴식을 취하여야 한다.
　욕심이 과해 몸을 돌보지 않고 노력한 것이 과로와 피곤으로 돌아온 상태이다. 또한 부주의한 식습관으로 식중독, 과식으로 인한 피로 등의 상태를 말한다.
　이때는 몸이 허약하여 병에도 잘 걸린다.
　자신의 실수로 거래관계에 문제가 생기고, 말도 함부로 하여 신용을 잃고, 구설이 생기는 등 심신이 불안정해진다.

8. 달기(達氣) : 목적이 달성되는 기운

　종기(種氣)에 씨뿌린 일들이 화기(花氣)에서 꽃을 피우고 달기(達氣)에서 열매를 맺어 목적을 달성하게 된다.
　상당히 좋은 운세로 대담하게 계획하여 적극적으로 행동하면 일이 잘 풀리고, 좋은 후원자도 만나게 되어 순조롭게 일이 풀린다.
최고의 운세로 가정, 애정, 경제 등 모든 일에 기쁨과 즐거움을 누리게 되는 시기이다.

9. 란기(亂氣) : 혼란한 시기, 휴식과 안정의 기운

일이 뜻대로 풀리지 않으며, 수레가 앞으로 진행하지 못하고 헛바퀴 도는 상태에 빠진 것과 같다.
억지로 일을 벌이면 오히려 손해가 되고, 훗날 반드시 후회하게 되니 현상유지에 만족하고, 일을 진행하더라도 분수에 맞도록 해야 한다.
이 시기에는 심신이 불안정하여 실수가 많고, 집중력을 필요로 하는 시험공부, 연구, 계획 등에는 노력하여도 바라는 만큼의 목적을 이룰 수 없어 스트레스를 받게 된다.

10. 회기(會氣) : 다시 만나는 시기, 만회하는 기운

멀어졌던 연인이나 친구 사이가 다시 만나서 오해를 풀고 더욱 친밀한 관계가 되는 시기이다.
거래관계에서도 수없이 시도하여도 잘 안 되어 왔던 경우에 다시 도전한다면 만회할 수 있는 시기이다.
다시 만나 희망이 생기는 등 많은 사람을 만나게 되는 시기로써 장래성이 있으며, 순조롭지 못했던 거래관계도 다시 수정함으로써 좋아지고 미래를 생각했을 때 유익한 관계가 된다.

진학, 자격증 취득, 고시 등에 다시 도전하면 뜻을 이루게 된다.

11. 재기(財氣) : 재물과 관련된 기운

재물과 관련된 일이 생기고, 기대하지 않았던 유산의 상속이나 증여 등이 생기게 된다.

부동산이나 주식, 자동차 등이 고가처분 되는 등 의외로 큰 수익을 얻게 된다.

인간관계에서도 부유한 이성과의 만남이 있고, 재력 있는 후원자를 얻는 등 장래를 위하여 좋은 기회가 생긴다.

12. 안기(安氣) : 안정하여 편안한 기운

분주했던 수확기를 마치고 조용한 환경에서 지난 과거를 반성하며 경험을 비추어 보며 지내는 시기이다.

이 시기에는 일을 밀어붙이면 오히려 불리해져 후회를 가져오니, 주변 환경에 순응해야 좋아진다.

자신이 의도하지 않은 우연한 기회에 만난 사람과 인연이 맺어지고, 취미로 시작한 일에서 수입이 있게 된다.

5부. 래정법

1장. 사회전반에 관한 사항(년, 월반)   143
2장. 자신의 주변상황(일, 시반)   151
3장. 년명성별 조견표   156

 구성반의 일반적인 특성을 고찰하여, 크게는 해당년이나 월에 발생되는 사회 전반에 관한 사항을 알아볼 수 있으며, 작게는 해당 일이나 시간에 자신과 자신의 주변에 일어나는 사항을 알아볼 수 있다.
 또한 찾아온 사람의 정황을 미리 알 수 있으므로 감정에 보다 잘 활용할 수 있을 것이다.

1장. 사회전반에 관한 사항(년반, 월반)

1. 1백 수성 중궁반

9	5	7
8	1	3
4	6암	2

① 정치권력의 중심과 대기업(또는 대자본)인 6백금성이 감궁에 회좌하여 고난을 받고, 또한 암검살까지 받고 있어 사회적 불안과 경제적 불황을 나타낸다.
② 7적금성이 곤궁에 자리해 경기는 지지부진하고 금융통화는 증발하여 인플레이션 현상이 나타나며, 2흑토성이 건궁에 자리해 서민대중이 권력층으로 부상하는 사회현상이 일어난다.
③ 리궁에 5황토성이 자리하고, 손궁에 9자화성이 있어 표면상(외견상)으로는 화려하고 좋게 보인다.
④ 6백금성이 감궁 회좌에 암검살까지 있어 지도층은 극쇠운에 처해있다.
⑤ 진궁에 8백토성이 있고 태궁에 3벽목성이 자리해 궁의 오행과 구성의 오행이 상극관계라 활력(진궁)이 떨어지고 금융경제(7적)도 저하된다.
⑥ 유통교류의 4록목성이 간궁에 회좌하여 변화에 직면하고 있으며, 1백수성이 중궁에 회좌하여 상극이 되므로 더욱 어려운 상황이 된다.
⑦ 1918, 27, 36, 45, 54, 63, 72, 81, 90, 99, 2008, 2017, 2026년에 해당한다.

2. 2흑 토성 중궁반

1	6	8암
9	2	4
5	7	3

① 태궁에 4록목성이 있으면서 상극하고, 7적금성의 감좌 회좌로 금융경제가 불황에 쌓여있다.

② 곤궁에는 8백토성과 암, 간궁에는 5황토성이 자리하고 있다. 변화되는 일이 많고, 부동산 경기 하락을 암시하고 있으며, 곤궁의 8백토성은 암검살까지 맞고 있어 더욱 심하다.

③ 진궁의 9자화성, 리궁의 6백금성은 권력기관의 성세를 암시하고 있다.

④ 년 월의 지지(地支)에 따라 년파 월파가 결정되므로 해당궁 및 회좌성의 장애 또는 흉의(凶意) 암시가 달라짐도 참고하여야 한다.

- 경기(태궁 및 7적금성)침체 및 자금의 어려움이 생긴다.
- 부동산 경기가 하락한다. (곤궁 8백토성 암검살)
- 모든 사업 거래가 잘 안되는 시기이다. (손궁 1백수성)
- 과거 비리의 폭로로 사회가 놀라고 시끄럽다. (진궁 9자화성)

⑤ 1917년, 26, 35, 44, 53, 62, 71, 80, 89, 98, 2007, 2016, 2025년에 해당한다.

3. 3벽 목성 중궁반

2	7	9
1암	3	5
6	8	4

① 손궁에 2흑토성 회좌로 서민층의 해외 여행이 활발하게 증가하겠고, 또한 시골 농지의 거래가 활발해져 지가가 상승하겠다.

② 건궁에 4록목성 회좌로 교통사고가 많이 발생함을 암시한다. (4록목성이 건궁 금에 회좌, 대충궁 회좌)

③ 중궁에 극기(剋氣)인 3벽목성이 있어 사회가 시끄러워진다. 또는 갑작스러운 대형 사고나 사건이 노출된다.
- 유흥 서비스업계의 불황(1백수성 진궁회좌에 암검살)이 일어난다.
- 정치, 대기업 등은 정책 개혁과 변화(6백금성 간궁회좌)가 생긴다.
- 일반적 경기는 겉보기에는 좋다. (7적금성 리궁 회좌, 태궁의 5황토성 회좌는 좋은 것과 나쁜 것의 양극단을 나타냄)
- 토지 등 부동산 소유자는 빛을 본다. (간궁에 상생하는 6백금성 회좌, 곤궁에 상생하는 9자화성 회좌)

④ 1916년, 25, 34, 43, 52, 61, 70, 79, 88, 97, 2006, 2015, 2024년에 해당한다.

4. 4록 목성 중궁반

3암	8	1
2	**4**	6
7	9	5

① 손궁에 3벽목성과 암검살의 회좌는 업무 부진과 도산을 암시한다.

② 중궁에 4록목성 회좌는 상극 관계로 무역 수지 부진을 의미한다.

③ 감궁에 9자화성 회좌와 태궁에 6백금성 회좌는 유흥업과 금융업의 호황을 의미한다.

- 경제 경기의 변화는 건실한 방향으로 움직인다(간궁에 7적금성 회좌와 태궁에 6백금성 회좌).
- 해외 무역 거래는 저조(손궁에 3벽목성과 암검살 회좌)하며, 특히 신개발 상품(3벽목성)은 더욱 부진하게 되고, 가전제품 사(3벽목성)의 도산이 우려된다.
- 간궁의 7적금성 회좌는 금융제도의 개혁을 뜻한다.

④ 1915년, 24, 33, 42, 51, 60, 69, 78, 87, 96, 2005년, 2014, 2023년에 해당한다.

5. 5황토성 중궁반

① 인심이 험악해지며 재난이 많이 발생한다. 또한 사회적으로 큰 사건이 일어나기 쉽다. 이는 중궁 5황의 흉작용으로 본다.

② 지각변동으로 인한 지진이나 해일 등이 일어나고, 세계대전이

4	9	2
3	5	7
8	1	6

나 6. 25사변 등의 전쟁이 발발하는 등 커다란 재난이 발생한다.

③ 모든 구성이 자기 자리에 위치하여 고유의 특성이 강해지며, 강해진 특성을 외부로 분출하려고 하기 때문이다.

④ 1914년, 23, 32, 41, 50, 59, 68, 77, 86, 95, 2004, 2013, 2022년에 해당한다.

6. 6백금성 중궁반

5	1	3
4	6	8
9	2	7암

① 정치권력 및 재벌의 힘이 강해져 사회를 지배하는 양상이 커진다(6백금성의 중궁 회좌).

② 금융계는 불실화의 정리(건궁에 7적금성과 암검살 회좌)와 개혁의 바람(태궁에 8백토성 회좌)이 불어 통폐합되어 대형화하거나 국제화한다.

③ 농민과 서민층은 더욱 곤경에 처하고 뒷전에 가려진다(감궁에 2흑토성 회좌).

④ 1913년, 22, 31, 40, 49, 58, 67, 76, 85, 94, 2003, 2012, 2021, 2030년에 해당한다.

7. 7적금성 중궁반

6	2	4
5	7	9암
1	3	8

① 부동산에서 건물가격은 하락하고(간궁에 1백수성 회좌), 토지는 거래가 가능해진다(곤궁에 4록목성 회좌).

② 사회적인 발전이나 새로운 개발은 부진하다(진궁에 5황토성 회좌, 감궁에 3벽목성 회좌).

③ 국가 원수의 해외 나들이가 많아지고, 고급품인 자동차의 수출이 호기를 맞는다(손궁에 6백금성 회좌).

 * 손궁은 구궁과 회좌한 구성의 생극을 따지지 않고 모두 좋게 본다.

④ 금융성인 7적금성의 중궁 회좌로 금융문제가 사회의 주요 이슈로 등장한다(93년 7적금성년에 금융실명제 실시 등).

⑤ 유흥업계(1백수성)는 폐업하거나 실패보는 업종과, 크게 신장하는 업종의 양극화 현상이 생긴다(간궁에 1백수성 회좌).

⑥ 태궁에 9자화성과 암검살의 회좌는 지금까지 화려하게 지내왔던 금융인이나 정치권의 몰락을 뜻한다.

⑦ 건궁에 8백토성 회좌는 사회 지도층의 개혁, 교체의 암시가 있다.

⑧ 리궁 2흑토성 회좌로 농민, 서민층이 말과 겉모습만 요란하고 화려했지 실속은 없다.

⑨ 1912년, 21, 30, 39, 48, 57, 66, 75, 84, 93, 2002, 2011, 2020, 2029년에 해당한다.

8. 8백토성 중궁반

7	3	5
6	8	1
2암	4	9

① 외견상으로는 급격한 변화가 예상된다(리궁 3벽목성 회좌)
② 정치수반, 재벌(6백금성) 등에 새로운 변화와 발전(진궁)이 예상된다.
③ 후계구도가 변하거나 대통령 입후보자가 바뀐다(간궁에 암겸살 회좌).
④ 금전의 해외유출이 많아진다(손궁에 7적금성 회좌), 해외여행이나 유학 등이 많아져 현금유출이 증가한다.
⑤ 술 장사나 유흥업은 호경기이다(태궁에 1백수성 회좌). 태궁은 즐거운 궁이고 1백수성은 술집이며 오행상으로 상생이 되기 때문이다.
⑥ 무역업무는 적자가 예상된다(감궁에 4록목성 회좌). 그래도 수생목의 관계라 견딜 만은 하다.
⑦ 1911년, 20, 29, 38, 47, 56, 65, 74, 83, 92, 2001, 2010, 2019, 2028년에 해당한다.

9. 9자화성 중궁반

8	4암	6
7	9	2
3	5	1

① 9자화성은 외견상 화려하나 내면은 허무하고, 초기에는 열성적이나 후반에는 내실이 없다.

② 사회의 각 계층간에 마찰, 갈등이 많이 발생한다(진궁에 7적금성 회좌와 간궁에 3벽목성 회좌로 상극 관계, 리궁에 4록목성과 암검살 회좌).

③ 재벌의 땅 투기 성행과 정권의 토지정책 강화가 예상된다(곤궁에 6백금성 회좌).

④ 해외 무역은 장벽을 맞닥뜨리나(4록목성에 암검살 동회), 중소기업의 경기는 호전된다(태궁에 2흑토성 회좌)

⑤ 1910년, 19, 28, 37, 46, 55, 64, 73, 82, 91, 2000, 2009, 2018, 2027년에 해당한다.

2장. 자신의 주변상황(일반, 시반)

구성반상 본명성 회좌궁의 의미로 본다. 일반과 시반으로 자신의 주변 상황을 보기도 하고, 점을 쳐서 길흉을 판단하기도 한다.

1. 감궁

① 가족 중에 환자(주로 만성질환)가 있다.
② 사업부진으로 궁색한 처지에 있다.
③ 관재나 색정사건에 휘말린다.
④ 남의 일에 끼어들어 돕다가 손해를 본다.
⑤ 남에게 밝힐 수 없는 고민거리가 있다.
⑥ 가정불화가 생긴다.

2. 곤궁

① 집안친척이나 가족 간에 의견충돌이나 시비구설, 또는 병환 등의 문제가 생긴다.
② 부동산(주택 전답 등)관련 근심 걱정이 생긴다.
③ 사업실패로 인해 주거나 직업문제로 심적인 방황을 한다.
④ 현재 무직으로 직업을 구하려 고심 중이다.
⑤ 할머니나 어머니의 공양이나 제사를 소홀히 하여 어려움을 겪

고 있다.

3. 진궁

① 마음이나 행동이 조급하게 움직이려 하고 있다.
② 목적하는 바를 성취하고자 부단히 노력하고 있다.
③ 비밀리에 하는 일은 장애가 생겨 근심하고 있다.
④ 색정의 구설로 가정불화가 생긴다.
⑤ 타인의 부탁으로 무언가를 돌봐주는 일로 고민하고 있다.
⑥ 편친 슬하이거나 정신이 산만해 있다.

4. 손궁

① 사업, 금전, 혼담 등에서 변동이나 어려움이 생긴다.
② 성사된 일이 깨지는 경우도 있다.
③ 먼 곳과의 거래상의 손해를 보거나 어려움이 생긴다.
④ 가족 내 여성에게 문제가 생길 수 있다.
⑤ 집안에 구설이나 복잡한 일이 생긴다.
⑥ 직업이나 거주에 변동수 있다.

5. 중궁

① 심리적으로 불안하여 매사 스스로 결정이 어렵다.
② 사업이나 주거환경에 근심 걱정이 있어 이를 바꿀지 말지

고민하고 있다.
③ 타인으로 인해 주택 등 부동산을 명도 당할 처지에 있다.

6. 건궁

① 일을 크게 벌여 부담이 생겨난다.
② 관재구설이 생긴다.
③ 가족 간 의견충돌이 생긴다. 특히 윗사람과의 충돌이 생긴다.
④ 중요한 거래상에 자금과 관련된 문제가 생긴다.

7. 태궁

① 집안에 구설이 분분하다. 특히 말로 인한 구설이 많다.
② 색정관계로 곤경에 처한다.
③ 금전융통에 애로가 생긴다.
④ 손아래 여자에 관한 고민이 생긴다.

8. 간궁

① 부동산(건물이나 토지)에 관한 문제가 생긴다.
② 고집이나 신경질을 부려 일을 그르친다.
③ 성사된 일이 변화로 인하여 깨진다.
④ 척추나 관절에 병이 생길 수 있다.

⑤ 어린아이가 가출한다.

9. 리궁

① 타인과의 의견 충돌로 소송사가 생길 수 있다.
② 일 처리가 성급하여 겉으로만 내세울 뿐 내실은 없는 경우가 많다.
③ 의욕만 앞서 분수에 넘친 일로 실패한다.
④ 정신이 불안정하여 타인의 일에 휘말리는 경우도 있다.

10. 구궁의 의미 요약

- 손궁 : 정비, 신용, 발전궁, 남을 도와주는 인연으로 좋은 일이 생긴다.
- 리궁 : 이별궁, 명예궁, 학문궁, 문서궁, 관재중에서도 송사, 재판, 시시비비를 가린다.
- 곤궁 : 근면궁, 소득을 바라지 않고 자진해서 일하려 한다.
- 태궁 : 금전궁, 현금 출입이 잦음, 향락궁, 모여서 즐기는 잔치.
  *태궁 8백 : 금융계 대개혁, 대변혁이 나타난다.
- 건궁 : 도약궁, 하늘의 궁, 쉴 새 없이 활동하므로 과로 조심, 신분 상승의 도약.
- 간궁 : 변화궁, 개혁, 개변, 사(死)와 생(生)의 대물림.
  축(丑) : 음 끝나고, 인(寅) : 양 시작

- 진궁 : 활동, 발동궁, 진출, 활력궁, 젊음, 신선함.
- 감궁 : 극쇠운(極衰運). 누구든지 감궁에 가면 해당 년 월은 제일 어려운 고비가 된다. 즉 음의 기운이 지배하는 1년, 1개월이 되고, 양의 기운은 극을 받는다. 음기에 순종해야만 살아가고 잘 풀린다. 장래의 준비, 연구, 계획 등 조용히 휴식해야 하며, 활동하면 깨진다.
- 중궁 9자면 감궁 5황이라 화생토가 되어(9화, 5토) 고난의 기를 덜 받는다.

좋은 인연 발생	결단력 필요	노력
새로운 활로 발생		금전 지출
금전 혜택 발생	인간관계 발생	승부를 건다

3장. 년명성별 조견표

9 1	5 6	7 8암
8 9	1년명성 2월명성	3 4
4 5	6암 7	2 3

앞으로 나올 도표는 년명성에 따른 생년과 대충을 표시한 것이다.

구성을 위아래로 배치하는 경우는 아래가 월명성, 위쪽이 년명성이 된다.

물론 60세 이후는 월명성 자리에 일명성을 배치한다.

위아래가 같은 구성이 나올 경우 다른 구성으로 대체된다. 만약 1과 1이라면 9로 바뀐다. 바뀐 경우 1과 9가 모두 있는 것으로 간주해서 길흉을 판단한다.

1·1은 9로

9·9는 1로

2·2는 6으로

6·6은 2로

3·3은 4로

4·4는 3으로

7·7은 8로

8·8은 7로

5·5가 나왔다면 여성은 6으로, 남성은 7로 간다.

년명성 1

1918, 27, 36, 45, 54, 63, 72, 81, 90, 99, 2008, 2017, 2026년생

9	5 남7	7
9 1	5 여6	7 8
8 8	1 1	3 3
7	9	4
4 4	6암 6암	2 2
3	2	6

9 1	5 6	7 8암
8 9	1 2	3 4
4 5	6암 7	2 3

9 2	5 7	7 9
8 1암	1 3	3 5
4 6	6암 8	2 4

9 3암	5 8	7 1
8 2	1 4	3 6
4 7	6암 9	2 5

9 4	5 9	7 2
8 3	1 5	3 7
4 8	6암 1	2 6

9 5	5 1	7 3
8 4	1 6	3 8
4 9	6암 2	2 7암

9 6	5 2	7 4
8 5	1 7	3 9암
4 1	6암 3	2 8

9 7	5 3	7 5
8 6	1 8	3 1
4 2암	6암 4	2 9

9 8	5 4암	7 6
8 7	1 9	3 2
4 3	6암 5	2 1

래정법

년명성 **2**

1917년생, 26, 35, 44, 53, 62, 71, 80, 89, 98, 2007, 2016, 2025년생

1	6	8암
9	5	7
9	2	4
8	1	3
5	7	3
4	6암	2

1 9	6 2	8암 7
1	6	8암
9 1	2 6	4 3
9	2	4
5 남7	7 8	3 4
5 여6	7	3

1	6	8암
2	7	9
9	2	4
1암	3	5
5	7	3
6	8	4

1	6	8암
3암	8	1
9	2	4
2	4	6
5	7	3
7	9	5

1	6	8암
4	9	2
9	2	4
3	5	7
5	7	3
8	1	6

1	6	8암
5	1	3
9	2	4
4	6	8
5	7	3
9	2	7암

1	6	8암
6	2	4
9	2	4
5	7	9암
5	7	3
1	3	8

1	6	8암
7	3	5
9	2	4
6	8	1
5	7	3
2암	4	9

1	6	8암
8	4암	6
9	2	4
7	9	2
5	7	3
3	5	1

년명성 3

1916년생, 25, 34, 43, 52, 61, 70, 79, 88, 97, 2006, 2015, 2024년생

2	7	9
9	5	7
1암 8	3 1	5 3
6 4	8 6암	4 2

2 1	7 6	9 8암
1암 9	3 2	5 4
6 5	8 7	4 3

2 2	7 7	9 9	
2	6	8	1
1암 1암	3 3	5 5	남7 여6
	9	4	
6 6	8 8	4 4	
	2	7	3

7·8대충

2 3암	7 8	9 1
1암 2	3 4	5 6
6 7	8 9	4 5

2 4	7 9	9 2
1암 3	3 5	5 7
6 8	8 1	4 6

2 5	7 1	9 3
1암 4	3 6	5 8
6 9	8 2	4 7암

2 6	7 2	9 4
1암 5	3 7	5 9암
6 1	8 3	4 8

2 7	7 3	9 5
1암 6	3 8	5 1
6 2암	8 4	4 9

2 8	7 4암	9 6
1암 7	3 9	5 2
6 3	8 5	4 1

래정법

년명성 **4**

1915년생, 24, 33, 42, 51, 60, 69, 78, 87, 96, 2005년, 2014, 2023년생

3암	8	1
9	5	7
2	4	6
8	1	3
7	9	5
4	6암	2

3암	8	1
1	6	8암
2	4	6
9	2	4
7	9	5
5	7	3

3암	8	1
2	7	9
2	4	6
1암	3	5
7	9	5
6	8	4

3암 4	8 7	1 9
3암	8	1
2 6	4 3	6 2
2	4	6
7 8	9 1	5 남7
7	9	5 여6

3암	8	1
4	9	2
2	4	6
3	5	7
7	9	5
8	1	6

3암	8	1
5	1	3
2	4	6
4	6	8
7	9	5
9	2	7암

3암	8	1
6	2	4
2	4	6
5	7	9암
7	9	5
1	3	8

3암	8	1
7	3	5
2	4	6
6	8	1
7	9	5
2암	4	9

3암	8	1
8	4암	6
2	4	6
7	9	2
7	9	5
3	5	1

년명성 5

1914년생, 23, 32, 41, 50, 59, 68, 77, 86, 95, 2004, 2013, 2022년생

4	9	2
9	5	7
3	**5**	7
8	**1**	3
8	1	6
4	6암	2

4	9	2
1	6	8암
3	**5**	7
9	**2**	4
8	1	6
5	7	3

4	9	2
2	7	9
3	**5**	7
1암	**3**	5
8	1	6
6	8	4

4	9	2
3암	8	1
3	**5**	7
2	**4**	6
8	1	6
7	9	5

4 3	9 1	2 6
4	9	2
3 4	5 5	남7 여6 / 7 8
3	5	
8 7	1 9	6 2
8	1	6

4	9	2
5	1	3
3	**5**	7
4	**6**	8
8	1	6
9	2	7암

4	9	2
6	2	4
3	**5**	7
5	**7**	9암
8	1	6
1	3	8

4	9	2
7	3	5
3	**5**	7
6	**8**	1
8	1	6
2암	4	9

4	9	2
8	4암	6
3	**5**	7
7	**9**	2
8	1	6
3	5	1

래정법

년명성 6

1913년생, 22, 31, 40, 49, 58, 67, 76, 85, 94, 2003, 2012, 2021, 2030년생

5	1	3
9	5	7
4	**6**	8
8	**1**	3
9	2	7암
4	**6암**	2

5	1	3
1	6	8암
4	**6**	8
9	**2**	4
9	2	7암
5	7	3

5	1	3
2	7	9
4	**6**	8
1암	**3**	5
9	2	7암
6	8	4

5	1	3
3암	8	1
4	**6**	8
2	**4**	6
9	2	7암
7	9	5

5	1	3
4	9	2
4	**6**	8
3	**5**	7
9	2	7암
8	1	6

5 남7	1	3
5 여6	1 9	3 4
4	6	8
4 3	6 2	8 7
9	2	7암
9 1	2 6	7암 8

7:7 대충

5	1	3
6	2	4
4	**6**	8
5	**7**	9암
9	2	7암
1	3	8

5	1	3
7	3	5
4	**6**	8
6	**8**	1
9	2	7암
2암	4	9

5	1	3
8	4암	6
4	**6**	8
7	**9**	2
9	2	7암
3	5	1

년명성 7

1912년생, 21, 30, 39, 48, 57, 66, 75, 84, 93, 2002, 2011, 2020, 2029년생

6	2	4
9	5	7
5	7	9암
8	1	3
1	3	8
4	6암	2

6	2	4
1	6	8암
5	7	9암
9	2	4
1	3	8
5	7	3

6	2	4
2	7	9
5	7	9암
1암	3	5
1	3	8
6	8	4

6	2	4
3암	8	1
5	7	9암
2	4	6
1	3	8
7	9	5

6	2	4
4	9	2
5	7	9암
3	5	7
1	3	8
8	1	6

6	2	4
5	1	3
5	7	9암
4	6	8
1	3	8
9	2	7암

6	2	4
6 2	2 6	4 3
5 남7	7	9암
5 여6	7 8	9암 1
1	3	8
1 9	3 4	8 7

6	2	4
7	3	5
5	7	9암
6	8	1
1	3	8
2암	4	9

6	2	4
8	4암	6
5	7	9암
7	9	2
1	3	8
3	5	1

래정법

년명성 8

1911년생, 20, 29, 38, 47, 56, 65, 74, 83, 92, 2001, 2010, 2019, 2028년생

7 9	3 5	5 7
6 8	8 1	1 3
2암 4	4 6암	9 2

7 1	3 6	5 8암
6 9	8 2	1 4
2암 5	4 7	9 3

7 2	3 7	5 9
6 1암	8 3	1 5
2암 6	4 8	9 4

7 3암	3 8	5 1
6 2	8 4	1 6
2암 7	4 9	9 5

7 4	3 9	5 2
6 3	8 5	1 7
2암 8	4 1	9 6

7 5	3 1	5 3
6 4	8 6	1 8
2암 9	4 2	9 7암

7 6	3 2	5 4
6 5	8 7	1 9암
2암 1	4 3	9 8

7 8 7	3 4 3	5 남7 5 여6
6 2 6	8 7 8	1 9 1
2암 6 2암	4 3 4	9 1 9

7 8	3 4암	5 6
6 7	8 9	1 2
2암 3	4 5	9 1

년명성 9

1910년생, 19, 28, 37, 46, 55, 64, 73, 82, 91, 2000, 2009, 2018, 2027년생

8	4암	6
9	5	7
7	9	2
8	1	3
3	5	1
4	6암	2

8	4암	6
1	6	8암
7	9	2
9	2	4
3	5	1
5	7	3

8	4암	6
2	7	9
7	9	2
1암	3	5
3	5	1
6	8	4

8	4암	6
3암	8	1
7	9	2
2	4	6
3	5	1
7	9	5

8	4암	6
4	9	2
7	9	2
3	5	7
3	5	1
8	1	6

8	4암	6
5	1	3
7	9	2
4	6	8
3	5	1
9	2	7암

8	4암	6
6	2	4
7	9	2
5	7	9암
3	5	1
1	3	8

8	4암	6
7	3	5
7	9	2
6	8	1
3	5	1
2암	4	9

8	7	4암	3	6	2
8		4암		6	
7	8	9	1	2	6
7		9		2	
3	4	5	남7	1	9
3		5	여6	1	

6부. 운을 보는 방법

1장. 운을 보는 방법

1. 구성과 궁을 보는 방법

① 궁이 공간으로 쓰인다.

- 손궁 : 바람이 부는 장소, 바람처럼 돌아다닐 수 있는 장소, 도로, 해외, 먼 곳.
- 리궁 : 불이 있는 장소, 불처럼 조명이 있는(사물을 밝히는) 장소, 공부 연구하는 장소, 밝은 곳.
- 곤궁 : 어머니가 있는 장소, 집, 가정, 상가.
- 진궁 : 천둥 번개가 치는 곳, 놀라운 일이 발생하는 곳, 해가 뜨는 곳, 시작하는 곳.
- 중궁 : 묘지, 쓰레기장, 썩는 곳, 움직임이 없는 곳, 예전부터 머물던 곳, 익숙한 곳.
- 태궁 : 즐거움이 있는 장소, 유흥업소, 음식이 있는 장소, 돈이 있는 곳, 은행.
- 간궁 : 산, 산처럼 물건이 쌓여있는 곳, 창고, 변화하는 곳, 계단, 여관, 침대.
- 감궁 : 물이 있는 곳, 숨는 자리, 고통이나 고민이 있는 곳, 섹스하는 곳.
- 건궁 : 아버지처럼 윗사람이 있는 곳, 회사, 대기업, 하늘, 절, 관공서, 병원, 높은 장소.

② 궁의 공간적 의미가 서술어로 쓰인다.

- 손궁 : 결혼한다. 대인 거래를 한다. 해외여행을 한다. 신용이 있다. 자격 여부를 판단한다. 무역에 종사한다. 이사한다. 바람이 난다.
- 리궁 : 연구(공부)한다. 소송을 한다. 계약을 한다. 구설수가 생긴다. 문서상 문제가 생긴다. 폭로된다. 이별한다. 원인을 알 수 없는 수술을 한다.
- 곤궁 : 양손의 떡처럼 양자택일 문제로 갈등을 한다. 노동을 한다. 취직한다. 가정을 꾸민다. 집에 거주한다. 귀가한다.
- 태궁 : 먹고 놀고 즐긴다. 연애한다. 언쟁을 한다. 돈을 번다. 겁탈을 당한다. 원인을 알 수 있는 수술 문제가 생긴다.
- 건궁 : 확장한다. 발탁 또는 퇴사한다. 국가 회사 상급기관의 문제가 생긴다. 주변과 마찰이 생긴다.
- 감궁 : 섹스한다. 숨는다. 고통이나 고민에 빠진다.
- 간궁 : 변화가 생긴다. 전직한다. 생사가 바뀐다. 부동산 문제가 생긴다.
- 중궁 : 사면초가에 처한다. 부패한다. 도난 당한다. 묘지에 묻힌 것처럼 답답하다. 움직이지 않으면 제왕처럼 권위를 갖는다.

③ 구성이 사람처럼 쓰인다.

- 4☷ : 장녀, 중년여자
- 9☰ : 차녀, 학자, 지성인, 서구적인 미남 미녀

- 2☷ : 어머니, 늙은 여자, 노동자, 동료, 애인
- 7☱ : 소녀
- 6☵ : 아버지, 남자, 윗사람
- 1☰ : 차남, 부하직원, 자식, 중년 남자
- 8☶ : 가장 어린 아들, 상속인, 형제, 친척
- 5 : 죽은 사람, 귀신, 성격이 나쁜 사람
- 3☳ : 장남, 아이디어가 많은 사람. 새로운 것을 추구하는 사람

④ 구성이 물건으로 쓰인다.

- 4 : 긴 것, 전화, 국수, 목재로 만든 것, 파이프
- 9 : 필름, 영상, 문서, 책, 카드, 그림, 약, 화학약품.
- 2 : 땅, 상가, 집
- 7 : 과일, 음식, 현금, 칼, 지갑
- 6 : 자동차, 반지, 귀중품, 이동수단, 구두
- 1 : 물, 술
- 8 : 부동산, 통장, 상자
- 3 : 악기, 천둥, 번개, 컴퓨터, 전기 전자 제품.
- 5 : 쓰레기, 부패물, 도난당한 물건.

2. 유사한 의미의 구별

① **금전과 재산**

- **태궁** 현금, 돈의 크기는 태궁을 보고, 돈의 유입 여부는 7을 본다.
- **간궁** 부동산, 큰 돈, 문점자가 궁금해서 물었을 때, 진짜 얼마나 있는지는 간궁을 본다.
- **진궁** 정기적금, 월세, 3과 7이 동회하면 적기적금이나 월세의 의미이다.

② **어려움**

- **중궁** 고립, 사면초가, 부패, 예를 들어 3이 중궁에 위치하면 희망(3)이 없다(중궁).
- **곤궁** 곤궁이 파괴되면 양손의 떡처럼 양자택일의 어려움에 빠진다.
- **감궁** 고민과 고통을 숨어서 감내해야 한다.

③ **관재**

- **리궁** 비밀이 탄로 나거나 소송에 휘말린다.
- **건궁** 법원 등의 관공서로부터 처벌을 받는다.

④ **이성문제**

- **태궁** 연애나 유흥을 수반한 연애, 겁탈을 의미한다.

- **리궁** 이별을 의미
- **감궁** 숨은 이성문제, 섹스를 동반한 교제를 의미
- **손궁** 결혼을 전제로 한 교제를 의미한다.

⑤ **교통사고**
- **건궁** 자동차의 체(體)로 교통사고로 차체가 망가지는 경우는 건궁이 파괴된 것이다.
- **진궁** 갑작스러운 교통사고, 깜짝 놀라는 일이 생긴다. 단 교통사고에서 차가 파괴되는지를 보려면 반드시 건궁을 살핀다.

⑥ **수술**
- **태궁** 원인을 아는 수술을 의미
- **리궁** 원인을 알 수 없는 수술을 의미

⑦ **마찰과 언쟁**
- **리궁** 구설수로 인한 마찰, 갈등을 의미
- **건궁** 회사나 윗사람과의 마찰, 갈등을 의미
- **진궁** 천둥을 뜻하니 큰소리가 나는 언쟁을 의미
- **태궁** 말로 인한 언쟁을 의미

⑧ **선거와 발탁**
- **리궁** 선거의 당선 여부를 본다.
- **건궁** 윗사람의 추천에 의한 발탁 여부를 본다.

⑨ 직장, 직업, 사업
- 건궁 회사나 직장에서 인사 명령권 여부를 본다.
- 곤궁 자신의 의지대로 노동을 하는지를 본다.
- 건궁 자신의 의지와는 상관없이 인사명령권자의 발탁 여부를 보고
- 곤궁 인사명령권자의 발탁과는 상관없이 본인이 일하려는 의도를 가지고 있는가를 본다.
- 손궁 사업을 의미한다.

3. 구성을 보는 방법

① 단반시

행위의 주체- 본명성- 주어

어느 궁에 머무는가? : 해석- 공간적 의미가 서술어.

② 복합반시

본명성이 다른 구성과 어느 궁에서 동회하는데
본명성과 다른 구성은 함께 그 궁의 공간적 의미에 물든다.
- 본명성은 주어
- 동회한 다른 구성은 목적어나 부사어(보어?)
- 궁의 공간적 의미가 서술어.

③ 본명성 3이 특정시간에 어떤 회사에서 필기시험을 치른다면
- 건궁에 9 3이 동회 : 본명성 3이 필기시험 문서인 9와 회사라는 공간에 같이 머무른다.
- 건궁에 흉살이 없으면 '필기시험을 잘 본다.'고 해석한다.
- 점의 대상이 특정한 날의 상황이면 일반을 보고
- 점의 대상이 특정한 시간의 상황이면 시반을 본다.
- 하루는 24시간, 즉 시간은 일에 포함되어 있다.
- 일반에 의해서 시반이 결정된다.
- 시반을 정확히 해석하려면 일시반을 보아야 한다.
- 일반을 정확히 해석 : 월일반

- 월반 정확 해석- 년월반을 보아야 한다.
- 象 : 宮-구궁에 정지된 공간. 방위측정-體
- 數 : 구성-움직이는 시간을 상징. 응기 시기 측정-用

④ **흉살**

- 먼저 궁을 파괴하고, 그 결과로 구성까지 파괴한다 : 파살
- 구성을 먼저 파괴하고, 그 결과로 궁까지 파괴한다 : 5황, 암검살.

⑤ 5황살 : <u>스스로 썩은 것</u>

- 문점자의 본명성의 체(본궁)이 5황살을 맞으면, 문점자는 주로 병에 걸리거나 아픈 상태이다.
- 어떤 궁에서 본명성이 5황과 동회 : 5황은 잘못한 것, 시끄러운 것, 부패한 것, 하자가 있는 것으로 풀이한다.
  동회시 본명성 - 주어, 다른 구성 - 목적어 부사
- 5황은 구성을 먼저 파괴시키고, 그 결과로 궁까지 오염시킨다. 자신의 잘못으로 인해 재앙이나 불행을 일으키는 자발적 재난이다.
- 구성 5가 들어간 궁은 5황살에 의해 파괴된다. 구성이 먼저 파괴되고 궁까지 오염시키며, 자신의 잘못으로 재앙과 불행을 부른다.

⑥ 길신 : 삼합선, 태세신, 천도, 천덕

- 태세신

  해당년도의 본궁을 말한다. 자년이면 감궁이 태세신이다.

- 천도 : 점치는 연월일시의 지지가

  인신사해면 삼합의 왕지인 자오묘유가 속한 궁

  자오묘유면 삼합의 묘지인 진술축미가 속한 궁

  진술축미면 삼합의 왕지인 자오묘유가 속한 궁이 천도가 된다.

- 천덕 : 천도와 같다.

- 역할

  흉살을 해액하는 작용을 한다. 대체로 길신은 삼합선에 포함되므로 삼합선이 흉살을 해액하는 것으로 이해한다.

  삼합선이 지나는 궁에 흉살이 있으면, 흉살에 의해 재난이 발생하지만 반드시 그 흉살을 해액하는 구제책도 생겨난다.

  시반에서 흉살을 맞은 궁에 삼합선이 있으면, 그 시간 내에 흉살을 해액하는 구제책이 생겨나고,

- 일반 흉살궁에 삼합선 : 그 날 안에 구제책이 실행되고,
- 월반은 그 달 안에
- 년반은 그 해 안에 구제책이 실행된다.

4. 운 추론법

① 궁이 주어면, 구성이 서술어가 된다.

　손궁에 2흑토성이면

　'장녀(손궁)가 노동(2)을 한다'라고 해석한다.

② 구성이 주어이면, 궁이 서술어가 되며, 궁이 가지는 공간적 의미가 서술어가 된다.

　손궁에 2흑토성이면

　'여자(2)가 바람(손궁)이 나거나, 멀리 간다(손궁)'라고 해석한다.

③ 체용을 같이 설명하는 경우

　체를 설명 : 궁이 주어, 구성이 서술어
　용을 설명 : 구성이 주어, 궁이 서술어

2	7	9파
1암	3축	5
6	8	4

　위 구성반에서 여자인 2를 설명하면

　용 : '여자(2)가 손궁 바람이 나거나 멀리 간다'라고 해석하고,
　체 : '여자(곤궁)이 9파 정신을 잃었다.'라고 해석한다.

④ 동회하는 구성을 목적어나 부사로 해석하는 경우

동회하는 두 개의 구성은 같은 궁에서 똑같은 환경에 처하게 된다.

궁이 서술어가 되면, 동회하는 구성도 그 서술어를 공유하게 된다.

따라서 동회하는 구성은 목적어나 부사로 같이 해석된다.

- 손궁 2·7

  2가 주어가 되면, 7은 목적어가 되고, 손궁은 서술어가 된다.
  2여자는 7 돈과 함께 손궁 멀리 간다.
  2여자는 7 돈을 벌러 손궁 멀리 간다고 해석한다.

- 손궁 2·9

  2여자는 9공부와 함께 손궁 멀리 간다.
  2여자는 9공부를 하러 손궁 멀리 간다고 해석한다.

- 손궁 2·4

  2여자는 4사업과 함께 손궁 멀리 간다.
  2여자는 4사업을 하러 손궁 멀리 간다고 해석한다.

⑤ 구성과 궁을 교대로 해석하는 경우

구성을 주어로, 궁을 서술어로 연달아 사용하는 방법이다.

2	7	9파
1암	3축	5
6	8	4

- 처음에 여자를 가지고 설명한다면

  2여자는 손궁 바람이 났거나 멀리 갔다고 해석
- 다음에는 2여자의 체(본궁)이 되는 곤궁을 보면

  9 문서 동영상 정신이 곤궁 집에서 파 / 파괴되었다.
- 다음에 9의 체가 되는 리궁을 보면

  7 돈 즐거움 연애 유흥이 리궁 머릿속에 있다.
- 다음에 7의 체가 되는 태궁을 보면

  5 부패 죽음 도난이 태궁 돈에 있다. 즉 5황살로 인해 태궁까지 파괴되어 돈이 없어진다.
- 5의 체인 중궁을 보면

  3 희망이 중궁 무덤에 들어갔다.
- 3의 체인 진궁을 보면

  1 섹스를 수반한 애정이 진궁 암 발각되어 놀란다.
- 1의 체인 감궁을 보면

  8 부동산이 감궁 잠수를 탔다.
- 8의 체인 간궁을 보면

  6 남자가 간궁 부동산에 들어갔으니, 남자가 부동산을 소유하고 있다, 또는 6 남자가 간궁 변화하였다고 해석한다.
- 6의 체가 되는 건궁을 보면

  4 바람이 건궁 남자에게 들어가 있으므로, '바람이 남자를 조종한다', 또는 '4 바람이 건궁 확장되었다'라고 해석한다.

또한 거꾸로 궁을 주어로 구성을 서술어로도 연달아 사용할 수도 있다.

⑥ 용이 되는 구성을 개별적으로 해석하는 경우
- 2·손궁   여자가 바람이 났다.
- 6·간궁   남자가 부동산을 소유하고 있다.
- 8·감궁   부동산은 숨겨져 있다.
- 9·곤궁·파   문서는 집에서 파괴되었다.
- 7·리궁   돈은 문서의 형태로 존재한다.
- 4·건궁   바람 사업 대인관계는 남자를 만나는 형태로 존재한다.

⑦ 중궁을 원인으로 해석하는 경우

중궁에 있는 구성이 운추론의 근거가 된다.

그 이유는 중궁 구성이 암검살이 들어가는 궁을 나타내기 때문이다.

2	7	9파
1암	3축	5
6	8	4

중궁의 구성 3벽목성은 진궁에 암검살이 위치함을 나타낸다.

따라서 체인 진궁도 파괴되고, 구성 3도 중궁에 위치하여 사면초가에 처했다고 해석된다.

3 시작 놀라는 일이 발생된 것은, 중궁 사면초가에 처해 무덤에 들어간 것처럼 상황이 어렵다고 해석한다.

⑧ **초면법(初免法)**

과거부터 현재까지의 상황뿐 아니라 현재부터 미래에 걸쳐 진행될 운도 추론할 수 있는 장점이 있다.

① 년 월 일 시 모두 사용 → ② 시 일 월 년의 순서로 해석해 나간다. → ③ 일 년이 독립변수로 짝이 되고, 시, 월이 종속변수로 짝이 된다. → ④ 시에서 년으로 오름차순은 과거부터 현재까지 → 년에서 시로 내림차순은 현재부터 미래예상

- 시-월 과거에서 현재의 전반부,
- 일-년 과거에서 현재의 후반부,
- 년-일 현재에서 미래의 전반부,
- 월-시 현재에서 미래의 후반부.

표에서 보면(시작은 궁이 서술어, 도착은 구성이 서술어)

7	3	5파
6	8인년	1
2암	4	9

년반

6	2	4
5	7오월	9암
1	3파	8

월반

5파	1	3
4	6해일	8
9	2	7암

일반

4	9	2
3	5미시	7
8파	1	6

시반

본명성이 3벽목성이므로

- 시-월 과거에서 현재까지의 전반부

  시반의 3이 진궁에 있고, 월반 진궁에 5

  본명 3이 진궁 시작했다, 5 잘못된 것, 시끄러운 것을 잘못되고 시끄러운 것을 시작하였다.

- 일-년 과거에서 현재까지의 후반부

  일반 3이 곤궁, 년반 곤궁에 5파

  본명 3이 곤궁 일하는데, 5파 일하기 어렵다.

- 년-일 현재부터 미래의 전반부

  년반 3이 리궁, 일반 리궁에 1

  본명 3이 리궁 계약을 하는데, 1 어렵다.

- 월-시 현재에서 미래의 후반부

  월반 3은 감궁 파, 시반 감궁엔 1

  본명 3이 감궁 파 어려움 고충으로 인하여, 1수렁에 빠졌다.

5. 1년운 사례 - 경인년 2흑토성인

7	3	5파
6	8인	1
2암	4	9

2흑의 체궁인 곤궁에 5황살이 위치하여, 2흑인이 병에 걸리거나 아픈 사람이 많았다. 병으로 죽은 사람도 무척 많았다.

① 구성의 질병적 의미

- 4 / 손궁 호흡기 관련 질병, 감기, 모발, 천식, 왼손, 내장, 중풍, 전염병.
- 9 / 리궁 정신, 머리, 눈, 심장, 시력, 유방, 발열, 두통, 귀, 얼굴.
- 2 / 곤궁 복부, 비장, 오른손, 불면증, 식욕부진, 소화불량, 장, 위궤양, 위암.
- 3 / 진궁 간장, 신경계통, 결핵, 공포증, 후두, 천식.
- 5 / 중궁 변비, 암, 유산, 복부 관련 질병, 치질, 피부 반점.
- 7 / 태궁 오른쪽 폐, 치아, 입에 관한 병, 신경쇠약.
- 8 / 간궁 관절, 왼쪽다리, 허리, 디스크, 맹장, 등, 코, 축농증, 근육통.
- 1 / 감궁 생식기, 구멍의 병(콧구멍, 귀, 음부 등), 눈동자, 신장, 방광, 항문, 성병, 알콜 중독, 우울증, 월경불순, 냉병, 호르몬.

- 6 / 건궁 왼쪽 폐, 머리, 신경과민, 편도선, 혈압, 천연두, 골절, 편도선, 두통.

② **암검살 : 5황과 마주보는 궁**

- 최초원인은 5황살과 마주보는 구성에서 발생한다.
- 5황에 의해 암검살이 발생하여 구성을 파괴하고, 다시 암검살 맞은 구성이 위치한 궁까지 파괴한다.
- 암검살은 5황이라는 외적 원인으로 피동적으로 발생한 재앙이고, 5황살로부터 암검살의 방향으로 재앙의 원인이 이동한 것이다.
- 암검살을 맞은 구성에 의해 궁까지 파괴되므로, 원인은 암검맞은 구성이고, 그로 인한 결과가 궁이 된다. 따라서 구성이 상징하는 신체부위가 질병의 직접적인 원인이 된다.

6. 1년운 사례 - 신묘년 2흑토성인

6	2	4
5	7 묘	9암파
1	3	8

9자화성이 태궁에서 암검살(구궁을 체로, 구성을 용으로 봄)
1. 암검살 맞은 궁은 체와 용이 모두 파괴됨.
2. 암검살 맞은 구성은 용과 (동회궁의 본성)이 모두 파괴됨.
3. 동회궁의 본성 : 용인 구성이 앉은 궁이 동회궁이고
   그 동회궁의 정위반상 본래 구성이 (동회궁의 본성)이 되고
   그 (동회궁의 본성)이 위치한 궁이 설명어가 된다.

① 구성학에서 질병은
- 구성이 먼저 파괴되고, 궁이 그 결과로 파괴되는 경우에는
- 해당 구성이 상징하는 신체부위가 질병의 직접적인 원인이 된다.
- 궁이 먼저 파괴되고, 구성이 그 결과로 파괴되는 경우에는
- 해당 궁이 상징하는 신체부위가 질병의 직접적인 원인이 된다.
- 구성의 체는 항상 정위반에서 본래자리를 말한다. 즉 1백수성의 체는 감궁이다.

9	5	7
8	1	3
4	6	2

1. 구성 5가 들어간 리궁이 5황살에 의해 파괴되고
2. 5를 마주보는 6이 암검살로 파괴되며, 그 결과로 암검살로 감궁이 파괴된다.
3. 결과적으로 중궁의 1백수성은 본인의 체인 감궁이 암검살 맞는 지표가 된다.

② **파살**

중궁의 지지는 공간이 되는 궁과 관련되어, 길신 흉신을 결정하는 통제센터가 된다. : 삼합선, 파살 등

- 파살은 궁의 공간좌표가 먼저 파괴되므로, 궁이 먼저 파괴되고 그 결과로 구성까지 파괴된다.
- 파살은 지지로 인해 발생되므로 구성과는 직접적인 관계가 없다.

  또 문점시의 지지를 포함하는 궁이 원인이 되어 충이 되는 지지를 파괴하므로, 파살이 위치한 궁에서는 수동적, 피동적으로 재난이 발생한다.
- 본명성의 체궁에 흉살이 있으면 문점자는 주로 병이 걸리거나 아픈 상태이다.

  파살은 유일하게 체인 궁을 먼저 파괴시키므로, 흉살 중 가장

| 강력하고 빠르게 체를 파괴시킨다.

③ **대충**
- 대충을 형성하는 구성에 의해서, 그 구성이 있는 궁까지 파괴한다.
- 대충은 일반과 시반의 구성 모두가 밀착되어 참여하고 책임을 공유하는 흉살이다. 이 원리로 대충은 시간이 지나면 해소되고, 다시 새로운 대충이 발생한다.
- 따라서 일반에서 대충을 맞은 구성이 좋은 상태(흉살이 없거나, 길신이 있는 경우)이면, 다음 시간으로 바뀔 때 시 구성이 바뀌면서 대충이 해소되고 문제가 해결된다.
- 년월반과 월일반도 마찬가지이다.

④ **동회와 피동회**

같은 궁에 2개 이상의 구성이 모이는 경우, 본명성을 주인으로 보아 본명성이 다른 구성과 동회한다고 한다. 본명성 이외의 구성은 손님으로 간주하여 본명성과 피동회한다고 한다.

⑤ **무엇을 주로(기준으로) 보는가?**

년월반을 보는 경우, 월의 운명을 보는 것으로 월반이 중심이 되므로 월반의 본명성이 주인이 된다. 따라서 월반의 본명성과 같이 있는 구성이 동회가 되고, 년반의 본명성과 같이 있는 구성은 피동회가 된다.

동회 피동회성은 궁이라는 같은 공간에 있으니, 서로 밀접한 관계를 가지고 영향력을 공유한다.

⑥ 대충은 서로 본명적살을 맞은 것과 같다.

4 6	9 2	2 4
3 5	5묘 7사	7 9암
8 1	1 3	6 8

6 : 6 대충이다.

년월반은 월을 보는 것이 주 목적이니

월반 6은 건궁에서 8과 동회, 년반 6은 손궁에서 4와 피동회한다.

6이 본명성이니 월반에서는 손궁이 본명적살을 맞고,

년반에서는 건궁이 본명적살을 맞고 있다.

그래서 흉 작용이 된다. 즉 대충에 참여한 구성이 모두 본명적살이니 흉 작용력을 받고, 다시 동회한 구성까지 파괴시킨다.

즉 대충궁 모두에게 적살이 실행되므로 결과적으로 대충을 이루는 구성이 스스로 파괴시키는 형상이다. 따라서 자발적 재난이고 그 점에서는 5황살과 같다.

대충은 구성이 먼저 파괴되고, 그 결과로 궁까지 연쇄적으로 파괴되는 흉살이다. 따라서 대충된 구성이 재난의 원인이 되고, 구성이 위치한 궁이 재난의 결과가 된다.

3암 6	8 2	1 4
2 5	4 7	6 9암
7 1	9 3	5 8

1:1 대충으로 곤궁과 간궁이 파괴된다.
1은 물, 곤궁은 상가 집, 간궁은 부동산이므로
물난리가 원인이 되어서, 상가와 부동산에 재난이 발생되었다.
구성 1은 재난의 원인이 되고, 곧 간궁은 재난의 결과로 해석.

8. 일시반에서는 일반의 구성이 기본골격이고, 그 기본골격에 따라 시반이 배치되는 것으로 이해한다. 그 이유는 날짜에 의해서 시간이 결정되기 때문이다.

살	원인	결과	해석
파살	궁(체)	구성(용)	궁이 먼저 파괴되고, 그 영향으로 구성까지 파괴
5황 암검 대충	구성(용)	궁(체)	구성이 먼저 파괴되고, 그 영향으로 궁까지 파괴

7부. 평생운 사례

1장. 1백 수성인　　　　　　193
2장. 2흑 토성인　　　　　　197
3장. 3벽 목성인　　　　　　203
4장. 4록 목성인　　　　　　208
5장. 5황 토성인　　　　　　212
6장. 6백 금성인　　　　　　216
7장. 7적 금성인　　　　　　220
8장. 8백 토성인　　　　　　225
9장. 9자 화성인　　　　　　230

1장. 1백 수성인

1. 사주로 보기

3	8	9	1	구성
시	일	월	년	남자
己	乙	壬	癸	
卯	未	戌	卯	

63	53	43	33	23	13	3	대운
乙	丙	丁	戊	己	庚	辛	
卯	辰	巳	午	未	申	酉	
비겁		식상			관		

① **원국**

- 인성만 있고, 관이 없으니 조직성은 약하다.
- 재성은 있고, 식상은 없고, 비겁은 있다.
- 재성을 살펴보니, 비겁에 둘러싸여 있으니 남들도 다 하고 있는, 경쟁이 많은 사업이다. 편재가 천간과 지지에 모두 있어 세력이 강하고, 卯未로 비겁과 재가 무리를 지으니, 첫째로 유통관련 사업으로 볼 수 있다. 실제로 유통업을 했는데, 가죽으로 만든 의복을 유통했다.
- 년 월에 편인과 정인이 있으니, 팔짱 끼고 편재를 먹는다고 보면, 임대업도 가능하다.

- 편재 정재가 되는 것이 己卯 未 戌인데, 戌과 未는 형살이고, 토목이 있으므로 땅에서 하는 일로 농축산물이다. 戌未가 형살이니 동물의 가죽을 벗기는 일에 해당하므로 가죽으로 만든 의복을 유통하는 일을 한 것이다.

② 대운

- 戌午대운에 관성 庚이 목욕지 午로 가면 목욕탕에 해당하니, 목욕을 할 수 있는 모텔을 여러 개 소유하고 있다. 이런 식으로 임대업도 하는 것이다.
- 戌午 丁巳 대운으로 가면 식상대운이 온다. 그러면 제조업을 하고 싶은 욕망이 생기는데, 원국에 식상의 세력이 약하므로 하면 안 된다.

2. 구성으로 보기

	11~15	16~20	21~25	
6~10	9 8파	5 4암 ↑	7 6	26~30
1~5	8 7	1계묘 9임술	3파 2	31~35
56~60	4 3	6암 5 ↓	2 1	36~40
	51~55	46~50	41~45	

- 중궁 9·1   9 학문적이고 화려하게 살고, 1 정신적이며 고난도 있다.
- 건궁경사   활동적이고 바쁘고 분주하게 살아간다.
- 5 : 5 대충   강하고 독하고 자기 멋대로 살아간다. 실수도 한다.

① 가정운

- 본인궁 건궁   열심히 일하고 노력하는 사람으로 1 술도 잘 마신다.
- 부인궁 곤궁   부인 역시 활동적이고 돈도 버는 사람이며, 말도 잘한다.
- 부부생활   건궁과 곤궁에 암파가 없으니 부부생활은 큰 무리 없이 잘 살겠다.

② 주요궁

- 사업궁   손궁과 4에 암파가 붙었으니, 사업은 잘 될 때는 잘 되지만 안될때는 안되고 기복이 심함으로 볼 수 있다.
- 재물궁 태궁   태궁에는 파살이 있고 곤궁에 7과 6이 있으니, 돈도 많이 벌었지만 나가는 돈도 많았던 것이다.
- 부동산궁 간궁   4·3이라 새로운 부동산 거래인데 암파가 없으니 부동산 관계는 좋고, 실제로 부동산이 많았다.

③ 건강운

- 리궁에 5·4암, 손궁에서 8가 파, 중궁에 9이므로 뇌, 혈압, 심장

건강을 조심해야 한다.
- 감궁에 5·6암, 중궁에 1이라 신장·방광·전립선에 조심하라.

④ 대운별 운세

- 1~5세   8이라 집안이 변화할 때 출생하였다.
- 6~15세 / 손궁에 9·8파 이사를 했다.
- 16~20세 유학을 해서 공부하느라 고생을 했다.
- 21~30세 결혼도 하고 유통업을 해서 돈을 벌었다.
- 31~35세 새로운 일(모텔업)을 벌이느라 돈을 많이 투자했다.
- 36~45세 열심히 일을 하면서 살았다.
- 46~50세 사업상 크게 실수를 해서 고난의 세월을 겪었다.
- 51~60세 새롭게 마음을 다잡고 다시 사업에 열중하였다.

	71~75	76~80	81~85	
66~70	9 7	5 3	7 5	86~90
61~65	8 6	1계묘 8을미	3파 1	91~95
	4 2암파	6암 4	2 9	96~100

- 61~65세 부동산에 투자한다.
- 66~75세 부동산 임대 수입으로 산다.
  이후로 큰 실수만 안하면 천수를 누린다.

2장. 2흑 토성인

2인(寅)년 6미(未)월 9자(子)일생 여자의 경우

중궁 6백이라 활동성이 강하고, 2흑이라 열심히 일하고, 포용적이며 봉사정신이 강하다.

감궁경사라 어두운 곳과 인연이 많고, 깊은 사색에 빠져 철학을 연구하려 하며, 수고로운 일이 많고 가족사로 고민이 많다.

	16~20	21~25	26~30	
11~15	1 5	6 1	8암파 3	31~35
6~10	9 4	2인년 6미월	4 8	36~40
1~5	5 9파	7 2	3 7암	41~45
	56~60	51~55	46~50	

① 가정운
- 곤궁 본인궁·가정궁에 암파가 붙고, 3·8 급진적인 변화라 나쁜 일이 생기며 변화가 있다.
  2흑은 여자인데 감궁에 7과 함께 있으므로 어둡고 놀기 좋아한다.
- 건궁 남편궁 3·7암 새로운 연애는 나쁘다. 숨어서 바람 피는 남

편. 놀기 좋아하는 남자이다.

6백 남편·남자인데 리궁에 1과 함께 있으니 학문적이며 색정적이다.

- 부부생활 곤궁과 건궁을 보니 암파, 다시 암이라 정상적인 가정생활을 하기 어렵다. 이별했다.

② 자식궁
- 간궁(자식궁의 총괄궁) 5황살이라 힘들고, 9파이므로 있어도 이별한다.
- 손궁 장녀인데 5황살이라 나쁘고, 1이라 어렵고 힘들다.
- 진궁(장남을 보는 궁)은 진궁인데 나쁘지 않다. 하지만 곤궁에 있는 3벽에는 암파가 함께 있다. 암은 어둡고 깨진다는 뜻. 실제로 자식 없이 혼자 살고 있다.

③ 재물운
- 태궁(현금융통)은 4·8 4 장사 거래해서 8이니 크게 있다.
- 간궁(부동산)은 5황 9파 5황이니 크게 있거나 아니면 아주 없거나 둘 중 하나인데, 파이니 깨지고, 9라 팔아버린다.

④ 건강운
- 간궁에 5황 파살, 8백에 암파가 붙었으니 척추 허리 관절이 나쁘다.
- 3벽에 암파 붙어 간이 나쁘다.

- 곤궁에 암파 붙어 비위가 나쁘다.
- 실제로 무릎 연골이 아파서 치료하고 있고, 간도 아프며, 위도 아파서 치료 중에 있다.

⑤ 해신(解神)

- 인(寅)년 미(未)월 자(子)일생의 해신은 다음과 같다. 이 경우에 해신은 해(亥)가 된다.

- 해자(亥子)로서 세 글자가 이어지는 않지만, 인해(寅亥) 육합과 해미(亥未) 목국의 반합이 동시에 성립된다. 이 사람의 운세를 풀어주는 것은 해(亥)가 되니 해(亥)년생이나 해(亥)일생을 만나면 좋다.

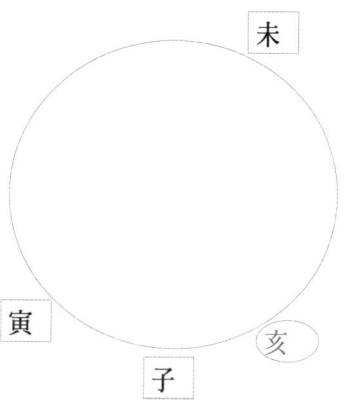

⑥ 대운별 운세

- 1~5세 간궁 5·9파 집안에 안 좋은 변화가 있는 시기에 태어났다.
- 6~10세 진궁 9·4 학교 잘 다니고 공부도 잘하고 괜찮은 시기였다.
- 11~20세 손궁 5황·1 학교를 고생하면서 멀리 가서 다녔다.
- 21~25세 리궁 6·1 남자 만났다. 직장에서 만났다.

- 26~35세 곤궁 8·3 암파 가정과 직장에 있어 새로운 변화의 시기이나 암파라 배신하고 깨지는 나쁜 변화이다. 결혼했으나, 8 암파라 안 좋아 이혼하였다. 직장도 옮기고 변화가 많았던 시기이다. 26세부터 남자와 사귀었으며, 31세 곤궁에서 결혼, 32세 진궁 4 9부터 별거, 33세 손궁에서 5·1이라 이혼했다.
- 36~40세 태궁 4·8 연애의 변화, 어울려 놀러 다니고, 자격을 위해 공부도 했다.
- 41~50세 건궁 7암·3 어두운 곳에서 7 돈 벌고, 숨어서 연애한다. 실제로 새로 얻은 직장은 어두운 곳인데, 목욕탕에서 일한다. 새로운 남자관계가 있는데 어두운 관계이다. 남자에게 배신도 당한다.
- 51~55세 감궁 7·2 어두운 곳에서 일해서 돈을 번다.
- 56~60세 간궁 5· 9파 옛 문제가 폭로되어 깨지는 변화가 생긴다. 부동산 구입 시 조심해야 한다. 부동산에 하자가 생겨 팔리는 경우도 생긴다.

	76~80	81~85	86~90	
71~75	1 8	6 4암파	8암파 6	91~95
66~70	9 7	2인년 9자일	4 2	
61~65	5 3	7 5	3 1	

일반을 추가해서 61세 이후의 운세를 살핀다. 암파는 리궁과 곤

궁에 몰려 있다. 리궁에 4암파를 맞았으므로, 심장 신경계의 질환에 조심해야 한다. 4는 결혼인데 깨져 있으니 결혼 생각은 하지 않는 게 좋겠다. 남자도 별로이다. 곤궁에 있는 6은 8암파와 함께 있으니 남자관계는 배신하고 깨지는 관계이다.

- 61~65세 간궁 5·3 새로운 변화, 옛것이나 저승과 관련된 새로운 변화가 생긴다. 역학을 공부하든지, 목욕과 관련된 새로운 일을 하든지 한다.
- 66~70세 진궁 9·7 진취적으로 발전하여 이름도 나고 돈도 번다.
- 71~80세 손궁 1·8 여행 다니고, 관절이나 허리 척추가 아프다.
- 81~85세 리궁 6·4암파 리궁 떠난다. 83세 한명인데 넘긴다면
- 86~95세 곤궁 8암파·6 8은 묘지운이라 86세나 91세는 조심하는데 좋겠다.

⑦ 기축(己丑)년의 운세

8	4암	6파
7	9기축	2
3	5	1

1. 운(運)으로 본다.

- 태궁 동회 외식을 많이 하고 사람들과 어울려 놀러 다니면서 돈을 많이 쓴다. 연애하며 기쁜 나날을 보낸다. 수술하거나 입원하는 수도 있다.

- 6파 피동회 일자리가 깨진다. 일자리가 바뀐다. 남자랑 깨진다. 남자가 바뀐다. 활동적으로 변하고, 승부를 보게 되나 충돌이 있고 깨지기 쉽다.

2. 소운으로 본다.
- 간궁 5·9파 옛것을 버리고 새로운 곳으로 가는 변화운에 있다. 9파라 문서 관계를 조심하여야 한다.

3장. 3벽 목성인

1. 사주로 보기

9	5	2	3	구성
시	일	월	년	여자
乙	壬	辛	庚	
巳	辰	巳	戌	

62	52	42	32	22	12	2	대운
甲	乙	丙	丁	戊	己	庚	
戌	亥	子	丑	寅	卯	辰	
관	비겁			식상			

① 원국

- 사중 경금이 투출하여 편인격이며, 천간에 경신금의 인수가 투출되어 학문성이 강하나, 지지로는 재와 관의 세력이 강해 천간과 지지가 서로 어긋난다.
- 대운을 보면 식상과 비겁으로 흐른다. 자기의 재주를 써서 학원업을 하였으며, 본인도 가르치는 일을 하지만 선생도 채용하여 학원을 운영했다.
- 관성이 둘인데 서로 충이라 남편이 둘이었고, 지지에만 있어서 별 능력이 없는 남편들이었다.

② 대운
- 어려서부터 식상운이라 열심히 현장에서 일을 하였고, 32세 정축대운에 편인격인 경금이 축의 힘을 얻어서 학원을 열었다. 원국의 巳와 대운 丑이 사유축 금국을 이룬다.

2. 구성으로 보기

	36~40	41~45	46~50	
31~35	2파 1	7 6	9 8암	51~55
26~30	1암 9	3경술 2신사	5 4	56~60
21~25	6 5	8 7	4 3파	1~5
	16~20	11~15	6~10	

- **중궁 3·2** 젊고 신선한 기획 아이디어가 있으며, 열심히 일하는 사람이다.
- **건궁경사** 남자처럼 활동력이 강하고, 고급을 좋아하며 권위가 있어서 남자처럼 자기가 돈 벌고 사는 사람이다.
- **7 : 7 대충** 돈도 잘 벌고, 잘 쓰고, 다른 사람들과 잘 어울리고, 즐겁게 사는 사람이다.

① 가정운

- **남편궁(건궁) 4·3파살** 사업하는 사람인데, 새롭게 자꾸 일을 벌이기만 해서 충돌하고 깨지고 여러 번 망했다가 다시 하곤한다. 3파라 새로운 사람과 4 교제가 많았고, 그로 인해 이혼했다.
- **본인궁(곤궁) 9·8암** 학문과 종교에 관심이 있는 사람이며, 실제로 교육과 강의를 해왔다. 9라 얼굴이 미인이며, 8암이라 가정에서 고생을 많이 했고, 첫 남편과 이혼하고 나서 새로운 사람과 살고 있다.

② 주요궁

- **사업궁(손궁) 2파·1** 열심히 일했으나 깨지고 고난이 많았다. 2라 주로 종업원들이 속을 썩여서 일이 잘 안되었다.
  나중에 역학 강의를 하면서 잘 되었다. 파살과 1이 있어서 현실적인 것은 잘 안 되고, 뒤에 숨어있는 학문인 역학은 잘 되는 것 같다.
- **재물궁(태궁) 5·4** 사업해서 버는 돈인데, 5황살을 맞아 돈이 많이 나갔다. 현실적인 사업은 잘 안되었는데, 후에 5저승이니 저승관련 사업인 역학으로 강의도 하고 감정도 하여 돈을 많이 벌었다.
- **부동산궁(간궁) 6·5** 투자는 크게 하는데 5황 때문에 실수하게 되어 많이 깨졌으며, 8이 곤궁에서 암을 맞아 부동산 운은 없다. 다만 감궁에 8이 있어 작은 집이 하나 있다.

- 기회궁(진궁) 1암·9 어두운 정신적 학문과, 9 신기 학문이라 역학 학원을 운영하는 것은 잘 된다. 현실적인 학문은 쉽지 않을 것이다.

③ 건강운

- 진궁 1암, 3파, 3중궁이라 간과 담에 문제가 있고,
- 손궁 파, 태궁에 4·5황, 호흡기를 뜻하는 4가 건궁에서 3파살과 함께 있다. 그러므로 호흡기, 기관지, 순환계에 문제가 있다.

④ 대운별 운세

- 1~10세 건궁 4·3파 아버지 운세가 약하여 어려서 가정이 어려웠다.
- 11~15세 감궁 8·7 학업 8과 돈 7이 감궁이라 학업과 돈이 어려웠다.
- 16~25세 간궁 6·5 6 학교생활과 직장, 그리고 남자 관계가 5 나쁘게 변화하는 운이었다.
- 26~30세 진궁 1암·9 새로운 남자와 만나고 헤어지기를 반복하다 결혼하였다.
- 31~40세 손궁 2파·1 그 가정이 깨지고 1 고난으로 힘들었고, 하는 사업도 2 동업자와 깨지고 힘들었다.
- 41~45세 리궁 7·6 리궁 역학 학원을 다시 열고 역학강의를 열심히 하여 돈을 벌었다. 6 새로운 남자를 만나 7 연애하고 다

시 결혼하였다.
- 46~55세 곤궁 9·8암 가정생활이 헤어지네 마네 하는 등 변화가 많았고, 각자 자기생활은 자기가 알아서 하는 식으로 살고 있다.
- 56~60세 태궁 5·4 저승관련 사업(역학이나 대체의학 등)을 하면 돈은 잘 벌고 살 것이다.

4장. 4록 목성인

1. 사주로 보기

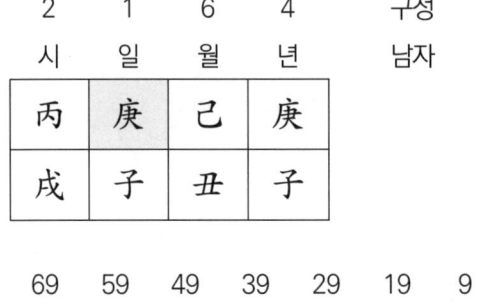

① 원국

- 축중 기토가 투출하면 정인격이라 학문성이 강하고, 자축 수국이라 식상도 강하여 학교 선생님 사주이다.
- 원국에 인수와 관이 있어 관인상생이 되고, 인수와 식상이 강하며, 대운도 재운으로 흐르므로 학교 교사가 되었다.
- 학교 교사와 학원 강사의 차이점은 무엇인가?
  재성과 관성으로 구분한다. 정재면 교사 편재면 학원강사다.
  재성의 성분이 교직은 정재이고, 학원강사는 편재이다.
  교직은 관이 있고, 학원강사는 관이 없다.
  위 사주는 관이 시에 투출되어 교사이다.

② 대운
- 현재 교감인데 앞으로 교장까지 갈 수 있을까를 물었는데, 시간 丙 관이 갑오 을미 대운에서 오행상 강하므로 가능하다고 본다.

2. 구성으로 보기

	26~30	31~35	36~40	
21~25	3암 5	8파 1	1 3파	41~45
16~20	2 4	4경자 6기축	6 8	46~50
11~15	7 9	9 2	5 7암	51~55
	6~10	1~5	56~60	

- **중궁 4·6** 사교성이 좋고 대인관계가 많으며, 큰 조직에 근무하면서 분주하게 활동하고, 조직의 장이 될 수 있다.
- **진궁경사** 창의적이고 호기심도 많으며 활동적이고 아이디어도 많다.
- **5 : 5 대충** 전통적이고 보수적이며, 저승이나 죽음과 관련된 것에 관심이 많다.

① 가정운

- 건궁 본인궁 5·7 강한 성격이며, 자기 뜻대로 하려하고, 밀어붙이는 힘이 강하여 실수를 하기도 한다. 말을 잘하고 경제관념도 있으며, 사람들과 어울려 놀기를 좋아한다.
- 곤궁 부인궁 1·3 부인은 이상적이고 호기심도 많고 아이디어도 많은 사람이나, 본인의 강한 성격으로 인해 눈물도 흘리고 심적인 고난도 많았다.

② 주요궁

- 사업궁(손궁) 3·5 새롭고 혁신적인 것을 좋아하나 의욕이 과하여 실수하기 쉬우니, 사업은 하지 않는 것이 좋다.
- 재물궁(태궁) 6·8 부동산에 크게 투자하여 돈을 벌었다.
- 부동산궁(간궁) 7·9 부동산을 사고팔면서 재산도 불어나고 부동산도 여러 개 소유하고 있다.
- 기회궁(진궁) 2·4 사업은 부인이 하는 것이 좋다.

③ 건강운

- 손궁에 암이 있고, 중궁에 4이므로 기관지를 조심
- 3이 암과 5황, 3이 파살이니 간·담을 조심하고 술을 멀리해야 하고,
- 건궁에 암 5황, 6이 중궁이니 교통사고를 조심하여야 한다.

④ 대운별 운세

- 1~5세(감궁) 9·2   약간 아파서 병원에 다녔다.
- 6~15세(간궁) 7·9   공부 잘하고 잘 놀았다.
- 16~20세(진궁) 2·4   친구들과 잘 지내고 열심히 공부했다.
- 21~30세(손궁) 3암·5   대학 때 유학을 가서 새로운 곳에서 고생하며 다녔다. 결혼도 26세에 하였다.
- 31~35세(리궁) 8파·1   부동산이 깨져서 고난의 세월을 보냈다.
- 36~45세(곤궁) 1·3파   새로운 일을 시작했다면 깨졌을 텐데 아무런 일도 벌이지 않아 그냥 지나갔다.
- 46~50세(태궁) 6·8   이 때 교장으로 진급하였을 것이다.
- 51~60세(건궁) 5·7암   투자를 크게 하거나 사업을 벌이면 실수하는 것이니, 조용히 살면 큰 문제는 없을 것이다.

	86-90	91-95	
81-85	3암 9	8파 5파	1 7
76-80	2 8	4경자 1경자	6 3
71-75	7 4	9 6암	5 2
	66-70	61-65	

- 61~65세(감궁) 9·6암   크게 투자하는 일만 없으면 넘어간다.
- 이후에는 큰 문제 없이 천수를 누리겠다.

5장. 5황 토성인

1. 사주로 보기

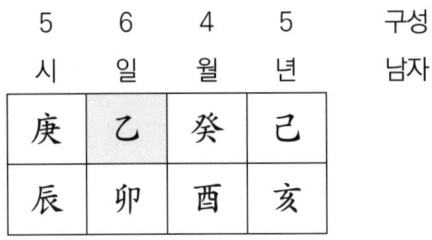

① **원국**

- 월지 유금에서 경금이 투출하여 정관격이지만, 대운이 식상 비겁운으로 흘러서 공직생활을 하다가 자기사업으로 전환하였다.

② **대운**

- 신미대운에서 관, 재운이 들어와서 재생관하여 공직에 20년 가까이 근무하다가
- 2001년 경진년 퇴직하고, 식품 제조업을 하였는데, 운영이 잘 안되어 2005년에 사업을 접었다.

- 대운에서 식상운이라 제조업을 하였으나, 원국에 식상이 없는데 제조업을 하면 잘 안된다.
- 만약 유통업만 하였다면 가능하다.
- 이 사주는 직장에서 사업으로 가되 조직과 손을 잡고, 조직에 납품하는 것이 적당하다.

2. 구성으로 보기

	31~35	36~40	41~45	
26~30	4파 3암	9 8	2 1	46~50
21~25	3 2파	5기해 4계유	7 6	51~55
16~20	8 7	1 9	6 5	56~60
	11~15	6~10	1~5	

- **중궁 5·4** 강하고 자기멋대로 하는 사업가이다.
- **건궁경사** 공무원이나 대기업 직장인이 맞고, 활동적인 사람이다.
- **9 : 9 대충** 학문적이고, 외향적이고, 급하게 서두르는 성격이다.

① 가정운

- 건궁(본인) 5 성격이 강하고 약간 독재적인 기질이 있으며, 6 사장이나 회장같이 책임감 있고 남자다운 사람이다.
- 곤궁(부인) 2 성실하고 노력하며 희생적인 사람이나, 1 심적 고생으로 눈물도 많이 흘렸던 사람이다.

② 주요궁

- 태궁(재물궁) 7·6 크게 돈을 벌었으나
- 손궁(사업궁) 3암·4파 새롭게 시작한 사업이 피해를 입고, 깨져서 많은 돈을 잃었다.
- 부동산궁(간궁) 간궁과 8이 있는 궁에 암파가 없으니, 부동산을 가진 사람이다.

③ 건강운

- 손궁에 암파, 4가 중궁에서 5황을 만났으니, 기관지, 호흡기, 대장에 주의
- 진궁에 파, 3이 손궁에서 암파를 맞았으니, 간 쓸개 신경계통 질병을 주의해야 한다.

④ 대운별 운세

- 1~5세(건궁) 6·5 촉망받는 사람으로 태어났다. 태어날 때 5·6·9가 있으면 촉망받고 대우받으며 태어난 사람이다. 5:왕, 6:북극성, 9:태양.

- 6~10세(감궁) 1·9   똑똑해서 공부 잘하는 학생이었다.
- 11~20세(간궁) 8·7   별 탈없이 학교생활을 하였다.
- 21~25세(진궁) 3·2파   대학생활, 군대에 가서 엄마가 속을 태웠다(2파)
- 26~35세(손궁) 4파·3암   취업을 했는데, 손궁이라 여기저기 움직이는 직장에 취업을 했고, 결혼도 했다.
- 36~40세(리궁) 9·8   진급도 했고 꾸준하게 근무하였다.
- 41~50세(곤궁) 2·1   새로운(1) 일(2)을 시작하였다. 45세에 끝내고 다시 새로운 일을 시작하였다.
- 51~55세(태궁) 7·6   다시 조직(6)과 관련한 사업으로 변화(8)하여 돈을 벌었다.
- 56~60세(건궁) 6·5   조직(6)과 관련된 사업을 계속하였으며, 약간의 실수가 있었으나 그런대로 넘어갔다.

	91~95	96~100	
86~90	4파 5	9 1	2 3
81~85	3 4	5기해 6을묘	7 8파
76~80	8 9	1 2	6 7암
	71~75	66~70	61~65

- 61~65세   조직과의 문제(특히 자금과 관련)는 조심해야 한다. 그 이후는 평탄한 생활을 유지한다면 천수를 누릴 것이다.

6장. 6백 금성인

1. 사주로 보기

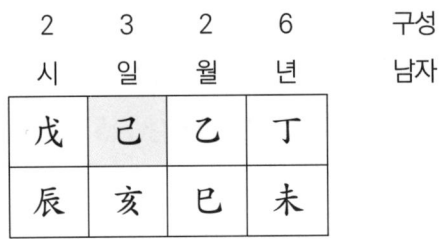

① 원국

- 원국에 관인이 투출되고, 사미 화국과 해미 목국이 있으니 기본적으로 관인을 목표로 사는데, 대운이 관운과 재운으로 흘러, 관운에는 직장이 가능하나 재운부터는 어렵겠다고 추측이 된다.

② 대운

- 38세 갑신년 : 30세 대운의 39세 세운이 갑신년인데, 원국의 사와 대운의 인, 그리고 세운의 신까지 겹쳐져서 인사신 삼형살이 발동하였고, 상관인 신이 인 관과 충이 되어 직장을 치면

서, 큰 사고가 나서 식물인간이 되었다.
- 다음 대운인 신축운에도 천간 신이 식신이고, 지지 축이 년지 인 미 양인을 충발하니 수술수가 있어 좋아지지는 않을 것으로 보인다.

2. 구성으로 보기

	51~55	56~60	1~5	
46~50	5 1	1 6	3 8암	6~10
41~45	4 9	6정미 2을사	8 4	11~15
36~40	9파 5	2 7	7암 3파	16~20
	31~35	26~30	21~25	

- 중궁 6·2 성실하며 고급을 좋아하면서 권위적이다.
- 리궁경사 밖으로 드러나는 것, 화려한 것을 좋아하고 학문적이다.
- 4 : 4 대충 인간관계가 좋고 나돌아 다니기 좋아하며 여행을 즐긴다.

① 가정운
- 건궁(본인궁) 7암·3파 새로운 일에 투자하여 돈도 깨지고, 급한 성격의 소유자로 수술을 할 수 있다.

- 곤궁(부인궁) 3·8암 젊게 보이며 명랑하고 발전성이 있으나 시련으로 인해 삶의 변화가 많다.

② 주요궁

- 사업궁(손궁) 5·1 사업을 하면 고난이고, 실수가 많으니 신중해야 한다.
- 재물궁(태궁) 8·4 사업해서 번 돈은 8이므로 저축해서 부동산에 묻는 것이 좋다.
- 부동산궁(간궁) 9파·5 부동산과 관련된 업을 하면 실수하고 크게 하면 더욱 안된다.
- 기회궁(진궁) 4·9 학문과 연구에 관한 사업을 하면 발전한다.

③ 건강운

- 건궁 7암·3파, 중궁에 6·2, 손궁에 5황 건궁의 자동차이고, 손궁은 길에 해당하니 자동차 사고를 조심해야 한다.

④ 대운별 운세

- 1~10세(곤궁) 3·8암 새롭게 발전하는 사람으로 기대를 받고 태어났으나, 암이므로 조금 아팠다.
- 11~15세(태궁) 8·4 중학교 때는 도시로 옮겨서 공부했다.
- 16~25세(건궁) 7암·3파 고교, 대학은 교육비가 많이 들고 공부하기 쉽지 않았다.
- 26~30세(감궁) 2·7 2에서 취직과 결혼이 나오고, 7로 돈을 벌

었다.
- 31~40세(간궁) 9파·5 교통사고로 죽을 뻔 했다. 39세 곤궁의 3·8암에서 갑자기 나쁜 사고로 인하여 식물인간이 되었다.
- 41~45세(진궁) 4·9 일시적으로 건강이 좋아졌었다.
- 46~55세(손궁) 5·1 5황이 있으므로 병세가 악화되어 쉽게 치료되지 않을 듯하다.
- 56~60세(리궁) 1·6 큰 병원에 계속 입원중이다.

7장. 7적 금성인

1. 사주로 보기

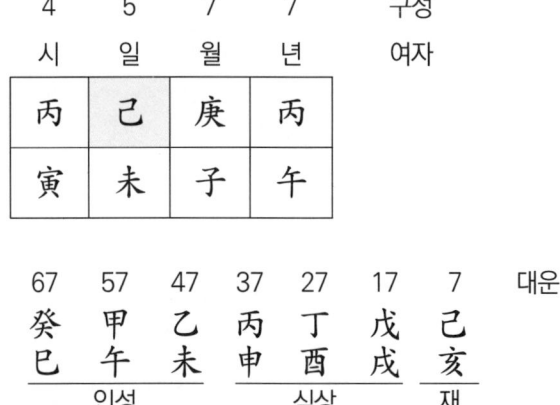

① 원국

- 편재격이나 년지에 인성이 양인을 깔고 있고, 시지에도 관과 인성이 있어 격이 순수하지 못하다.
- 관은 시에 있고, 인성은 년에 있어서 떨어져 있고, 시의 인성은 늦게야 가능하니 결혼이 늦고, 남편 덕이 허물어져 있는 모양이니까 사회활동을 구해야 한다.
- 경자월의 상관과 편재를 쓰면 좋겠는데 이것은 일주로 보면 공망(子丑)이다. 상관이 공망이라 제대로 써먹지 못한다.

② 대운
- 병신대운의 갑신·을유년에 식상운이 와서 언니 장사하는 곳에 가서 거들어 주는 일을 했다.
- 병신대운의 말 정해년에 관인 시지 寅목을 건들고, 또 일지인 未와 亥未합을 하니 이 때 남자를 만나서, 丑年에 결혼하고 乙未대운부터 관성이 강해지는 운으로 남편 덕을 보면서 안정되게 살아간다.

2. 구성으로 보기

	56~60	1~5	6~10	
51~55	6 6 2	2 2파 6	4 4 3	11~15
46~50	5 5 6	7 병오 7 경자 8	9암 9암 1	16~20
41~45	1 1 9	3 파 3 4	8 8 7	21~25
	36~40	31~35	26~30	

- 중궁 7·7 / 8 즐겁고 재미있는 삶을 추구하고, 놀기도 좋아하며, 변화가 많은 삶을 살아간다.
- 중궁경사 왕이라 자기 멋대로 하고 싶은대로 산다. 그러나 주변이 막혀있어 뜻대로 되지는 않으니, 남의 말을 잘 듣지 않고

실수를 하는 삶이 많다.
- 간궁경사 이것하다 잘 안되면 저것하는 등, 삶에 기복이 심하다.
- 중복반이라 대충은 성립하지 못했다.

① 가정운
- 본인궁(곤궁) 4·4 / 3 대인관계는 좋고, 사업을 하려고 했으나 3 항시 새로운 것을 좋아해서 쭉 이어지는 사업을 하기는 어렵다.
- 남편궁(건궁) 8·8 / 7 변화가 많으니, 이 사람 저 사람 많이 만났으나 7 연애만 하고 잘 이루어지지 않았으며, 38세에 결혼해서 현재는 잘 살고 있다.

② 주요궁
- 사업궁(손궁) 6·6 / 2 본인이 사업하는 것이 아니고, 남편을 따라가면 될 것이다.
- 재물운(태궁) 9암·9암 / 1 암이 두 개나 있어, 재물에 대한 손실이 많았으며, 돈을 낭비하는 습성이 있으니 현금을 가지지 말고 부동산에 묻어두어야 편하게 살 것이다.
- 부동산궁(간궁) 1이 있어 고난이 따르나 5·암·파가 없으니, 부동산은 가지고 살겠다.

③ 건강운

- 리궁에 파살, 9암에 9암이니, 머리, 정신, 뇌, 혈압, 심장병에 조심하여야 한다.
- 태궁에 암검살이 둘이고, 7이 중궁에 들어, 폐, 대장 건강에 신경써야 한다.

④ 대운별 운세

- 1~5세(리궁) 2·2파 / 6 존중받는 아이로 출생하였다. 조금 아팠다.
- 6~15세(곤궁) 4·4 / 3 초등학교 중학교까지는 공부도 잘하고 잘 지냈다.
- 16~20세(태궁) 9암·9암 / 1 학업이 안정되지 않아 고생했다.
- 21~30세(건궁) 8·8 / 7 직업이 자주 바뀌고 안정되지 않아 고생스럽게 지냈다. 직장과 남자의 변화가 많았다.
- 31~35세(감궁) 3파·3 / 4 장사하는 언니 가게에서 도와주는 일을 하였다. 만나는 남자는 있었으나 결혼으로 이어지지는 않았다.
- 36~45세(간궁) 1·1 / 9 이 시기의 38세 되는 감궁에서 결혼하였다.
- 46~50세(간궁) 5·5 / 6 남편과 사이가 안좋아 고생하였다.
- 51~60세(손궁) 6·6 / 2 별 탈 없이 살아가고 있다.

	61~65	66~70	
6 4	2 9	4 2	71~75
5 3	7병오 5기ㅁㅐ	9암 7	76~80
1 8파	3파 1	8 6	81~85
96~100	91~95	86~90	

- 61~75세(리궁) 2·9, (곤궁) 4·2 별 탈 없이 지나간다.
- 76~80세(태궁) 9암·7 폐 대장이나 심장 혈압 뇌경색 등을 조심해야 한다.
- 이후 건강에 유념하면서 살면 천수를 누릴 것이다.

8장. 8백 토성인

1. 8신(申)년 2인(寅)월 1유(酉)일생 여자의 경우

	46~50	51~55	56~60	
41~45	7 1	3 6	5 8 암파	1~5
36~40	6 9	8 신 2 인	1 4	6~10
31~35	2 암파 5	4 7	9 3	11~15
	26~30	21~25	16~20	

- 중궁 8·2 년월이 인신(寅申)으로 상충하니 인생에 충돌이 많고, 인간관계든 재물이든 직업이든 오래 유지하지 못한다.
- 곤궁경사 일생에 일이 많고 분주하며, 직장생활을 한다. 하지만 암·파가 있어 여러 번 직장을 옮겨야 하며, 자신의 사업을 하더라도 여러 가지 일을 해야 한다.

① 가정운
- 가정궁(곤궁) 5·8암파 어머니가 8 산으로 갔든지, 5 사별이든지, 아니면 집안에 문제가 생기거나 하여, 어머니나 가정 관계에 이변이 있다.

- 어머니는 강한 성격의 소유자로 살아가려는 욕망이 강하고 남에게 지지 않는 성격이며, 고생도 많이 하지만 꿋꿋하게 다시 일어나는 사람이다.
- 남편·아버지궁(건궁) 9·3 아버지는 인물이 훤하니 좋고, 신세대스럽지만 성격 급한 사람이다. 배움이 많아 학식도 있고, 젊어 보이는 사람이다.

② 주요궁

- 사업궁(손궁) 7·1 돈이 되기는 하지만 고난이 따른다.
- 재물운(태궁) 1·4 태궁은 1백이니 재정적으로는 어렵다. 그러나 1백수성이 4록목성을 생하니 먹고 살 수 있을 만큼은 들어온다.
- 부동산궁(간궁) 2암파·5 2어머니와 나의 관계는 엉망, 5는 길이 아닌 길. 가정이나 어머니와의 관계는 아주 나쁜 채로 살아왔으며, 좋지 않은 관계이다.
- 기회궁(진궁) 6·9 진궁이라 발전적이고, 세월이 갈수록 9 학문이 6백이라 하늘로 치솟는다. 2흑토성은 대기만성형(60까지)이 많다.
- 연애와 결혼(태궁 / 감궁) 감궁에 4 결혼 찬스, 7 연애이니 남자가 생긴다.

④ 해신(解神)

- 申년 寅월 酉일인 사람의 경우

- 申년 寅월 酉일이니 신(申) 인(寅) 유(酉)를 원 위에 그려 놓는다. 그리고 친자관계인 삼련(三連)과 삼합(三合), 육합(六合)을 만들 수 있는 지지를 찾는다.

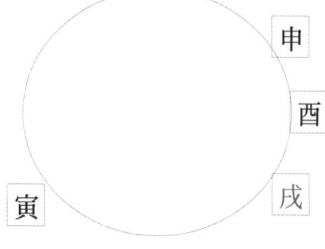

- 이 경우에는 술(戌)을 넣어보면 신유술로 세 개의 지지가 이어져 친자관계가 성립되고, 또한 인술(寅戌)로 삼합화국의 반합국이 동시에 된다.
- 따라서 술(戌)이 이 사람의 운세를 살릴 수 있는 것이 되며 해신(解神)이 된다.
- 해신(解神)인 술(戌)을 만나야 잘 산다. 즉 개띠를 만나야 산다.
- 8백 : 살아가는데 애를 먹는다. 고집이 세고 욕망이 강하며 가정을 중요시한다. 집안 식구들을 먹여 살리기 위해 고생한다.

⑤ 대운별 운세

- 1~5세(곤궁) 5·8 암파 가정과 어머니의 나쁜 변화에 암, 배신과 파 깨짐이 있다. 실제로 아버지가 어머니와 자신을 두고 다른 살림을 차렸다.
- 6~10세(태궁) 1·4 태궁 돈이 1 어려웠으나 4 원만하다. 어렵긴 했으나 아버지가 돈은 보내줬다.
- 11~20세(건궁) 9·3 공부는 열심히 잘했다. 고등학교 졸업.

- 21~25세(감궁) 4·7 이성교제와 연애
- 26~35세(간궁) 2암파·5 일, 일터, 직장과 관련된 변화운인데 5 황살 문제 생기고, 암 배신당하고, 파 깨지고 충돌하고 문제가 많은 기간이었다.
- 36~40세(진궁) 6·9 하늘 공부로 새롭게 진출하였다.
- 41~50세(손궁) 7·1 거래나 장사해서 돈을 벌지만 고난이 있고 어렵게 산다. 자식 때문에 고생하면서 산다.
- 51~55세(리궁) 3·6 하늘 공부를 활용해 열심히 산다. 가르치기도 한다.
- 56~60세(곤궁) 5·8 암파 가정에 문제 생긴다. 어머니가 돌아가시든지 하는 나쁜 변화가 생긴다.

	7 9	3 5	5 7	61~65
	6 8파	8申 1酉	1 3	66~70
91~95	2암파 4	4 6암	9 2	71~75
	86~90	81~85	76~80	

　일반을 추가하였는데 감궁 6암과 진궁 8파라 남자와 가정이 별로 좋지 않다.
　남자관계는 안 하는 것이 좋겠다.
　감궁 4 6암과 간궁 2암파 4라 결혼생활과 가정 그리고 남자는 모두 안 좋다.

- 61~65세(곤궁) 5·7 열심히 철학해서 돈 벌고 산다.
- 66~70세(태궁) 1·3 철학을 발전시켜 돈 번다.
- 71~80세(건궁) 9·2 활동하고 노력해서 이름이 크게 난다.
- 81~85세(감궁) 4·6암 자궁이나 신경계통, 혈압 등으로 아프다.
- 86~95세(간궁) 2암파·4 한명(限命)일 것이다. 2본인에게 암파이다. 86세부터는 조심해야 한다.

⑥ 올해 운세 : 본명성 8백토성, 일명성 1백수성

8	4암	6파
7	9기축	2
3	5	1

기축년으로 본 운세

- 손궁 동회 거래 교제관계가 좋고, 원만하다. 사람들 중매도 하고, 발전적인 운세이다.
- 3벽 피동회 새로운 것과 관련된다. 젊은 것이나 신선한 것과 관련. 진취적이고 열성적으로 임한다.

소운(小運)으로 본 운세 : 이 명에게 기축년은 진궁에 해당한다.

- 진궁 6·9 발전적이고 진취적이다. 특히 하늘 공부에 발전이 있다. 공부도 잘되고, 문서적인 일도 잘되고, 영감도 잘 맞는다.

9장. 9자 화성인

9을미(乙未)년 3기축(己丑)월 4병자(丙子)일생 여자의 경우

8 2	4암 7	6 9파
7 1암	9을미 3기축	2 5
3파 6	5 8	1 4

- 중궁 9·3 학문적이고, 머리 좋고, 이상적이며, 젊어 보인다.
- 곤궁경사 6·9파 일을 열심히 하는 사람이며 직장인이나 공무원이다. 6이 있어 큰 회사이며 또한 장(長)까지 올라간다. 그러나 파라 직장생활은 고달프고 자주 옮겨다니기도 한다.

① 가정운
- 곤궁(본인궁) 가정궁 6·9파 6 가정에서의 주권을 본인이 가진다. 9 이별 이혼한다. 파 깨진다.
- 건궁(남편궁) 4·1 4는 바람둥이. 1은 숨어서 보이지 않음.
- 6백(남편궁) 간궁 3파 3 새로운 여자, 파 깨지는 간궁에 변화가 온다.

② 재산운

- 사유축 삼합 금국선이 있어 재산과 관련 있으며,
- 손궁 2·8, 태궁 2·5 열심히 노력하고 거래해서 번 돈이 있다.
- 간궁 6·3파 부동산은 큰 것이 있으나, 파가 있으니 깨지지 않도록 주의해야 한다.

③ 자식운

- 간궁(총체적 자식운) 6·3파 자식이 있다면 6이라 잘 되는 자식인데, '파'라 없기 쉬우며, 특히 3파라 남자아이는 더욱 인연 없다.
- 진궁 1암 남자아이와 인연 없다.
- 리궁 4암 여자아이와도 인연 없다.

실제로 남편과 이별하고 자식도 없이 혼자 열심히 살아가는 사람이다.

④ 건강운

- 간궁 3파 허리 아프고, 간이 나쁘다.
- 리궁 4암, 곤궁 9파 혈압이 높고, 갑상선 치료를 했다. 위도 나쁜 편이다.

⑤ 대운별 운세

	51~55	56~60	1~5	
46~50	8 2	4암 7	6 9파	6~10
41~45	7 1암	9매 3축	2 5	11~15
36~40	3파 6	5 8	1 4	16~20
	31~35	26~30	21~25	

- 1~10세(곤궁) 6·9 가정에서 촉망받는 자식으로 귀여움 받으며 성장하였다.
- 11~15세(태궁) 2·5 어머니가 돈 때문에 힘들게 일하며 고생했다.
- 16~25세(건궁) 1·4 학교를 다니고 직장을 다니며, 남자를 만났다.
- 26~30세(감궁) 5·8 감궁은 어려움 고민. 5는 나쁘다. 죽고 싶다. 8은 변화이다. 지금까지와 다른 큰 변화. 남자와 결혼했는데 그 남자가 유부남이었다. 헤어지려 했더니 납치당해 감금생활하였다.
- 31~35세(간궁) 6·3파 새로운 직장에 들어가서 일했으나 변화에 파살이라 힘들어서 옮겼다.
- 36~40세(간궁) 6·3파 옮긴 직장은 큰 회사이다. 39세 곤궁에서 옮긴다. 간궁 산에 6이라 장(長)까지 올라간다.
- 41~45세(진궁) 7·1암 새로운 연애를 시작한다. 먹고 마시고 즐기며 여행도 다니면서 진취적으로 살아간다.

- 46~55세(손궁) 2·8 열심히 노력하며 산다. 무역업 한다. 자격도 얻는다. 48세 건궁에서 사장이 된다.
- 56~60세(리궁) 4암·7 명예나 지위가 실추되는 일이 생길 수 있고, 7이라 수술수도 있다.

		61~65	
8 3암	4암 8파	6 1	66~70
7 2	9미 4자	2 6	71~75
3파 7	5 9	1 5	76~80
91~95	86~90	81~85	

- 61~70세(곤궁) 6·1 다른 직장에서 일하거나, 스스로 개업해서 열심히 일하고 노력하며 산다. 결혼할 수도 있다.
- 71~75세(태궁) 6·2 일하며 돈 벌고 산다.
- 76~85세(건궁) 1·5 자궁쪽이 아프겠다.
- 86~90세(감궁) 5·9 한명(限命)일 수도 있는데 넘긴다면
- 91~95세(간궁) 3파·7 한명이다.

⑥ 년도별 운세

기축년 운세를 본다.

8	4암	6파
7	9기축	2
3	5	1

- 본명성 9자화성. 일명성 4록목성
- 중궁동회 모든 것이 막히고 갇혀 있다. 의욕은 강하니 고집만으로 실행에 옮기면 실수하기 쉽고 판단을 그르치기 쉬우니 조심하여야 한다. 고집과 자만심 때문에 다른 사람의 말을 안듣는다. 대인관계가 막혀 도와주는 사람이 없다.
- 4암 피동회 거래관계시 배신당할 수 있으니 조심하여야 한다. 교제 중 배신이 있을 수 있다. 어두운 교제가 생길 수 있다.

소운으로 본다.

- 간궁 6·3파 직장에서의 새로운 변화운인데 파라 안 좋은 변화운이다. 힘든 한 해가 될 것이다.

⑦ 해신(解神)

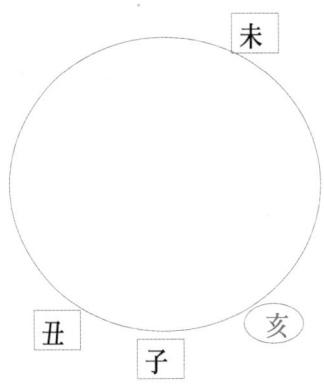

미(未)년 축(丑)월 자(子)일생 여자의 해신은 다음과 같다. 이 경우에 해신은 해(亥)가 된다. 해자축으로 이어지고, 해미 목국의 반합이 동시에 성립된다. 이 사람의 운세를 풀어주는 것은 '해'가 되니 '해'년생이나 '해'일생을 만나면 좋다.

8부. 방위학

1장. 각 구성별 방위현상 237
2장. 흉살의 방위로 움직여 받는 재난 260

1장. 각 구성별 방위현상

내가 어디를 방문했을 때 어떤 일이 일어나는지와 다른 사람이 나를 방문했을 때 어떤 일로 왔는지 미리 알 수 있어서 적절하게 대처할 수 있어서 운명개선에 도움이 된다. 여기서는 내가 방문하는 경우, 찾아온 사람의 방위, 상거래시 상대방 위치에서의 판단, 해당 방위별 상품 구매 시 현상, 길한 방위와 흉한 방위로 동한 경우에 대해 설명하였다.

그 다음은 흉살의 방위로 움직여 받는 재난을 방위별로 설명하였는데, 여기서는 5황살, 암검살, 파살, 본명살, 본명적살의 방위로 움직인 경우에 대해 설명하였다. 방위에서는 5황살의 흉함이 가장 크다.

1. 내가 방문한 방위에서의 현상

① 1백수성의 방위로 움직이는 경우
- 일반적 경향
  찾아간 상대방이 다른 용무중이거나 회의중이다.
  나는 환영받지 못하는 처지이다.
  혹 술자리를 같이 해도 핵심적인 화제는 꺼내지 못하고 겉돌기만 한다.
  돈을 꾸러 간 경우 오히려 저쪽에서 꾸어달라고 한다.
- 본명성과 상생이면

이성으로부터 관심을 끈다.

　　　음주와 이성이 있는 연회에 참석하게 된다.

　■ 본명성과 상극이거나 흉살과 동회하면

　　　머리나 옷이 젖는 등 물로 인해 피해를 본다.

　　　과음하여 실수하거나 건강을 해치는 등의 일이 있다.

　　　상대방이 외출 중이거나 병환 중에 있다.

　　　상대방의 어려운 처지를 목격해서, 자신의 지갑을 여는 경우가 있다.

　　　정사의 현장을 목격하게 되는 경우가 있다.

② 2흑토성의 방위로 움직이는 경우

　■ 일반적 경향

　　　상대방이 다른 생각을 하는 중이어서 본인의 이야기에 귀 기울이지 않아 엉뚱한 대답을 하거나 하여 명확치 못한 답변을 듣게 된다.

　　　때마침 가구 등의 손질 또는 다른 일에 열중하고 있거나 자리에 없는 경우이다.

　　　어쩌다 우연히 만난 경우 쓸모없는 내용(가정부, 시골의 토지 등)의 화제로 마음 상해 돌아온다.

　■ 본명성과 상생이면

　　　친절한 연상의 여인을 만난다.

　　　좋은 내용의 화제 또는 소개가 있다.

　■ 본명성과 상극이거나 흉살과 동회하면

　　　빈곤층 또는 더러운 장소와 엮인다.

모처럼 마음먹고 찾아가는 도중에 마음이 변하여 다른 곳으로 향하게 된다.

처음 약속한 대로 만나기는 했으나, 상대가 부부싸움 직후 등의 처지여서 목적 달성이 어렵다.

③ 3벽목성의 방위로 움직이는 경우
- 일반적 경향

    상대방이 라디오, TV, 음악감상 등에 열중하고 있다.

    나의 용무로 찾아갔으나 상대방이 일방적으로 말을 많이 해서 듣기만 하는 처지가 되어 용무 달성이 어려운 처지가 된다.

- 본명성과 상생이면

    좋은 발상(새로운 아이디어)이 떠오른다.

    신선한 생선 및 야채를 자주 접하게 된다.

    의외로 빨리 목적지에 도착한다.

- 본명성과 상극이거나 흉살과 동회하면

    나의 용건이 있어 찾아가도 도리어 상대방의 부탁을 들어주게 된다.

    먼저 온 손님이 있어 오래 기다리게 된다.

    경우에 따라 상담의 대화가 언쟁으로 변하여 기분이 상해 돌아오게 된다.

    시끄러운 소음에 시달리게 된다.

④ **4록목성의 방위로 움직이는 경우**

- 일반적 경향

  상대방이 외출하려는 순간 또는 막 돌아오려는 시점에서 만나게 된다. 또는 물건을 정리하고 있는 중이다. 그러나 크게 환영받고 대화는 순조롭게 된다.

  여행, 중매 등의 화제가 나온다.

- 본명성과 상생이면

  심정을 호소할 말상대가 있다.

  마음씨 좋은 친절한 이성을 만날 수 있다.

- 본명성과 상극이거나 흉살과 동회하면

  대화가 잘 나가다가 제3자에 관한 소문 문제로 서로의 기분을 상하게 한다.

  동행인이 있는 경우에 돌아올 때는 혼자 오게 된다.

  길을 헤맬 수 있다.

⑤ **5황토성의 방위로 움직이는 경우**

- 일반적 경향

  상대가 자리(집)에 없거나 혹 초행일 경우 길을 찾기가 어려워 헤매게 된다.

  상대방은 깨진 물건을 정리중이다.

  채권자(빚쟁이)가 와 있는 중이다.

  방문 목적 달성 어렵다.

- 본명성과 상생이라도 5황살을 받아서 좋은 일은 없다.

- 본명성과 상극이거나 흉살과 동회하면

    일반적 경향이 더욱 흉하게 나타난다.

    다툼이 일어난다. 과실을 반복하게 된다.

    몸이 상하거나 몸에 맞지 않는 음식을 먹게 된다.

⑥ **6백금성의 방위로 움직이는 경우**

- 일반적 경향

    상대방이 바빠 자리에 없든지 있더라도 몹시 바쁜 상태이다.

    노인 선사 스님들이 앞서 와있다.

    때에 따라 장기나 바둑 중에 방문하게 된다.

    좋은 음식을 대접받는다.

    대화는 큰 주제로 전쟁, 국가의 미래 등이다.

- 본명성과 상생이면

    재화, 금전적 혜택을 볼 수 있다.

    고귀한 물건과 인연이 된다.

- 본명성과 상극이거나 흉살과 동회하면

    혹 투기, 노름에 손을 대 큰 손실을 본다.

    특히 교통사고 예방에 신경 써야 한다.

    거만한 사람과의 논쟁이 벌어진다.

    사건 또는 부상에 휘말린다.

⑦ **7적금성의 방위로 움직이는 경우**

- 일반적 경향

상대가 마침 식사 중이어서 환영하며 같이 먹자고 한다.

혹 현금 계산 중일 때 찾아간다.

대화는 실패한 일, 음식 이야기, 유흥, 이성 이야기, 언쟁했던 이야기 등이 나온다.

- 본명성과 상생이면

  즐거운 사람과 만날 수 있다.

  먹고 마시고 즐기는 자리에 합석하게 된다.

  노름판에 껴서 돈을 딴다.

- 본명성과 상극이거나 흉살과 동회하면

  믿고 있는 상대에게 금전적 지원을 부탁하러 찾아갔으나 뜻을 이루지 못한다.

  투쟁심이 발동하여 엉뚱한 언쟁이 벌어진다. (암검살)

  혹 투기와 관련된 화제가 나오나 결과는 나쁘다.

- 도난, 분실, 산재 등의 실물수 있다.

  행선지에서 음주를 하게 되고 그로 인해 캬바레 등에 가게 된다.

⑧ 8백토성의 방위로 움직이는 경우

- 일반적 경향

  때마침 누군가를 기다리고 있는 처지라 매우 반기며 여러 사정을 들어준다. 또는 일하는 중간 휴식중이거나 사색중이어서 이쪽 상담에 잘 응해준다.

  이야기는 집안 친척·가옥·건물 등에 관한 것이며, 좋은 음식을 대접받게 된다.

- 본명성과 상생이면

    예정된 사항이 변경된다.

    고층, 스카이라운지, 정상 등 높은 곳과 관련 있다.
- 본명성과 상극이거나 흉살과 동회하면

    가는 도중에 길 모서리에서 부상 당할 염려가 있다.

    매우 거만한 사람을 만나 기분이 상한다.

    때마침 집안일로 친척이 여러 명 모여 있는 곳에 가게 된다.

    일의 진행이 정체된다.

    이동, 여행하는 중에 지장이 생긴다.

⑨ 9자화성의 방위로 움직이는 경우

- 일반적 경향

    접수 또는 출입구에서 예쁜 여자의 접대를 받는다.

    상대는 두 사람의 손님과 대화 중이다.

    상대가 여자일 경우 화장 중이거나 옷을 입는 중이다.

    화제는 경찰 건, 재판 또는 영화나 관광에 관한 것 등이 된다.
- 본명성과 상생이면

    화려한 장소 또는 미인과의 인연이 생긴다.
- 본명성과 상극이거나 흉살과 동회하면

    서로가 쓸데없는 일로 충돌, 헤어진다.

    또는 착각해서 실수하는 바람에 손해 본다.

    서로의 생각 차이 때문에 언쟁이 일어난다.

    특히, 술이라도 같이 하게 되면 큰 싸움판이 되기 쉽다.

    외견상은 좋아 보이나 물질적 실리는 없다.

2. 찾아온 사람의 방위에 따른 현상

① **1백수성의 방위에서 왔다면**
- 상담사항 : 신병에 관한 문의.
  깊은 연애 또는 색정 건의 상담.
  어려움의 해결책.
  새로운 일거리의 착수 여부.
  부하 종업원의 부정행위 등에 대한 해결 방도
- 가져오는 물건(선물 등) : 생선 등의 수산물

② **2흑토성의 방위에서 왔다면**
- 상담사항 : 부동산, 가족간의 문제.
  영업 부진의 해결 방안.
  옛 친구 또는 옛 물건에 관련된 상담.
  물건을 빌리러 온다.
- 가져오는 물건(선물 등) : 콩과의 식품. 쌀과의 식품.

③ **3벽목성의 방위에서 왔다면**
- 상담사항 : 하는 말에 과장과 허풍이 섞인다.
  다른 사람의 부탁을 받고 온 사람.
  항의 또는 무슨 일로 따지러 오는 사람.
- 가져오는 물건 (선물 등) : 신선한 식품

④ **4록목성의 방위에서 왔다면**

- 상담사항 : 해외 또는 먼 지방과의 거래에 관한 문제 발생한다.

  혼담에 관한 문의.

  여행(해외) 등에 관한 문의.

  미리 부탁한 사안의 결말을 짓고자 한다.

  오래 머무를 가능성 있다.
- 가져오는 물건(선물 등) : 천 옷감. 오래 있을 사람.

⑤ **5황토성의 방위에서 왔다면**

- 상담사항 : 하는 말에 거짓이 있다.

  분쟁 문제를 해결할 대책 문의.

  오래된 몸에 생긴 병에 대한 문의.
- 가져오는 물건(선물 등) : 꿀 등 단맛 나는 식품.

⑥ **6백금성의 방위에서 왔다면**

- 상담사항 : 투자 여부에 대한 상담.

  관재 구설에 관한 대책 방도 문의.

  신앙에 관한 문제.

  새로운 희망을 갖고 새출발을 할까 망설이는 중이다.
- 가져오는 물건(선물 등) : 과실 또는 진귀한 식품. 무엇인가를 놓고 돌아간다.

⑦ **7적금성의 방위에서 왔다면**

- 상담사항 : 잔치(혼사, 회갑, 칠순, 기념일 등)에 관한 문의.

구설, 언쟁에 관한 해결책.

금전 관련 문제의 해결 방도 문의.

배우자의 이성(외도 등) 문제.

- 가져오는 물건(선물 등) : 과자, 빵 등.

⑧ 8백토성의 방위에서 왔다면

- 상담사항 : 집안, 친척 간의 상속 유산 문제.

부동산에 관련된 문의.

어떻게 해야 할지 결정 못 했고, 그에 관련한 상담.

- 가져오는 물건(선물 등) : 고기, 단맛 나는 식품.

⑨ 9자화성의 방위에서 왔다면

- 상담사항 : 자녀 진학 문제의 상담.

정치계 입후보 하는 일과 당선 여부.

경찰 관재(재판)등의 문제.

증권, 투자 여부의 상담.

화제(여담)은 연속극이나 해외여행 등이다.

- 가져오는 물건(선물 등) : 꽃, 화분.

3. 상거래시 상대방 위치에서의 판단

① 1백수성의 방위
- 영업 상태가 나쁘다.
- 차입금 있다.
- 상품이 잘 팔리지 않는 점포이다.
- 다른 데에서 옮겨온 상점이다.
- 오래 거래한 손님이 있다.
- 해외와의 거래가 있다.

② 2흑토성의 방위
- 부동산은 있으나 운용할 수 있는 자금이 모자란다.
- 대를 이어 계속되는 상점이다.
- 옛날 방식의 수수한 상법이다.
- 도산 직전의 경우도 있을 수 있다.
- 저급품을 취급한다.
- 파업 중이다.

③ 3벽목성의 방위
- 새로운 신흥 산업이다.
- 화려한 상법이다.
- 젊은 사원이 많다.
- 말로만 번드르르한 선전뿐이기도 하다.
- 목소리가 나쁜 주인인 경우 거래하지 않는 것이 좋다.

④ 4록목성의 방위

- 영업이 번성 중이다.
- 일반적인 상품이 많고 정돈된 것이 많다.
- 여자 사원(점원)이 다수이다.
- 주문하는 경우 시간이 오래 걸린다.

⑤ 5황토성의 방위

- 상품 및 거래 내용이 허물 있고 욕심 많은 거래처다.
- 옛날 방식의 경영을 하고 있다.
- 신용이 없고 싸구려를 팔고 있다.
- 하자 있는 상품이 많다.
- 주인 또는 사원 중에 나쁜 사람이 있다.
- 이 5황의 방위로는 절대 거래하지 말아야 한다. 5황토성의 방위는 운세반에서 5황이 들어간 방위를 말한다.

⑥ 6백금성의 방위

- 왕성하게 사업 활동 중이다.
- 다수의 직원이 있다.
- 큰 거래도 취급한다.
- 우월감과 자존심 등이 강하다.
- 대기업과의 거래가 있다.
- 고급 상품을 취급하고 있다.

⑦ 7적금성의 방위

- 현금이 잘 회전되는 회사이다.
- 상품의 개수가 부족할 수 있다.
- 말만 앞서는 거래가 되기 쉽다.
- 환영 못 받고 거래 개시에 시간이 걸린다.

⑧ 8백토성의 방위
- 자산 있으며 다시 일어나서 흥한 회사이다.
- 타산적이며 욕심스러운 상법을 쓰고 있다.
- 흉 방위(암 파)라면 채무 도산이 있기 쉽다.
- 저당 잡혀있는 경우이기 십상이다.

⑨ 9자화성의 방위
- 거래상의 변덕이 있어 한 입으로 두 말을 해온다.
- 수표와 증권 등은 많다.
- 화려한 상법을 쓰고 있다.
- 영업활동은 많이 하지만 내실은 이에 못 미친다.
- 상품은 겉보기에만 좋다.
- 거래 계약 시 계약서에 주의할 것. (보험회사, 증권회사)
- 재판 문제가 있기 쉽다.

4. 해당 방위별 상품 구매 시 현상

 상품 구매 시의 방위 현상은 상품을 구매하는 당일의 구성반을 중심으로 판단하되, 상품의 크고 작음에 따라 월반과 년반도 겹쳐서 본다.

 식품과 의류 및 일용품 정도라면 당일의 구성반으로 판단하고, 전기제품, 자동차, 부동산 등 큰 상품의 경우에는 월반과 년반을 겹쳐서 판단한다.

 5황살, 파살, 암검살 방위에서 구매하면, 반드시 나중에 마음에 들지 않게 되거나 손상되기 쉽거나 하자가 있거나 한다.

① **1백수성의 방위**
- 고급품을 구입하면 마음에 들지 않기가 십상이다.
- 세일이나 할인매장 또는 특가품 매장에서 의외의 좋은 상품을 입수하게 된다.
- 이 방위에서는 허리띠, 낚시도구, 필기구, 민속주 등 무엇이든 전문 분야의 매물이 좋다.

② **2흑토성의 방위**
- 보통의 상품 구매라면 건실하고 좋은 물건이 입수된다.
- 의식주에 관한 것이나, 생활 필수품 구입에는 특히 좋은 방위이다. 단 고급제품은 거래하지 말아야 한다.
- 대체로 이 방위에서는 값싸고 좋은 물건이 입수된다. 의복, 옷감, 가구, 침대, 방석 및 이불 등의 구매에는 최적의 방

위이다.

③ 3벽목성의 방위

- 신제품과 현대적 감각이 특별하게 요구되는 상품 구매에서는 좋은 것이 발견될 수 있다.
- 또한 신제품의 기능은 좋으나 보기와는 내용이 다른 경우가 허다하니 주의가 필요하다.
- CD, 피아노, 기타 등의 악기 및 전기제품 전반의 구입은 좋다.
- 식품으로는 생선, 야채 과일 등 신선한 것을 구매할 수 있다.

④ 4록목성의 방위

- 무슨 상품이든 마음에 꼭 드는 물품이 구입된다.
- 물품은 싼 것이건 고급품이건 결점이 없고 AS도 되므로 안심할 수 있다.
- 가구, 의복, 여행용품, 건축 관련 물품, 목재, 실내 장식품, 혼수용 의상 등의 구입에 최적이며 꽃(생화, 화분)이나 관엽식물 등의 구입에도 좋은 방위이다.

⑤ 5황토성의 방위

- 운세반에서 5황이 있는 곳을 말한다.
- 이 방위는 흉작용이 가장 강하지만, 당사자는 그것을 느끼지 못한다. 그러나 흉작용이 서서히 나타나서 결국에는 되돌릴 수 없게 되기에 사용하지 않는 것이 좋다.

⑥ 6백금성의 방위

- 이 방위의 구매는 고급품 구입에는 최적이다.
  특히 유명브랜드의 핸드백, 시계 보석 등의 귀금속, 운동용품, 고급의상 등의 구매에 매우 좋은 방위이다.

⑦ 7적금성의 방위

- 이 방위로 물건을 사러 가면 과욕이 넘쳐 소용없는 것까지 구입하는 등 낭비하기 쉬우므로 주의가 필요하다.
- 매입한 물품도 개수가 부족하거나 하자가 있으므로 조심할 것.
- 일반적으로 식료품과 의류 분야는 좋은 물건이 입수되는 경우가 많다.

⑧ 8백토성의 방위

- 토지 가옥 등 부동산 매입에 최적의 방위. 가구, 인테리어 재료 구입에도 좋다.
- 그러나 이 방위에서의 구매는 돈의 지출에 갈피를 못 잡아 당초의 구매 계획에 어긋나기 일쑤다.

⑨ 9자화성의 방위

- 교재 책 등의 출판물, 서화, 골동품 등의 미술품, 악세사리 등의 복장품, 인테리어 제품, 안경, 증권, 채권 등의 구입에는 최적의 방위이다.
- 특히 의복과 장식품들에 대한 센스가 좋아져 상등품의 아름다운 물건을 입수할 수 있다.

5. 길한 방위로 동한 경우의 영향

① 감궁(정북) 또는 1백 회좌 방위

- 새로운 사안이 시작되어 나중에 크게 된다.
- 교제가 확대된다.
- 혈액 순환이 좋아진다.
- 회춘하게 되어 정력이 왕성해진다.
- 불임 중인 여성은 임신의 기를 받는다.

② 곤궁(서남) 또는 2흑 회좌 방위

- 게으른 사람은 부지런해지고 거래가 확대된다.
- 손위여성 및 토지 등에 관하여 좋은 인연이 생겨난다.
- 실업 중에 취업 되고, 친구가 많이 생긴다.
- 절약 정신이 커져 물건을 아끼게 된다.
- 저가품 판매업은 크게 발전한다.

③ 진궁(정동) 또는 3벽 회좌 방위

- 인기 상승하고 화술이 좋아져 유명인사가 된다.
- 적극성이 강해지고 발랄한 성격이 된다.
- 크게 발전할 기회가 찾아와 사업이 크게 성장한다.
- 젊은 사람의 도움을 받는다.
- 부하와의 관계가 좋아져 이득을 본다.

④ 손궁(동남) 또는 4록 회좌 방위
- 인간관계가 넓어지고 신용, 인기가 상승한다.
- 먼거리 거래에서 크게 성공한다.
- 순종하게 되고 매사가 잘 마무리된다.
- 혼담은 좋은 결실을 본다.
- 괜찮은 부하 덕을 본다.

⑤ 5황(중앙) 회좌 방위
- 5황살 방위라 좋은 영향이 없다.

⑥ 건궁(서북) 또는 6백 회좌 방위
- 독립정신이 강해지고 투자 사업 및 신규 사업은 성공한다.
- 최고라고 인정받게 된다.
- 승부운이 좋아진다.
- 윗사람의 후원과 인정이 뒤따른다.
- 부지런해지며 실천력이 강해진다.

⑦ 태궁(정서) 또는 7적 회좌 방위
- 젊은 여성과 인연이 되어 좋은 일이 일어난다.
- 화술이 향상되고 사교가 잘 된다.
- 현금 수입의 증가로 즐거움이 연발된다.
- 회식의 기회가 늘어난다.
- 미혼의 남녀에게는 연애의 인연이 생겨난다.

- 스태미너가 넘친다.

⑧ 간궁(동북) 또는 8백 회좌 방위
- 건물 및 임야 건으로 재산이 크게 늘어난다.
- 그동안 소원했던 집안 친척의 후원을 받는다.
- 재산이 늘어나고 저축하고자 하는 마음이 생긴다.
- 막혀있던 일이 해결된다.
- 집안일이 원활해지고 상속인이 생겨난다.

⑨ 리궁(정남) 또는 9자 회좌 방위
- 선견지명의 능력이 향상되고 명예가 높아진다.
- 전문지식이 깊고 넓어진다.
- 정신력 및 결단력이 크게 향상된다.
- 관청과 관련하여 큰 혜택을 입게 된다.
- 남보다 앞선 좋은 아이디어가 떠올라 득을 본다.
- 증권 투자로 큰 이익을 얻게 된다.
- 혈색, 눈병, 정신 질환 등이 좋아진다.

길한 방위로 움직이면 생기는 일

손궁 - 4록	리궁 - 9자	곤궁 - 2흑
교제가 넓어짐 신용회복, 인기 상승 먼거리 무역 크게 성공 매사가 잘 매듭지어짐 좋은 혼담으로 결실 아랫사람으로 인한 혜택	선견지명, 명예 높아짐 전문 지식이 인정받음 정신력, 결단력 향상 관청 일로 큰 혜택 앞선 '아이디어'로 이득 증권투자 큰 이익 혈색, 정신질환 호전	부지런해짐, 거래 확대 손위 여성, 토지에 관하여 좋은 인연 바라던 취업이 됨 친구가 많아짐, 절약정신 저가품이나, 대중 상대하는 업종은 크게 발전
진궁 - 3벽	**중궁 - 5황**	**태궁 - 7적**
인기 상승, 유명인사 됨 적극 발랄한 성격이 됨 발전할 기회가 오고 사업이 크게 성장 젊은 남자(청년)의 도움 아랫사람과의 관계회복으로 이익이 생김	없음	젊은 이성과 좋은 인연 화술로 사교가 잘 됨 현금수입증가로 즐거움 미혼 남녀에게는 연애운 활기 넘침
간궁(艮宮) - 8백	**감궁 - 1백**	**건궁 - 6백**
건물, 임야 재산 늘어남 집안 친척의 후원받음 저축을 하게 됨 막혔던 일 해결 집안 일이 원활해짐 상속인이 태어남 유산분배	새로운 일이 시작됨 뒤에 일이 성과를 거둠 교제 확대 혈액순환이 잘 됨 정력이 왕성해짐 불임 치료로 임신가능	독립정신 강해짐 신규사업 투자로 성공 최고로 인정받음 승부운이 좋아짐 윗사람의 후원과 인정 근면 실천력이 강해짐

6. 흉한 방위로 동한 경우의 영향

① 감궁(정북) 또는 1백 회좌 방위

- 새로운 일에 손대어 큰 낭패를 본다.
- 비밀 정사 관계가 폭로된다.
- 색정으로 어려운 처지에 빠진다.
- 건강이 악화되고 성병과 질병으로 고생한다.
- 임신부는 유산하게 된다.

② 곤궁(서남) 또는 2흑 회좌 방위

- 성격상 몹시 게을러진다.
- 부동산 건으로 큰 손해를 본다.
- 처, 모, 노파 등으로 인해 손해 볼 일이 생겨난다.
- 비만 체질로 변해간다. 위장병을 얻는다.

③ 진궁(정동) 또는 3벽 회좌 방위

- 사기 또는 구설의 분규가 야기된다.
- 새로운 직업에서 큰 낭패를 본다.
- 젊은 부하 때문에 손해와 망신을 당한다.
- 실없는 소리를 듣게 되고 미움 받는다.
- 신경통 및 간 질환 등이 악화된다.

④ 손궁(동남) 또는 4록 회좌 방위

- 신용은 추락하고 사업에 실패한다.

- 지방 및 해외 거래상 큰 낭패를 본다.
- 영업 실패로 가족과 종업원 등에게 부담을 주게 된다.
- 독감·감염 또는 만성 위장질환이 악화된다.
- 심한 경우 여행 중 객사 등의 흉변사가 있다.

⑤ 5황(중앙) 회좌 방위

- 원인 불명의 난치병에 걸린다.
- 환자의 아픈 신체 부위는 동한 방위의 의미로 판별한다.
- 완치됐던 질환이 재발한다.
- 마약을 상습적으로 복용한다.
- 가난해지고 거지 신세로 전락한다.
- 화상 입은 자리가 곪거나, 화재를 당한다.
- 무기력해지고 정신상태가 온전치 못해 변태적인 성향을 드러낸다.

⑥ 건궁(서북) 또는 6백 회좌 방위

- 신규, 확장 등 맡은 사업에 실패한다.
- 경찰 또는 세무서 관련 관재구설수가 발생한다.
- 투기 도박에 손대어 패가망신한다.
- 반항적이고 싸움꾼같은 성격이 된다.
- 큰 부상을 당하거나 교통사고의 위험이 있다.
- 두뇌 질병(치매 등)에 걸린다.
- 자녀가 문제아가 되어 속을 썩인다.

⑦ 태궁(정서) 또는 7적 회좌 방위

- 색정의 재난을 자초하게 되고 가정의 평화가 깨진다.
- 젊은 여자 때문에 괴로운 일이 생겨난다.
- 현금의 큰 손실이 반복하여 일어난다.
- 무심코 한 말이 남의 미움을 사고 시비거리가 된다.
- 남의 감언이설에 속아 큰 낭패를 본다.
- 입, 입안, 폐 또는 식중독의 질환이 발생하고, 칼 등의 쇠붙이로 인한 재난을 당하기 쉽다.

⑧ 간궁(동북) 또는 8백 회좌 방위

- 재산상실, 가운쇠퇴, 가정불화 등이 파생된다.
- 가족끼리 항상 마찰이 일어나고 집안 친척 간에 절교한다.
- 하는 사업이 정체된다. 확정된 상속이 무효화 된다.
- 지나치게 욕심을 부려 주변의 미움을 산다.
- 신구(新舊)의 교체로 큰 손해를 본다. 관절염 또는 허파의 질환이 발생하고, 별일 아닌 일로 크게 몸을 다친다.

⑨ 리궁(정남) 또는 9자 회좌 방위

- 숨겨왔던 비밀이 폭로되어 명예가 실추된다. 이것이 범죄 행위였을 경우 감옥에 가게 된다.
- 문서, 인감, 증서, 증원에 관한 손재수가 따른다.
- 생사별의 운이 따르고 가족들이 떨어져 살게 된다.
- 눈병 또는 정신이상 등이 발생하고 술 중독 등이 심해진다.
- 부부 이별수 있고, 판단 착오로 큰 손실을 본다.

2장. 흉살의 방위로 움직여 받는 재난

1. 5황살의 방위로 움직인 경우

① **5황살의 흉작용은 4부의 2장(119쪽)을 참조하라.**
- 해당 방위의 흉한 기운이 몸속에 숨어들어 잠재하고 있다가 나타나는 시점에 갑자기 흉하게 발현된다. 흉기가 나타나는 시점에서는 이미 늦어 고치기 어렵다.
5황살 방위의 재앙은 스스로 초래한 것으로 본인이 당하는 것이다.
- 해당년 또는 해당월에 5황살 방위로 어떠한 이유로든 동하면, 자기 자신의 부주의나 시행착오가 원인이 되어 실패·도산·화난(火難)을 초래하거나 질병 등이 나타난다. 그것이 무거우면 가장의 사망, 가벼우면 가족에게 재난이 일어난다.
동(動)하는 이유는 이사, 철수(장기간 외지에 있다 돌아옴), 출장, 여행, 혼인, 부동산의 구입, 동토(動土:주택, 대지의 손질), 장기 입원 등이다.
- 재난의 발현 시기는 5황 중궁의 년, 월, 일에 나타난다.
- 5황이 중궁에 자리한 때(년, 월, 일)에는 자기 집의 중앙에 5황이 의미하는 작용이 일어나므로, 주택의 개조, 지붕이나 천장의 손질, 하수도 수리를 하지 않는 것이 좋다.
- 중궁 5황은 8방위 모두에 강한 힘을 행사하고 있어, 이 시기에는 이사, 결혼, 전직, 전업 등 외부로 나타나는 행동을 하지

말고, 휴식을 취하거나 장래에 대한 계획을 세우거나, 연구·독서 등 조용한 몸가짐을 하는 것이 현명하다. 5황 중궁 시 새로운 일의 시작은 나중에 그 행동의 내용이나 목표가 흉작용으로 변질된다.
- 5황 중궁 년에는 지구가 시끄럽다. 대 재난이 일어난다. 토왕(土旺)기에는 더 강력하다. 세계대전, 대공황, 대지진, 6·25도 5황년에 발생했다. 박정희 대통령은 5황일에 결혼했는데, 그 여파로 처인 육영수 여사가 총에 맞아 죽는 등 이별·사별 수가 많았다.

② 리궁 5황(중궁 1백)시 남방으로 움직이면
- 부정 사건이 들통나 화를 당함(관재)
- 소송사건 생김(법률 문제)
- 명예가 손상됨.
- 관찰, 인식, 생각 등에서 착오가 발생하여 사소한 실패와 시행착오를 연발.
- 불로 인한 재난의 위험이 있음.
- 안질, 심장병, 유방암 등이 발생할 수 있는 흉한 기운이 있음

9	5	7
8	1	3
4	6암	2

③ 간궁 5황(2흑 중궁)시 동북방으로 움직이면
- 친한 사람에게 재산을 빼앗김

1	6	8암
9	2	4
5	7	3

- 후계자, 상속인 등의 신상에 이변(사망 등) 후손이 없어 대가 끊김.
- 직업상의 장애(실직, 좌천, 강등 등)
- 상속재산으로 인한 분쟁, 집안 친척 간에 다툼이 일어남
- 뼈(허리, 코) 관련 질환 생김

④ 태궁 5황(3벽 중궁)시 서방으로 움직이면

- 현금(돈)거래에 나쁜 기운 받음(돈이 탕진 되거나 곤궁에 빠지며, 수금이 막히고 돈 빌릴 일만 생겨남, 사업상 수입 막히고 자금난 심화 등)

2	7	9
1암	3	5
6	8	4

- 유흥·오락에 빠져 망신살 또는 언쟁이 격화되어 살상사건으로 발전
- 이성 관계로 큰 손해 봄
- 수술이 잘못되어 생명이 위험해짐
- 재기불능의 큰 재산을 도난, 사기 당함
- 폐, 구강 등에 암 발생에 관한 기운 받음

⑤ 건궁 5황(4록 중궁)시 서북방으로 움직이면

- 손위(부모, 상사)사람과의 불화와 반목, 또는 후원자를 잃게 됨
- 분수 넘치는 큰일에 손 대 실패함
- 경기 폭락으로 곤경에 빠짐

3암	8	1
2	4	6
7	9	5

- 투기, 도박에 빠져 패가망신함
- 권위, 권리를 상실케 하는 기 받음
- 머리 또는 호흡기 질환의 발생 기 받음
- 교통사고의 원인이 됨

⑥ 손궁 5황(중궁 6백)시 동남방으로 움직이면

- 배우자(남녀간 결합의 상태)와의 관계가 깨짐(사별, 이혼, 파혼, 결별 등)
- 신용을 기반으로 한 명예나 공로 등이 실추, 실업·파산 등이 야기됨.
- 도로, 여행(철도, 항공 등)과 관련된 재난이 발생.
- 추진하던 일도 끝맺지 못하고 미결사만 증가, 또는 계약·약속 사항이 깨어짐.
- 간장(肝臟) 계통의 질환이 생김.

5	1	3
4	6	8
9	2	7암

⑦ 진궁 5황(7적 중궁)시 동방으로 움직이면

- 갑자기 사업이 부진해지거나 발전이 멈춘다.
- 부하 또는 장남이 실망과 고민거리를 만들어냄
- 목적하는 바가 꼬이고, 구설수의 재난이 일어날 수 있음
- 화난(火難), 교통사고 등의 위험이 생김

6	2	4
5	7	9암
1	3	8

- 체력과 활동력이 약화됨
- 간경화, 간암이 생길 수 있음

⑧ 곤궁 5황(중궁 8백)시 서남방으로 움직이면

- 단란했던 가정에 풍파가 생김
- 소득, 근로 등에 장애가 발생(실업, 도산, 폐업 등)
- 부동산 건으로 고심하게 됨
- 소화기 계통의 질환(위, 장의 암 등) 발생의 기를 받음

7	3	5
6	8	1
2암	4	9

⑨ 감궁 5황(9자 중궁)시 북방으로 움직이면

- 나쁜 사람과 인연이 되어 도난이나 피해를 봄
- 불륜의 정사(남녀관계)로 고통 받음
- 신병 발생으로 재기불능에 빠짐
- 생식기관 질환(성병 등), 혈액 등에 악성질환의 기 받음

8	4암	6
7	9	2
3	5	1

2. 암검살 방위로 움직인 경우

해당년이나 해당월에 여행, 이사, 전근 등 암검살 방위로 움직였을 때 발생된다.

① **감궁에 암검살과 6백금성 동회(1백 중궁)시 북방으로 움직이면**

감궁은 그 자체로도 흉하고 쇠한 운기이다. 감궁에 암검살은 흉기가 더 강하다. 겨울에 쉬는 운이라 그렇다.

- 나타나는 재난 : 야밤중에 강도 침입, 남녀관계로의 가정파괴(6백에 암검살은 꽃뱀 등에게 이용당하여 가정 파탄의 의미), 교통사고(6백은 자동차, 굴러다니는 차, 쉬지 않고 움직이는 것), 자녀에 대한 재난 등이 나타난다. 모든 어두운 병, 머리, 안면, 신장, 성 기관, 난산, 우울증 등이 나타난다.

9	5	7
8	1	3
4	6암	2

- 발현 시기
6백이 중궁에 자리하는 5년, 5개월째
본명성이 감궁에 자리하는 년, 월

② **곤궁에 암검살과 8백토성 동회(2흑 중궁)시 서남방으로 움직이면**

- 나타나는 재난 : 강도는 침입 당시에는 순해 보이다가 인명 살상으로 급변 거처나 부동산에 대한 재난은 지연되어

1	6	8암
9	2	4
5	7	3

일어난다.

병은 신장, 부인병, 종기(악성), 우측 팔에 나타난다.

- 발현 시기

8백이 중궁에 자리하는 4년, 4개월째

본명성이 곤궁에 드는 년 월

③ 진궁에 암검살과 1백수성 동회(3벽 중궁)시 동방으로 움직이면

- 나타나는 재난 : 강도를 당하지만 몸의 부상은 경미함(생명에 지장 없는 정도). 장남에 대한 재난. 벼락, 폭우의 재난이 돌발적으로 일어남. (진궁 : 깜짝 놀랄 일 발생). 우울증, 간경화, 신경계, 노이로제, 귀, 왼쪽 발 등에 병이 생긴다.

2	7	9
1암	3	5
6	8	4

- 발현 시기

1백이 중궁에 자리하는 3년, 3개월째

본명성이 진궁에 드는 년, 월

1998년 戊寅 2흑 : 폭우로 인한 다수의 사상자의 발생은 방재받은 결과이다.

④ 손궁에 암검살과 3벽목성 동회(4록 중궁)시 동남방으로 움직이면

- 나타나는 재난 : 진궁과 비슷한 재난(젊은이가 받는 재난), 갑자기 발생, 상거래상의 돌발적 큰 손해, 발작적 감기,

3암	8	1
2	4	6
7	9	5

심한 독감 등 인후병이 나타난다.
- 발현 시기

  3벽이 중궁에 자리하는 2년, 2개월째

  본명성이 손궁에 드는 년, 월

⑤ **건궁에 암검살과 7적금성 동회시(6백 중궁) 서북방으로 움직이면**

- 나타나는 재난 : 7적금성은 칼 또는 현금, 건궁은 주인의 자리이다. 즉 흉기(칼의 강도)에 의한 재난(財難)으로 주로 집안 어른에게 닥친다. 신체로는 폐(肺), 오른쪽 다리, 뇌 등의 부상이다.

5	1	3
4	6	8
9	2	7암

- 발현 시기 : 현상이 발생하는 시기(년, 월)는 암검살 방위궁에 동회한 구성이 중궁에 자리할 때(년, 월) 즉 7적이 중궁에 자리하는 시기로서 9년째나 9개월째이다. 해당인의 본명성이 건궁에 자리하는 년, 월에 발현한다.

  예) 이때에 건방위(서북)로 이사하면 9년째인 7적이 중궁에 자리하는 해에 완전히 재산을 잃기 쉽다.

⑥ **태궁에 암검살과 9자화성 동회(7적 중궁)시 서방으로 움직이면**

- 나타나는 재난 : 혼담, 이성(異性)이 원인인 사기, 피해. 흉기 든 도적에 의한 큰 상해 등 무서운 재난을 당한다.

  질병은 중풍, 심장, 폐, 치아 및 딸의 발

6	2	4
5	7	9암
1	3	8

병이다. 해질녘에 고열이 나면 정신이상이 생길 수 있다.
- 발현 시기

  9자화성이 중궁에 드는 8년째나 8개월째

  본명성이 태궁에 자리하는 년, 월

  예) 이때 태방위(정서방)로 이사하면, 이사를 간 사람의 본명성이 태궁에 자리할 때 가장 심하게 흉작용이 나타난다(쌓여왔던 나쁜 기가 이때에 발현된다)

⑦ 간궁에 암검살과 2흑토성 동회(8백 중궁)시 동북방으로 움직이면 동토난다. 가장 두려운 방위이다.

- 나타나는 재난 : 상속, 토지, 부동산에 관련된 재해. 높은 곳에서의 추락, 변화 등 가벼운 듯하면서 큰 방재를 받는다. 몸에 생기는 병은 위장, 발, 허리, 비장, 왼쪽 발에 해당된다.

7	3	5
6	8	1
2암	4	9

- 발현 시기

  2흑이 중궁에 자리하는 7년째나 7개월째.

  본명성이 간궁에 자리하는 년, 월

⑧ 리궁에 암검살과 4록목성 동회(9자 중궁)시 남방으로 움직이면

- 나타나는 재난 : 문서, 송사, 관청 등의 공적인 어려움과 부모, 웃어른에 대한 재난 등이 빠른 속도로 일어난다. 눈,

8	4암	6
7	9	2
3	5	1

뇌(정신이상), 높은 곳에서의 추락 등의 재난이 일어난다.
- 발현 시기
  4록이 중궁에 자리하는 6년, 6개월째
  본명성이 리궁에 자리하는 년 월

* 무의식적으로 계속 암검살 방위를 다니면 흉한 기운이 쌓이게 되고, 발현 시기가 오면 그때 바로 발현된다.

⑨ **본명성 8백 여성이 1998년(무인 2흑)이 되었을 때**

1	6	8암파
9	2무인	4
5	7	3

- 8백토성 본명성에 암검살과 곤궁 파살이 겹쳤다.
- 남편과 부모 사이에 풍파가 있어 죽다 살았다.
- 남편은 대마초 중독자였다.
- 암검살 : 본인에게 흉한 작용.
- 파살 : 궁을 나쁘게 한다.

* 암검살 : 자신에게는 아무 잘못이 없다. 있다면 과거에 암검살 방위로 이동한 것 뿐이다. 도로에서 자신은 정당하게 차선을 준수하고 가는데, 타인이 위반하여 돌발사고가 일어난 셈이다.

3. 파살의 방위로 움직인 경우

① 파는 년·월·일·시의 4종이 있다.
② 중궁의 12지지가 충(沖)하는 방위이다.
③ 5황살과 대충되어 대흉작용을 일으키는 암검살과 같이 타동적으로 흉재의 작용을 한다.
④ 암검살과 다른 점은 일어나는 일이 밖으로 드러나지 않고, 속에 숨어 있으면서 내부적으로 파괴 작용을 하는 것이다.
⑤ 특히 '파살' 해당 궁의 의미에 흉변 작용이 더 크고, 회좌성의 의미에 흉변도 수반된다. 흉 작용이 타의에 의한 것이면서 내면적으로 파괴시키는 것이다.
⑥ 파살의 흉 작용은 세파(년)가 가장 크고, 월파는 세파(년)에 비해 그 정도가 덜하다.
⑦ '일파'는 고전적 원론에서는 사소하게 다루어져 왔으나, 각종 문명의 발달한 현대에 와서는, 아주 흉하게 작용한다.

- 본명 일파살 : 당일의 구성반에서 본명성 궁에 파가 있는 경우 당사자는 당일의 모든 일이 "재수 옴 붙은 날"이 된다.
  교통사고로 다치거나 죽고, 강도 살인범이 현장 체포당하거나, 업무상 중대한 과실로 인한 피해 등 사건 사고의 주인공이 된다.
  본인이 이 방위로 당일 움직이면 흉재 현상이 즉각 나타난다.
- 일파살
  누구나 하루를 보내는 중에 본인 의지로 일파살 방위로 행동하면 흉재의 원인이 된다.

2000년 9월 1일 임술일 5.

4파	9	2
3	5임술	7
8	1	6

- 현대에는 일파가 강력히 작용한다.
- 본명 일파살 : 더욱 크게 받는다.
- 본명성 4록인이 손방으로 운전 : 교통사고 위험이 크다.
- 기타 본명성인도 손방으로 동하면 흉작용을 받는다.
- 대부분의 사건 사고는 대개 일파살 방위로 동한 결과이다.
  : 일본의 여류학자 주장.
- 그해 손방이 길방위라도 무관하며 그날 그날 받는 것이다.

4. 본명살의 방위로 움직인 경우

본명살(本命殺) 방위 : 자신의 본명성이 자리한 방위
- 자신의 본명성이 자리한 방위를 범하는 때에, 그 본명성의 상생 상극의 활동이 불가능해지는 것이 이 살의 본성이다.
- 자신의 기(氣), 즉 특성을 충분히 발휘하지 못하고, 자신의 불원활과 불완전으로 매사에 지장을 일으키고 실패한다.
- 또는 건강을 해쳐 때로는 생명의 위협까지 일으키는 중흉(中凶)의 방위이다.
- 본명살 방위로 동한 궁의 의미에 흉재 작용이 강력하게 나타난다.

예) 1999년 기묘(己卯)년의 본명살 방위궁의 "흉살의 작용"

9	5	7
8	1기묘	3파
4	6암	2

- 본명성 9자화성인(손궁 방위가 본명살 방위임)
  그 방위로 움직였을 때 그 궁의 의미가 흉해진다.
  ㉠ 매사에 일의 완성을 눈앞에 두고 내부적으로 균열과 결함이 생겨나 완성(수습 정리)치 못하고 결국에는 실패로 돌아간다.
  ㉡ 사회적 신망을 자신이 떨어뜨린다.

ⓒ 거래, 상담, 교제 등의 관계에서 수치스러운 소문이 퍼지고 영업이 쇠퇴한다.
　　ⓔ 혼담은 시끄러운 문제가 일어나 성사되지 않는 일이 거듭된다.

- 본명성 8백인(진궁 방위가 본명살 방위임)
　　㉠ 과거에 좋지 못해서 꺼리고 있었던 사건이 재발한다.
　　ⓒ 비밀이 폭로되어 크게 놀라든가, 범행자는 감옥에 가게 된다. 뇌물 받은 공직자는 파면 구속 감옥행 등으로 나타난다.
　　ⓒ 친한 사이에 소동이 일어나 불의의 사태 발생으로 '구설'이 생기고 경거망동하게 되어 실패한다.
　　ⓔ 새로운 일 사업 등에 착수하여 큰 실패를 자초한다.

- 본명성 3벽인(태궁 방위가 본명살 방위임)
　　태궁의 의미가 모두 흉하게 나타난다. 기묘년에는 세파의 흉살과 중복되어 흉한 의미가 더욱 강하다.
　　㉠ 유흥에 빠지고 싶은 마음과 게으름이 심해져 쓸데없는 낭비와 주색 때문에 경제면에서 적자가 증가함.
　　ⓒ 색정에서 큰 낭패 당하여 쇠락의 길을 걷는다.
　　ⓒ 부채(負債)가 증가하여 파산의 지경에 이름.
　　ⓔ 유흥을 즐기려고 하면 그곳에서 구설과 싸움이 반복됨.
* 태궁에 본명성이 위치하면 색정문제로 부부간 파탄, 젊은 여자와의 색정 유흥이 일어난다.

예) 경진(2000) 9자화성년의 본명성 6백금성인의 운세

8	4암 초대흉	6본명살 중흉
7	9경진	2
3적살 중흉	5 대흉	1파 흉

- 5황살, 암검살, 파살, 본명살, 본명적살을 뺀 방위가 길하다.
- 길방위인 손궁의 8백토성 회좌와, 진궁의 7적금성 회좌, 태궁의 2흑토성 회좌 중에서, 회좌한 구성과 본명성인 6백금성과의 상생 상극으로 길 방위를 찾는다.
- 본명성인 6백금성이 기준이 된다.
- 2흑토성과 8백토성은 토생금으로 생기(生氣)가 된다.
- 7적금성과는 금대금으로 비화(比和)가 된다.

　　　　상생(相生)　생기(生氣) 1등 길
　　　　　　　　　비화(比和) 2등 길
　　　　　　　　　퇴기(退氣) 3등 길

* 본명성이 중궁에 있으면 본명살과 적살은 없다.
* 어떤 일로 방문했는지를 볼 때는 그날의 일반을 놓고 온 사람의 본명성이 자리한 궁을 흉의(凶意)로 해석한다.
* 본명살과 적살은 매일의 행동에는 큰 영향을 주지 못한다.

5. 본명적살의 방위로 움직인 경우

① 본명적살의 방위는 본명성이 자리한 궁의 반대편 방위로, 5황과 암검이 서로 반대인 것과 같다.
② 적살的殺의 '적的'은 사격 시의 표적을 의미한다. 즉, 본명성을 향해 '쏜다.'는 것이다.
③ 이 방위로 움직이면 본명성이 적살(的殺)의 작용을 정면에서 받으므로 본명성을 '파충(破沖)'시킨다.
④ 즉 자신의 본명성의 특성이 악화되어, 매사에 지나치거나 너무 부족하여 과민하게 반응하므로, 결국 실패를 초래하고 후회하게 된다.
⑤ 또는 '자신의 과잉 반응' 때문에 착오를 일으켜 사업과 가정에 재앙을 가져오는 방위이다.
⑥ 적살 방위는 해당 궁과 회좌성에도 흉변 작용이 나타난다.

6. 9궁의 흉살 작용

손궁 - 4록	리궁 - 9자	곤궁 - 2흑
신용 추락, 사업 실패 먼 곳에서 거래 큰 낭패 가족, 부하에게 부담 줌 감기, 대장 소장 질환 심하면 여행 중 객사 부부싸움, 이별, 약혼 중 파혼, 형사문제	비밀 폭로로 명예가 실추 범죄라면 감옥가게 됨 문서, 인감, 증서, 증권에 판단착오로 큰 손실 가족이 흩어짐, 부부이별 눈병, 정신이상 발생 화재, 재난 따름	게을러짐, 실업자 됨. 부동산으로 큰 손해 처, 어머니 등으로 손해 비만이 되거나 위장병 완치병의 재발 강도의 피해
진궁 - 3벽	중궁 - 5황	태궁 - 7적
사기, 구설, 분규 생김 새로운 직업에서 큰 낭패 아랫사람으로 인한 망신 대중들로부터 외면 신경통, 간질환 악화 자신도 나쁜 일을 함 나쁜 일 계속적인 발생.	원인불명의 난치병 완치된 질환이 재발함 마약중독자가 됨 거지신세로 전락함 화상이 곪거나 화재 생김 무기력, 정신력 약화 변태적 성격으로 변함.	가정의 평화깨짐 젊은 여자로 괴로운 일 현금의 큰 손실이 반복 말로 인해 미움을 삼 감언이설에 속아 큰 낭패 구강, 폐, 식중독 질환 수술, 쇠로 인한 재난
艮宮 - 8백	감궁 - 1백	건궁 - 6백
재산상실, 가운쇠퇴 가정불화, 친척과 절교, 사업정체, 상속의 무효화 지나친 욕심으로 미움 삼 新, 舊의 교체로 큰 손해 관절염, 허리질환 발생 사소한 일로 몸을 다침	새로운 일에 손대어 낭패 정사관계가 폭로됨 색정으로 어려운 처지 건강이 악화 성병과 질병으로 고생 임산부는 유산	확장으로 손해, 사업실패 세무관련 관재구설 투기, 도박으로 패가망신 큰부상, 교통사고 위험 머리(치매) 질병에 걸림 자녀가 속을 썩임 형사 사건으로 구속

9부. 취기 개운법

1장. 기氣와 그 방위의 영향력　　280
2장. 목적별 취기　　284
3장. 취기효과의 발현시기　　288
4장. 취기의 시기와 그 방위　　291
5장. 목적지 선정　　301
6장. 오행별 취기의 요점　　303
7장. 기타 개운법　　317

취기(取氣)는 운명을 개선하는 묘법이다. 취기란 기운을 취득한다는 의미로, 좋은 방위를 찾고 그 방위로 가서, 그곳에 모여 있는 좋은 기운을 취득함으로써 자신의 운명에 도움이 되도록 개선하는 방법을 의미한다.

우주의 근본은 기(氣)라 할 수 있다. 그 기가 실체화된 것이 지구상의 만물이다. 인간 역시 만물 중의 하나로 우주의 기가 가장 완벽하게 실체화된 소우주라 하겠다. 고대로부터 이어져 내려온 동양철학인 음양오행 및 하도 낙서 등의 기본원리는 우주를 해명하고자 한 것이다. 우주의 원리를 기(氣)로 인식하고, 그 기가 변화하는 법칙을 아는 것이 동양철학의 원리이다.

기(氣)에는 음과 양의 양면성이 있다. 기는 인간사의 경우 양으로 작용할 때는 길이나 복으로 나타나고, 음으로 나타날 때는 흉이나 재앙으로 나타나게 된다. 따라서 생과 사도 시작은 같은 기에서 비롯된 것이라 하겠다. 인간의 운명을 좌우하는 기의 운행법칙을 규명하는 것이 구성학이다.

1장. 기氣와 그 방위의 영향력

1. 움직임의 영향력(행동의 방향)

지구상의 만물은 모두 흙(土)을 기본 모체로 하여 태어난다. 인간도 지구상의 생명체 중 하나이며, 출생부터 사망할 때까지의 삶의 과정에서 끊임없이 움직이게 된다. 삶이 곧 움직임이라는 것이다.

이때 움직이는 방위는 어떻게 될까? 생명은 무의식 중에 토기운의 흉살방위로 움직이게 된다. 그 이유는 지구가 모든 생물을 죽이고 부패시켜 땅으로 다시 환원시키려 하기 때문이다. 흉살과 상극의 작용을 하는 기가, 서로 돕거나 상생의 작용을 하는 기보다 생명체를 끌어당기는 흡인력이 더 강한 것이다. 따라서 서로 돕고 생해주는 상생의 방위보다는 서로 극하는 살기(殺氣) 및 사기(死氣)의 방위로 움직이게 만드는 것이다.

부패 및 환원 작용을 하는 토기운을 다시 설명하면, 유한한 인간 등의 생명체를 무한한 우주 본연인 기로 환원시켜 땅으로 되돌리려는 귀소본능이라 할 수 있다.

종교적으로는 불교에서 말하는 극락 또는 열반이나, 기독교의 천당 등을 향해 움직이는 우주의 잠재의식 같은 것이다. 따라서 무의식적인 행동은 자신도 모르게 흉(凶), 살(殺), 사(死), 극(剋)의 방향으로 움직인다. 반대로 의식적으로 자신에게 좋은 방위를 찾아 움직이면 자신의 몸에 좋은 기운이 쌓여간다. 이것이 취기법의 기본적 이론이다. 실례를 든다면 다음과 같다.

* 가출인이나 강도, 뺑소니 등이 도망가는 방위는 본명살 방위가 가장 많고, 본명적살 방위가 그 다음이다.
* 생기 방위보다 사기나 살기 방위가 더욱 강하게 끌어들여 그 방위 쪽으로 행동하게 만든다.
* 거주하는 주택에서도 현관이나 대문의 방위가 흉한 방위면 출입하는 행동 자체만으로도 흉기를 지속적으로 쌓아간다고 본다.

2. 질병의 발생원인

현대의 발달된 의학으로도 전체 질병의 30%정도만 치료가 가능하며, 나머지 70%는 그 발병원인을 제대로 알지 못하여 치료하기가 어렵다고 한다.

우리나라에서도 연간 수천명 이상 발병하는 여러 종류의 암을 비롯하여 각종의 난치병의 발병요인을 명확히 규명치 못하고 있는 실정이다.

난치병 발생의 주된 원인을 구성학에서는 흉살기 방위로의 반복된 움직임을 통해 해당 질병의 나쁜 기가 몸에 누적된 것으로 본다.

또한 흉살기 방위로의 반복된 움직임은 거주하는 주택 내에서도 발생될 수 있다. 이것은 반복적으로 자극을 주거나, 주기적으로 방사선에 쪼여진 인체 부위에서 암이 발생한다고 현대의학이 규명한 원리와 같은 것이다.

또한 각종 사고사에 휘말리는 원인도 본인의 삶의 과정에서, 움직이는 방위에 따라 발생된 나쁜 기운을 몸에 누적하고 있다가, 사고가 발생되는 때에, 그 장소에 본인이 위치함으로써 발생된다고 이해하고 있다.

즉

㉠ 본인의 체내에 누적된 흉기와

㉡ 그 흉기와 관련된 사고발생의 시간과

㉢ 그에 관련된 장소에 위치함의 3요소가 일치될 때에 발생하는 것으로 이해된다.

또한 자살 사건도 같은 이치로 설명할 수 있다. 이사를 잘못 가거나 주택에서의 잘못된 증개축 수리 등으로 동토(動土)의 기를 받아, 일가가 실패하거나 가족 중에 난치병이 발생하는 경우는 방위에서 받는 흉기의 작용이라 하겠다.

3. 취기의 이해

위의 내용으로 볼 때 기(氣)는 음양의 양면성을 가지므로, 좋은 기운을 받는 길한 방위로 의도적으로 움직일 때에는 여러 면으로 길한 작용을 받을 수 있는 것이다.

구성학을 응용한 많은 분야 중에서도, 기의 순환의 원리인 방위학을 연구하여, 취기법을 활용하여 각 개인의 운명개선이나 난치병의 치료 등의 효과를 얻을 수 있으니 중요하다.

취기란
- 각 개인별로 좋은 방위를 미리 파악하고
- 의도적으로 자신에게 좋은 시간대에 좋은 방위로 움직여
- 그 장소에서의 좋은 상생의 기운을 자신의 몸에 직접적으로 받음으로서 운명을 개선하고자 하는 것이다.
- 또한 추가적으로 해당 장소에 있는 오행 상의 상징적 자연물인 생명수나 깨끗한 흙, 나무 또는 돌 등을 가져와서 그 내재된 기를 취득하고 활용함으로써 자신의 운명을 개선하고자 하는 것이다.

2장. 목적별 취기

1. 질병 치료가 목적인 경우

　인체의 의미가 구궁과 구성의 8방위별로 구분되어 있다. 따라서 해당 질병에 효과가 있는 방위 선정이 중요하다.
　질병치유에 가장 효험이 있는 것은 수기법(물을 마시는 것)이고, 토기법(土氣法)이 그 다음으로 효과가 있다.
　인체의 8방위별 의미를 간략하게 나타내면
　간, 쓸개는 진궁방위와 3벽목성 회좌의 방위이며,
　관절염, 요통은 간궁방위와 8백토성 회좌의 방위이며,
　위, 비장은 곤궁과 2흑토성 회좌 방위이고,
　폐, 대장은 태궁과 7적금성 회좌방위,
　큰 뼈의 골절은 건궁과 6백금성 회좌방위,
　자궁, 생식기는 감궁과 1백수성 회좌방위,
　감기나 전염병은 손궁과 4록목성 회좌방위,
　뇌, 머리는 리궁과 9자화성 회좌방위이다.

손궁/4록 감기, 전염병, 대장 소장	이궁/9자 뇌, 머리	곤궁/2흑 위, 비장
진궁/3목 간, 쓸개	중궁 오장육부의 병	태궁/7적 폐, 대장
간궁/8백 관절염, 요통	감궁/1백 자궁, 생식기	건궁/6백 큰 뼈의 골절

2. 사업의 발전이 목적인 경우

해당 업종에 부합하면서 또한 희망하는 내용에 적합한 8방위와 회좌한 구성을 살펴 효과가 있는 방위를 선정하는 것이 중요하다.

도산을 방지하거나 자금회전을 원활히 하도록 하는 방위는 태궁방위 또는 7적금성이 회좌한 방위이다. 실제로 부도 직전에 몰린 사장이 7적금성 회좌방위를 선정하여 계속적으로 취기 하였더니 부도가 해결된 사례가 있다.

고객을 증가시키고 사업이 잘되도록 하는 방위로는, 서민 대중 상대의 사업은 곤궁과 2흑토성이 회좌한 방위이고, 상류층의 고급 손님 위주의 사업은 건궁과 6백금성이 회좌한 방위이며, 일반적 거래의 번창의 기(氣)는 손궁과 4록목성이 회좌한 방위이다.

3. 희망사항의 성취가 목적인 경우

① 결혼에 좋은 방위
- 남녀의 중매 등 인연이 맺어지는 곳은 손궁, 4록목성 회좌방위.
- 남녀가 만나서 즐거운 연애궁인 태궁, 7적금성 회좌방위.
  예) 장가 못간 노총각이 7적금성 회좌방위로만 움직이면 장가간다 하였더니, 실제로 움직였고 그 결과로 장가가게 되었다.
- 남녀의 육체적 접촉의 기(氣)인 감궁, 1백수성 회좌방위.
  이 방위는 임신과 출산을 가능케 하는 기운도 강하다.

> 따라서 이 방위로 취기 한다면, 연애하여 미리 살림 차리고 살다가, 애기 낳고 나중에 결혼식 하는 경우도 많다.

② 입학, 송사, 재판 사건 등에 도움 받는 방위
- 리궁, 9자화성 회좌방위가 좋다.
- 진궁, 3벽목성 회좌방위도 좋은데, 이 방위는 부정한 방법을 쓸 경우 자신의 잘못도 드러나 패소하는 경우도 있다.

③ 취직, 취업 등의 길한 방위
- 곤궁, 2흑토성 회좌방위와
- 손궁, 4록목성 회좌 방위이며, 세부 내용에 따라 다르게 구분될 수도 있다.

④ 현재 불운에 시달리고 있는 사람도 취기 시행으로 순탄한 운으로 전환될 수 있다.

4. 예방 취기

장래에 다가올 흉운을 미리 취기함으로써 예방할 수 있다.
① 공망 기간의 흉작용을 예방하기 위한 취기로써 공망이 오기 전에 미리 취기한다.
② 본명성이 간궁에 회좌하면 변화운이므로 흉운으로 변화되기 쉽

다. 따라서 간궁에 오기 전에 미리 취기를 시행하여 흉운으로의 변화를 길운으로의 변화로 바꾸기 위한 취기이다.
③ 본명성이 감궁에 회좌하기에 앞서 미리 취기하여 그 극쇠운과 깊은 동면기에 처하는 시기를 평온하게 무사히 지내기 위한 취기이다.
④ 다음 해년에 간궁(운명변화), 건궁(신분도약)이면 올해 취기를 행한다.

5. 운로의 음, 양기별 구분

매사가 안 되면 음운기(陰運期) : 활동이 저지된다.
　　　　음운기는 5황, 암, 파, 감궁, 중궁, 간궁이다.
매사가 잘 되면 양운기(陽運期) : 활동하여야 한다.
① 음운기 중에는 모든 일에 적극적으로 행동하면 장애가 일어나고 실패하게 된다. 그러나 이 시기에 미래를 대비하여 자기 연마나 수행, 기도, 연구 및 취기를 한다면 좋은 효과를 본다.
② 양운기 중에는 적극적 행동(창업, 결혼, 주택의 신 개 증축, 투자, 사업확장 등)을 하여야 모든 것이 성취된다.

3장. 취기효과의 발현시기

1. 기(氣)의 발현 시기

여러 이론이 있으나 주된 3종은 다음과 같다.
① 첫째로는 취기한 방위궁에 본명성이 회좌할 때 발현한다.
해당년, 월, 일의 구성반에서 자신의 본명성이 과거에 취기한 방위궁에 회좌할 때에 효과가 크게 나타난다. 즉 진궁 동(東)방위 취기는 자신의 본명성이 진궁에 회좌하는 시기에 발현한다.
② 둘째로는 취기한 방위궁에 회좌한 구성의 정위궁(定位宮)에 본명성이 회좌할 때 발현한다. 위 ①의 경우 취기 당시 진궁에 8백이 회좌했다면, 그의 본명성이 8백의 정위궁인 간궁에 회좌하는 시기에 효과가 발현한다.
③ 셋째로는 취기의 방위가 8방위 중 어느 궁이든 간에 취기 당시의 중궁성 위주 발현의 원칙이다.
구성집단별(1·4·7 / 2·5·8 / 3·6·9)로 발현한다는 이론이다. 는 집단별 사선 배열과도 일치한다. 즉 1백 중궁시의 취기는 1백의 집단인 1백, 4록, 7적의 중궁시기(년, 월, 일)에 발현한다.

2. 취기 효과의 지속 기간

흉살기나 좋은 기나 지속 기간은 같다.

- 년 방위 취기 효과는 60년간 지속
- 월 방위 취기 효과는 60개월간 지속 : 5년간 지속
- 일 방위 취기 효과는 60일간 지속 : 2개월간 지속
- 시 방위 취기 효과는 60시간 지속 : 5일간 지속

3. 참고사항

- 취기의 효과는 4정방(진궁, 리궁, 태궁, 감궁)에서 보다 강하게 나타나고, 4우방(간궁, 손궁, 곤궁, 건궁)에서는 비교적 약하게 발현된다.
- 취기한 방위의 흉살기나 극기(剋氣)의 발현이 생기(生氣)의 발현보다 더 강하게 나타난다.
- 각 개인의 본명성과 가려는 방위에 회좌한 구성과의 오행상의 생극(生剋)관계를 따져서 생기인가 극기인가를 보아야 한다.

* 구성은 원칙적으로 본명성과의 상생상극을 보아야 한다.
  구궁은 원칙적으로 본명성과의 상생상극을 안 따진다.
* **손궁 8백금성 회좌이면 8백금성이 주인이다.**
  즉 손궁의 기(氣)도 있긴 하나 8백금성이 지배력을 가진다.
  따라서 회좌한 구성의 영향력이 크며 주된 역할을 한다.
  - 생기(生氣) : 해당방위에 회좌한 구성이 본명성의 오행을 생하는 것이 가장 좋고, 회좌한 구성과 본명성이 같은 오행이 두 번째이고, 본명성이 회좌한 구성을 생하는 것이 세 번째로 좋은 것이다.

- 극기(剋氣) : 회좌한 구성이 자신의 본명성의 오행을 극하는 것이 가장 나쁘고, 본명성의 오행이 회좌한 구성을 극하는 것이 덜 나쁜 것이다.

- 흉살기 : 암검살(암), 5황살, 파살(파)은 누구에게나 공통으로 작용하는 대흉살이다. 본명살과 본명적살은 해당 개인에게만 작용하는 중흉살이다.

4장. 취기의 시기와 그 방위

1. 사원(四元) 일치 취기

일본의 여류학자인 고도 천묘(高嶋 泉妙)의 학설이다.

① 년, 월, 일, 시반에서 중궁의 구성이 모두 같은 날

사원(四元) 일치의 취기로서, 가장 큰 효과를 얻을 수 있다. 이 시기는 1년 중 한 달 밖에 없고 또 3~4일에 한정되어 있어, 일년 중의 중요행사로서 사전에 계획하여 그 기회를 놓치지 말고 반드시 시행하는 것이 좋다.

② 양력 2024년 사원(四元) 구성반의 예

2024년 4월 11일 사시 / 4월 20일(갑인) / 4월 29일(계해)

2	7	9
1암	3 무진월	5
6	8	4파

2	7	9
1암	3 갑진년	5
6	8	4파

2	7	9
1암	3 신사시	5
6	8	4파

2	7	9
1암	3 을사일	5
6	8	4파

③ 누구나 공통되는 취기 불가의 방위(5황살, 암검살, 파살)
- 태궁 방위의 5황살 : 가장 큰 흉작용 받는다.
- 진궁 방위의 암검살 : 가장 큰 흉작용 받는다.
- 년 월 일반의 파살 : 5황살 암검살 다음으로 흉작용 받는다.
- 일파살의 방위가 가장 흉작용이 크다. 세파(년), 월파의 방위로의 취기는 짧은 기간(1~2일간)내에서, 짧은 거리인(100㎞)이내의 취기여행은 가능하나 가급적 피하는 것이 좋다. 시파 해당 시간 중에는 취기를 위한 여행 중이 아니어야 한다. 즉 목적지까지 가는 중에는 시파에 해당하는 시간이 없어야 한다. 또한 시파 해당 시간에는 목적지에서의 취수(取水), 취토(取土)를 하지 말아야 한다.
- 암검살은 즉시 나타나고, 5황살은 두고두고 곪은 후에 나타난다. 운세를 볼 때는 암검살이 더 무서우나 취기법에서는 5황살이 더 무섭다.

④ 개인별 취기 불가 방위 : 본명살 및 본명적살 방위

⑤ 취기에 좋은 방위
- 해당 방위에 회좌한 구성과 본명성이 비화(比和), 상생되는 방위이다.
- 거리가 멀면 멀수록 체류 기간이 길면 길수록 생기를 더욱 강하게 받는다.
- 기간은 9일간이 가장 좋으며, 최소한 2~3일은 되어야 한다.

- 해당 시간 직전에 도착하여 그 시간에 취수(取水), 취토(取土) 등 취기 행위를 하여야 한다.

2. 삼원(三元) 일치 취기

① 사원일치 취기가 일년에 3~4일밖에 안되므로, 년의 방위가 일치되지 않아도 월, 일, 시의 삼원의 중궁성이 일치될 때를 찾아, 본명성과 상생, 비화되는 구성회좌의 방위로 취기를 시행한다. 4원까지는 못 되더라도 좋은 기를 받고자 하는 목적이다.

② 년반이 일치되지는 않더라도, 년반에서 해당 방위에 회좌된 구성과 본명성이 상생, 비화되어야 가능하다.

③ **삼원일치 취기의 요점**
- 월 일 시 삼원일치반의 해당 방위의 회좌구성과 본인의 본명성이 상생이면서, 년반의 해당 방위 회좌구성도 본인의 본명성과 상생관계이면, 이는 사원일치 취기에 준하는 효과를 본다. 이 경우에는 사원일치 취기와 같이 되도록 멀리, 장기간의 취기가 가능하다.
- 삼원일치로 해당방위의 회좌구성과 상생이 되어 길방위라도, 년반에서 해당방위에 5황살, 암검살, 파살이 회좌하거나 또한 본명살, 적살방위가 되면 삼원일치 취기도 불가하다.

- 세파(년), 월파 방위는 부득이한 경우 100km이내의 1~2일의 취기는 가능하나, 일파 방위로의 취기는 절대 안 된다. 기타 세부 사항은 사원일치 취기법에 준한다.

3. 2024년 취기 날짜와 방향

×가 되어 있는 방향은 갈 수 없다. 5황살, 암검살, 파살이 하나라도 있으면 가지 못하고, 본명살과 본명적살인 곳도 피해야 한다. 4월 11일은 2, 7, 9, 6, 8이 있는 곳이 가능하며, 4월 20일은 2, 7, 6, 8이 있는 곳으로 갈 수 있고, 4월 29일은 7, 9, 6, 8이 있는 곳으로 갈 수 있다.

2024년 04월 11일 사시

2	7	9
2	7	9
2	7	9
2	7	9
1암	3갑진	5
1암	3무진	5
1암	3을사	5
1암	3신사	5
6	8	4파
6	8	4파
6	8	4파
6	8	4파

2024년 04월 20일 사시

2	7	9
2	7	9
2	7	9파
2	7	9
1암	3갑진	5
1암	3무진	5
1암	3갑인	5
1암	3기사	5
6	8	4파
6	8	4파
6	8	4
6	8	4파

2024년 04월 29일 사시

2	7	9
2	7	9
2파	7	9
2	7	9
1암	3갑진	5
1암	3무진	5
1암	3계해	5
1암	3정사	5
6	8	4파
6	8	4파
6	8	4
6	8	4파

[동남] 직장 가정	[남] 돈 재물	[서남] 학문 영감 당선
	취기 목적	
[동북] 공무원 대기업 직장	[북] 부동산 변화 이직	

4. 2025년 취기 날짜와 방향

×가 되어 있는 방향은 갈 수 없다. 5황살, 암검살, 파살이 하나라도 있으면 가지 못하고, 본명살과 본명적살인 곳도 피해야 한다. 2월 10일은 6, 9, 4, 7이 있는 곳이 가능하며, 2월 19일은 1, 6, 9, 4, 7이 있는 곳으로 갈 수 있고, 2월 28일은 1, 6, 9, 4, 7이 있는 곳으로 갈 수 있다.

2025년 02년 10일 미시

1	6	8암
1	6	8암파
1파	6	8암
1	6	8암
9	2을사	4
9	2무인	4
9	2경술	4
9	2계미	4
5	7	3파
5	7	3
5	7	3
5파	7	3

2025년 02년 19일 미시

1	6	8암
1	6	8암파
1	6	8암
1	6	8암
9	2을사	4
9	2무인	4
9	2기미	4
9	2신미	4
5	7	3파
5	7	3
5파	7	3
5파	7	3

2025년 02년 28일 미시

1	6	8암
1	6	8암파
1	6	8암
1	6	8암
9	2을사	4
9	2무인	4
9	2무진	4
9	2기미	4
5	7	3파
5	7	3
5	7	3파
5파	7	3

[동남] 임신	[남] 공무원 대기업 직장	
[동] 학문 영감 당선	취기 목적	[서] 사업 교제 무역
	[북] 돈 재물	

5. 2026년 취기 날짜와 방향

×가 되어 있는 방향은 갈 수 없다. 5황살, 암검살, 파살이 하나라도 있으면 가지 못하고, 본명살과 본명적살인 곳도 피해야 한다. 9월 16일은 9, 3, 4가 있는 곳이 가능하며, 9월 25일은 9, 3, 4, 2가 있는 곳으로 갈 수 있고, 10월 4일은 3, 4, 2가 있는 곳으로 갈 수 있다.

2026년 09월 16일 인시

9	5	7
9	5	7
9	5	7
9	5	7파
8	1병오	3
8파	1정유	3
8	1계사	3
8	1갑인	3
4	6암파	2
4	6암	2
4	6암	2파
4	6암	2

2026년 09월 25일 인시

9	5	7
9	5	7
9	5	7파
9	5	7파
8	1병오	3
8파	1정유	3
8	1임인	3
8	1임인	3
4	6암파	2
4	6암	2
4	6암	2
4	6암	2

2026년 10월 04일 인시

9	5	7
9	5	7
9파	5	7
9	5	7파
8	1병오	3
8파	1정유	3
8	1신해	3
8	1경인	3
4	6암파	2
4	6암	2
4	6암	2
4	6암	2

[동남] 학문 영감 당선		
	취기 목적	[서] 개업 승진 새로운일
[동북] 사업 교제 무역		[서북] 가정 직장

6. 2027년 취기 날짜와 방향

×가 되어 있는 방향은 갈 수 없다. 날짜가 4일이 나온다.

2027년 07월 11일 유시

8	4암	6
8	4암	6
8	4암	6
8	4암	6
7	9정미	2
7	9정미	2
7	9신묘	2파
7파	9정유	2
3파	5	1
3파	5	1
3	5	1
3	5	1

2027년 07월 20일 유시

8	4암	6
8	4암	6
8	4암파	6
8	4암	6
7	9정미	2
7	9정미	2
7	9경자	2
7파	9을유	2
3파	5	1
3파	5	1
3	5	1
3	5	1

2027년 07월 29일 유시

8	4암	6
8	4암	6
8	4암	6
8	4암	6
7	9정미	2
7	9정미	2
7파	9기유	2
7파	9계유	2
3파	5	1
3파	5	1
3	5	1
3	5	1

2027년 08월 07일 자시

8	4암	6
8	4암	6
8	4암	6
8	4암	6
7	9정미	2
7	9정미	2
7	9무오	2
7파	9신유	2
3파	5	1
3파	5	1
3	5파	1
3	5	1

[동남] 부동산 변화		[서남] 공무원 대기업
	취기 목적	[서] 가정 직장
		[서북] 임신

7. 2028년 취기 날짜와 방향

×가 되어 있는 방향은 갈 수 없다. 5황살, 암검살, 파살이 하나라도 있으면 가지 못하고, 본명살과 본명적살인 곳도 피해야 한다. 5월 10일은 7, 3, 6, 1, 4가 있는 곳이 가능하며, 5월 19일은 7, 3, 6, 1, 4가 있는 곳으로 갈 수 있고, 5월 28일은 7, 3, 6, 1, 4가 있는 곳으로 갈 수 있다.

2028년 05월 10일 진시

7	3	5
7	3	5
7	3	5
7	3	5
6	8무신	1
6	8정사	1
6	8을미	1
6	8경진	1
2암파	4	9
2암	4	9파
2암파	4	9
2암	4	9파

2028년 05월 19일 진시

7	3	5
7	3	5
7	3	5
7	3	5
6	8무신	1
6	8정사	1
6	8갑진	1
6	8무진	1
2암파	4	9
2암	4	9파
2암	4	9파
2암	4	9파

2028년 05월 28일 진시

7	3	5
7	3	5
7	3	5파
7	3	5
6	8무신	1
6	8정사	1
6	8계축	1
6	8병진	1
2암파	4	9
2암	4	9파
2암	4	9
2암	4	9파

[동북] 돈 재물	[남] 개업 승진 새로운일	
[동] 대기업 공무원 직장	취기 목적	[서] 임신
	[북] 사업 무역 교제	

8. 2029년 취기 날짜와 방향

×가 되어 있는 방향은 갈 수 없다. 5황살, 암검살, 파살이 하나라도 있으면 가지 못하고, 본명살과 본명적살인 곳도 피해야 한다. 3월 11일은 6, 4, 1, 8이 있는 곳이 가능하며, 3월 20일은 6, 2, 4, 1, 8이 있는 곳으로 갈 수 있고, 3월 29일은 6, 2, 4, 1, 8이 있는 곳으로 갈 수 있다.

2029년 03월 11일 오시

6	2	4
6	2	4
6	2파	4
6	2	4
5파	7기유	9암
5	7정묘	9암파
5	7경자	9암
5	7임오	9암
1	3	8
1	3	8
1	3	8
1	3파	8

2029년 03월 20일 오시

6	2	4
6	2	4
6	2	4
6	2	4
5파	7기유	9암
5	7정묘	9암파
5파	7기유	9암
5	7경오	9암
1	3	8
1	3	8
1	3	8
1	3파	8

2029년 03월 29일 오시

6	2	4
6	2	4
6	2	4
6	2	4
5파	7기유	9암
5	7정묘	9암파
5	7무오	9암
5	7무오	9암
1	3	8
1	3	8
1	3파	8
1	3파	8

[동남] 공무원 대기업 직장	[남] 가정 직장	[서남] 사업 무역 교제
	취기 목적	
[동북] 임신		[동북] 부동산 변화 이직

5장. 목적지 선정

1. 취기 목적지가 해당방위궁의 회좌구성에 부합되는 장소라야 더 좋다.

① **1백의 방위** 맑은 물이 흐르는 곳. 깨끗한 물이 현지 주변에 풍부하게 있는 곳. 사찰의 경우 북쪽에서 물을 뜰 수 있는 곳.

② **2흑의 방위** 본인 또는 친구의 고향 땅, 과거 인연의 장소, 여러 번 가 보았던 장소 등 친숙하고 따뜻한 곳. 국립공원이나 도립공원 등 대중이 모여드는 장소.

③ **3벽의 방위** 새로 개발된 관광지. 상쾌한 산림욕장. 일출을 볼 수 있는 곳. 이상하고 진기한 것이 많은 곳. 젊음과 신선함이 있는 곳.

④ **4록의 방위** 장거리, 원거리 취기 여행되는 장소. 녹음 무성한 산림 속. 산림욕장 있는 부근.

⑤ **6백의 방위** 예술성 높은 국보, 보물 등 국가 지정의 문화재가 있는 곳. 유명한 사찰. 고승 또는 유명한 종교가, 높은 종교 지도자가 계신 곳.

⑥ **7적의 방위** 파도 소리 들리는 해변 또는 섬. 유흥시설 많이 있는 명승지. 러브호텔, 별장 등이 모여 있는 부근.

⑦ **8백의 방위** 등산로가 있는 명산. 땅의 끝부분(서울에서 출발하여 취기지를 선정할 때 부산 태종대나 전남의 땅끝 마을 같은

끝 지점). 철도나 고속도로의 종점 부근.
⑧ **9자의 방위** 문화적, 정신적, 종교적, 신앙적인 유산이 많은 장소. 기도, 기원의 효과를 잘 받는 장소. 주변이 화려한 곳. 무속 행사하는 장소. 굿당.

2. 풍수지리에 알맞는 땅

① 산지의 지형이 풍수지리학의 원리인 주산, 좌청룡, 우백호, 안산 등이 갖추어져 기가 흘러 맺혀 있는 곳.
② 겨울에 눈이 녹는 곳처럼 길하여 혈(穴)이 있는 곳.
③ 토질과 공기가 깨끗한 땅.
④ 물이 감싸고도는 성지(盛地)의 땅. 해변가나 호수가 지역은 수심이 얕고 완만한 접경지역이 성지임.

6장. 오행별 취기의 요점

1. 수기법(水氣法)

① 수기법 시행의 조건

깊은 산속 북쪽에 두 골짜기 사이 영기(靈氣) 어린 땅에서 솟아나는 자연수가 있는 곳이다. 이는 자연 및 인체에서의 감궁을 상징하며, 생기가 솟아나는 생명수를 의미한다. 우리나라에는 높은 산 깊은 계곡 사이에는 대부분 사찰이 있어 수기법 시행에는 좋은 입지 조건을 가지고 있다.

② 취기 시작 시간을 4원(또는 3원) 시간의 처음에 맞춘다.
- 먼저 취수할 물로 손을 씻는다.
- 다음으로 물을 머금고 목을 젖혀 하늘을 본 상태로 입을 씻어 내기를 3회 반복함으로써 입과 목구멍을 깨끗하게 한다.
- 다음에는 물을 마실 수 있을 만큼 최대한 많이 마신다.
- 마지막으로 취수(取水)한다.
- 취수량은 1.8ℓ 용기 2개 정도이며, 취수 시 햇빛과 공기에의 노출을 최대한 적게 하기 위하여, 미리 물통을 검은 비닐로 두세 겹 포장하여 가져가서, 취수구에 물통을 최대한 가깝게 하여 취수하여야 한다.
- 취수장 근처에서 취토(取土) 등을 하며 4시간 정도 머문다.

- 취수한 것에 소원을 주입시킨다. (취수의 효과가 있도록 기원한다)

③ **기타**
- 취수장 근처에 사찰이 있으면 부처님 앞에 올려 소원성취를 기원한다. 예를 들면 병이 낫게, 무병(無病), 재물이 불어나기를, 운이 열리기를 기원한다. 이때 정성껏 성금해야 한다.
- 사찰이 없다면 천지신명의 방위인 서북쪽 건(乾) 방위에 임의로 단을 차리고, 그 위에 취수한 것을 올려서 소원을 기원한다.
- 집에 돌아와서도 취수한 것을, 자택에 부처님이나 신당을 모시고 있는 경우에는 불전이나 신당에 우선 바쳐 소원을 기원한다.
- 부처님이나 신당을 모시지 않을 경우, 자기 방의 선조 영전에서 행하든지, 아니면 내실이나 거실의 건(乾) 방위 쪽에 상을 차리고 분향하며, 천지신명(천지신명은 우주 본체의 기)께 취수의 효험 있기를 기원한다.

④ **취기의 목적이 사업에 관련된 경우**

사업장이나 사무실의 출입구에 취수한 물을 약간 뿌려 놓으면 사업발전의 기가 충만해지게 된다.

④ **취기수의 복용**

- 난치병 치료의 목적이면 1일 3회 식전에 1컵씩 복용하며, 운명 개선이 목적이면 1일 1회 아침 식전에 마신다.
- 1회에 취수한 물은 9일이 경과하면 생기(生氣)의 효력이 없어지니 9일간 마실 수 있는 양이면 충분하다.
- 본명성이 다른 식구는 복용하지 말아야 한다. 상극이 되면 오히려 해를 끼친다.

⑤ **취기의 효험**

- 기의 본질에 대한 본인의 확고한 신념 여하에 따라 그 성과가 좌우되니 '취기한 기가 내 몸에 흡수되어 소망이 반드시 성취된다.'라는 신념을 반드시 가져야 한다.
- 취기법의 오행은 본명성과의 상생상극과 상관없다. 즉 9자 화성인이 취수법을 행한다고 해서 수극화가 아니다.
- 수기법, 토기법 : 신병(身病) 치료, 난치병 치료, 운명 개선.
- 화기법 : 영기(靈氣)를 받고자 할 때 사용한다.
- 금기법 : 재복(財福)을 받고자 할 때 사용한다.

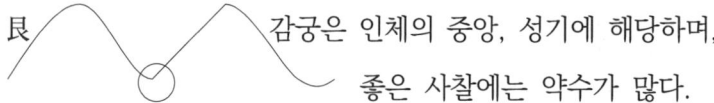

감궁은 인체의 중앙, 성기에 해당하며, 좋은 사찰에는 약수가 많다.

- 어머니가 장독대 위에 정수 떠놓고 매일 기도했는데 아들이 전쟁터에서 무사히 살아 돌아왔다.
- 프랑스의 루날드 영수(靈水)는 나환자와 암환자 등 난치병자들이 먹고 씻으면 낫는 샘인데, 효과가 없는 사람은 움직이는 시

기에서 해당 방위가 상생이 되지 않은 경우라고 설명할 수 있다.

2. 토기법(土氣法)

재난을 예방하고, 혼귀(魂鬼)를 쫓아내는데 최고의 방법이다.

① 수기법(水氣法) 다음으로 효험을 보는 취기의 주종(主宗)이다.
② 토기는 이승에 존재하는 모든 악령을 물리치는 효과가 있다.
- 악령이란 저승에 못간 인간의 원귀나 원한 가진 동물 식물의 혼귀를 의미하며, 재물에 붙어 다니는 원귀 등 물건에도 혼령, 원귀가 있다고 본다. 또한 토기는 방재(方災 : 재난의 예방)나 소재(消災 : 닥친 재난을 없앰)의 작용이 뛰어나 원인불명의 난치병 치료나 이유 없는 불운의 개운 등에 효험을 빠르게 본다고 한다.
- 토용기(土用期) 중에는 곤(坤) 간(艮)방위와 2흑토성과 8백토성의 회좌방위로의 토기법 취기는 동토(動土)의 기를 받기 때문에 안 된다.

③ 취토(取土)의 방법
- 옛 전쟁터, 절터, 묘지 자리, 사당 자리, 집터, 매립지 등의 취토는 흉지로서 재화(災禍)를 받으니 피해야 한다.

- 취기 목적지가 사찰인 경우 스님에게 취토의 양해 및 승낙을 받아 취토 장소를 지정받는 것이 좋겠다.
- 인적이 드문 산속에서는 영기(靈氣)가 느껴지는 장소 부근에서, 나무가 곧고 크게 자란 나무 근처에서, 땅을 50㎝이상 깊이 파서 취토한다. 이때 취토할 흙은 잡물이 섞이지 않고, 외부에서 유입되지 아니한 본래 그 장소에서 존재하여 왔던 흙이어야 하며, 색깔은 황토, 백토, 흑토가 좋다.
  단 취토 시 가급적 나무뿌리는 손상하지 않도록 하여야 한다.
- 해변가 근처일 경우 바닷물 접경 가까운 장소에서 50㎝~1m깊이의 깨끗한 모래나 진흙을 취토한다.
- 취토 시에도 취수할 때처럼 햇빛과 공기에의 노출을 가급적 적게 하는 것이 좋다.
- 취토의 양은 1홉이 적당하며 많아도 1.8ℓ(1되)를 넘지 않는 것이 적당하다.

④ 취토한 흙 역시 수기법의 내용과 같이 불전이나 천지신명께 소원을 기원한다. 이를 의념(意念)기도라 한다.

⑤ 취기한 토(土)의 이용방법
- 환자의 치료 목적이면 베개 밑이나, 또는 침대 밑에 가제나 티슈로 싸서 넣어두면 좋고, 직접 통증 부위를 그 흙으로 마사지해주는 것도 좋다.
- 본인의 학력 향상 및 입시운 개선을 위해서는 책상 밑에 뿌리

거나 책상 밑에 놓고 봉지를 열어 놓는다.
- 기타의 개운 등의 목적으로는 주머니나 돈지갑 등에 소량을 가지고 다닌다.
- 사업장에서의 방재나 소재의 목적으로는 출입구 양쪽에 뿌리거나, 굵은 소금을 추가하여 출입구에 성토(盛土:작은 모래 산을 만든다)하여 놓으며, 흙이 없어지면 추가로 가토(加土)한다.
- 승용차 내부에는 자기자리에 한하여 취기의 토를 뿌려 놓는다.
- 주택 내에서는 모든 가족의 본명성이 취기한 방위와 상생의 관계일 때에 한하여, 삼비(三備:현관, 화장실, 주방)에 뿌려 놓아 방재(防災)의 효험을 얻을 수 있다.

3. 화기법(火氣法)

① 취기지 시행법
- 화기(火氣)는 지혜와 신령의 기로 화기법을 시행하면 영감(정신력, 예감, 투시력 등) 향상에 큰 효험이 있다. 즉 영험한 기를 받아 영감을 향상시키기 위한 기도나 수행법 같은 것이다.
- 시행 방법
출발에 앞서 미리 본인의 소원사항을 구체적으로 기록한 기원문과 함께 자신이 믿는 종교의 경전 중 일부를 직접 사경(寫經)하여 준비하여 가지고 간다.
- 경전은 불경인 경우 반야심경, 관음경, 법화경 등을 사경한다.

- 기독교인인 경우 주기도문도 좋고, 다른 성경의 구절도 가능하다.
- 취기 목적지에 자신이 믿는 종파의 사찰이 있다면 더없이 좋을 것이다.
- 취기지에 도착하여 지참한 기원문과 사경을 성금과 함께 불전 등 신전에 올리고, 2~4시간 동안 부처님이나 신상 앞에서 정성을 다해서 기도 드린다. 물론 주지스님께 사전에 인사드리고 '목적과 체류기간'을 의미하고 도움을 요청함이 더욱 좋을 것이다.
- 신불(神佛)은 본인의 돈보다는 성실한 마음을 바라는 것이니, 성금이나 공양은 자신의 능력에 따라 정성껏 시행할 것을 명심하여야 한다.
- 신(神), 불(佛)전에서 기원할 때 경솔하고 조급한 마음에서라도 나중에 보답하겠다는 어떤 약속의 말을 해서는 안 되며, 약속의 마음도 갖지 말아야한다. 혹 말을 하였거나 마음속으로 약속한 경우에는 무슨 일이 있어도 그 약속을 지켜야만 한다. 신불은 100%를 원하기 때문에 99%를 지켰어도 1%를 안 지켰으므로 모두 안 지킨 것이 되기 때문이다.

  또한 약속이 없더라도 기원 사항이 성취된 경우 반드시 다시 방문하여 감사의 예를 드리는 것이 도리라 하겠다.
- 화기법 시행 시에는 취수, 취토 등 취기용 자연물 채취를 하지 않는 것이 원칙이며, 머무는 기간도 한달, 100일 등 장기간일수록 좋다. 화기법은 정신력, 신기를 높이는 법이다.
- 촛불을 켜고, 향을 사르고, 준비한 기원문을 성금과 같이 보시

함에 넣은 후 소원 기도를 하면 된다.

② 재가(在家) 화기시행법
- 4원일치의 시점에 자신의 본명성과의 상생관계를 보아 취기할 방위가 전혀 없을 경우에 시행한다.
- 또는 중궁성이 자신의 본명성과 상생의 관계일 때에, 좋은 중궁의 기를 집에서 취기하고자 하는 방법이다.
- 또는 취기를 사정에 의해 떠날 수 없을 때 좋은 기운을 취하고자 자신의 집에서 시행하는 방법이다.

③ 2018년(무술년) 7월(기미월) 16일(기유일) 갑자시 예

8	4암	6
7	9 기미월	2
3파	5	1

8파	4암	6
7	9 무술년	2
3	5	1

8	4암파	6
7	9 갑자시	2
3	5	1

8	4암	6
7파	9 기유일	2
3	5	1

사원일치 시간에 화기법을 시행한다면
사원일치의 중궁성인 9자화성과 상생되는 3벽, 4록, 2흑, 5황,

8백의 본명성은 재가(在家) 화기법을 시행할 수 있다.

또한 삼원일치 시기에 시행함도 효과 있으나, 각 개인의 본명성이 삼원(월, 일, 시) 중궁성과는 물론이고, 년도의 중궁성과도 상생되어야 효과가 있다.

- 자기 집이나 또는 매일 장시간 근무하는[7] 사무실의 중앙에 상(床)을 설치한다. 전깃불은 끄고 상 위에 촛불을 밝히고, 향을 피우고, 자신의 신앙 대상(신, 불, 하느님, 령 등)에게 소원의 성취를 기원하는 것이다.
- 소요 시간은 사원일치, 또는 삼원일치의 해당시간 초부터 끝나는 시간까지 2시간 동안 시행한다.
- 향은 본인의 본명성의 수(9자인은 9개)의 개수를 계속 피운다.
- 소원사항은 미리 한지 등에 써 놓은 것을 상위에 올려놓고, 종료 후에 촛불에 태운다.
- 취기법은 가족이나 대행자가 대신할 수 있으나, 이때에 당사자(의뢰인)의 본명성이 사원이나 삼원의 중궁성과 상생일 때에 한한다.
- 화기법은 연구, 발명, 송사, 관운 등의 소원 사항과 신기 영감 강화에 큰 효험이 있다. 중궁성이 9자인 경우 가장 큰 효험을 본다. 삼원 중궁성이 9자라도 큰 효험 본다.

---

7) 본인이 가장 많이 머무는 곳을 뜻하며, 태극점이라고 부른다.

4. 목기법(木氣法)

① 목기법은

　자신이 거주하는 주택의 어느 부위에 흉살기(凶殺氣)가 있어서 흉운을 받는 사람이, 재난의 예방 및 재난의 소멸 목적으로, 취기지에 가서 좋은 식물을 가져와 흉살부위에 비치하여 길한 작용으로 변화하도록 하는 방법이 주로 사용된다.

② 주택에서 받는 흉살기

　같은 구조의 아파트라도 각 개인의 본명성에 따라 길흉이 다르다. 방위에서 받는 흉살기도 각 개인의 본명성에 따라 달라진다. 또한 묘목과 화분에 있어서도 각 개인의 본명성에 따라 생극 작용이 달라지니 유의하여야 한다.

③ 시행요점

- 양목(陽木)의 목재를 문패 크기로 정갈하게 준비한 후, 상하부를 정치(正置)하여 표면에 취기 시행자의 이름 및 구성사주, 취기 시행시기, 소원사항을 명기하여 현지로 지참한다.
- 목재는 양목과 음목의 구분이 있는데 옛날부터 건축자재로 애용되어 오는 목재는 대부분 양목에 해당되니 쉽게 구할 수 있다.
- 목재에는 뿌리 쪽의 밑 부분과 자라나는 윗부분이 있다. 목재를 사용할 때 윗부분을 위로 하여 사용해야 한다. 거꾸로 사용

시 흉작용 받는다.
- 취기지에 사원일치 시간의 시초(時初)에 도착하여 가져간 목재에 본인의 염력을 주입시키는 절차를 행한다. 본인이 불교 신자이고 취기지에 사찰이 있는 경우, 불전에 그 목재를 놓고 소원사항을 기원하는 것이다.
- 다음으로 목재를 취토한 그 자리에 파낸 흙 대신 묻는다.
- 취토한 흙의 대가로서 감사의 마음을 가져야 한다.
- 다음에 목재를 매립한 부근에서 그늘에 가려 자라지 못한 어린 묘목을, 본인의 본명성에 길한 종류로 선택하여, 1~2그루를 정성껏 조심스럽게 채취하여 집에 가져와, 화분에 심어 흉한 가상(家相) 해당 부위에 놓고 정성껏 키우면 악운이 개선되는 효과를 본다.
- 묘목 채취가 어렵다면 현지에서 생산되는 화분 중 생기(生氣)의 종류로 1개 정도 구입하여 집에 돌아와 흉방위 위치에서 키운다.

④ 본명성 3벽목성이나 4록목성인 경우

비화(比和) 木 : 청록색, 꽃 안 피는 식물을 구입한다.
생기(生氣) 水 : 검은 꽃 피는 화초이나 구하기 어렵다.
퇴기(退氣) 火 : 적색 꽃 피는 화초를 구입한다.
기타 본명성도 같은 방법(생기, 비화, 퇴기)으로 길한 종류를 선택하면 된다. 취기 이론상 본명성과 월명성이 모두 상생방위가 되면 더욱 좋다.

5. 금기법(金氣法)

좋은 순서는 ① 수정 ② 순금 ③ 순은으로 만든 구슬이나 반지로, 크면 클수록 더욱 좋다.

① 재운(財運)에 관련된 효험

가장 크게 나타나며, 또한 주택에서 대문 주방 화장실이 흉상(본명살 방위 등)일 경우에 그 방재(防災), 소재(消災)의 수단으로 이용된다.

② 시행 요점
- 금기법 시행전에 미리 수정, 청옥, 순금, 순은제의 구슬을 입수하여, 취기 시행일 전에 9일 이상(길수록 좋음) 몸에 지니고 다니며 손으로 만지면서 피부와 마찰 시키며, 자신의 소원사항을 기원하여 의념(意念)시킨다.
- 그런 다음 취기 시행 시 지참하여 현지가 심산유곡인 경우 인적이 드문 산속의 큰 나무 밑의 깨끗한 흙을 50cm이상 파내고 가지고 간 수정 등을 파묻는다. 이때 취토한 자리도 좋으나 주의할 것은 타인이 보아서는 안 되는 것이다.
- 현장이 해변가나 호수 근처일 경우 깊은 물에 던져놓는다.

- 시행 시간은 사원일치의 시각 중에 행할 것이며, 만일 사원일치 시각이 아닌 경우에는 시간의 중궁성과 본명성이 상생되는

시각에 행하여야 한다.
- 5황시에는 절대로 시행하지 말아야 한다. 5황살의 흉살을 받는다.
- 그 외 재운은 시기와 방위의 기가 상생일 때보다, 내가 극하는 경우에 더 효과를 본다고 주장하는 학자도 있다. 이는 명리학에서 볼 때 육친상 재(財)가 되기 때문이다. 이 경우에는 본명성이 중궁성을 극하는 경우가 된다.

- 가상이 흉할 때, 또는 동토(動土)에서 원인되는 재앙이 있을 경우에는, 이전에 금기법 시행시 매립하였던 수정, 구슬 등을 회수하여 대지의 흉상부위 또는 동토가 발생된 자리에 파묻어 놓으면 효과가 있다.
- 특히 개인 주택의 경우 대문 위치의 흉기는 그 집 주인에게 큰 재난을 주므로 일본에서는 위와 같은 금기법으로 방재(防災) 효과를 본 사례가 있다.

- 금기법을 72일 이상의 간격을 두고 4회에 걸쳐 계속하면 재운에 큰 효과를 본다고 한다.
- 금기법 취기 시 추가적으로 취기 현지에서 모양 좋은 소형의 자연석을 채취하여 이를 몸에 지니거나 거실 사무실 등 자신의 위치 가까운 장소에 놓아두는 것도 좋은 방법의 하나이다.
- 이때에 그 자연석은 인공적이 아닌 자연 본래의 것으로, 수많은 세월 속에 흐르는 물에 깎이고 다듬어진 시냇가의 둥근 자갈 등이 좋을 것이다.

- 취석(取石)한 것은 사용 전에 다른 취기법에서 설명된 바와 같이 신, 불 또는 선조의 영전 앞에 올려 소원을 의념하는 것이 마땅할 것이다.
- 부처님을 자택 내에 모시고 있는 사람은 불전에 놓아두고, 재운을 바라는 사람은 지갑 안이나, 또는 상점의 금고 안에 넣어두기도 한다.

7장. 기타 개운법

개운법이란 의식적으로 어떤 행동을 함으로써, 그 행동이 사방에 퍼져나가 그에 합당한 기운과 합쳐짐으로써, 운기가 좋아지는 방법을 의미한다.

① 어떤 장소에서 여러 사람이 처음 만나는 경우, 각 개인의 기(氣)가 처음에는 서로 충돌하다가 빠르면 4분 9초, 늦으면 4분+9분=13분 대략 5분에서 15분 정도 걸리면 기가 화합하여 차분하게 가라앉는다. 따라서 사람을 처음 만나면 약 5분 정도는 조용하게 지내는 것이 좋다.

② 기력은 차가운 냉기이다. 어떤 장소에서 기를 느끼면 손바닥이 차가워진다. 머리 뒤통수 쪽에 손을 대 보아 찬 기운을 느끼면 기를 느끼는 것이고 기가 있는 것이다.

③ 명상, 참선, 기도는 축시(새벽 01:30~03:30)에 하는 것이 좋다. 축시는 변화의 시간이다. 축시에는 6000m 상공에 있는 차갑고 신선한 공기가 땅으로 내려온다. 그것을 코로 마시고 입으로 품으면서 온몸으로 받아들이는 것이다. 문을 열어 놓고 알몸으로 눈감고 앉아서 15~30분 하면 좋다. 하루 이틀하고 그만두지 말고, 지속적으로 하는 것이 좋다.

④ 소금을 이용하라. 소금은 기력을 받는 것과 관계가 깊다. 왕소금(천일염)이 좋다. 왕소금을 피부에 문지른다. 문지르다 상처가 나면 더욱 좋다. 계속하면 피부가 강해지고, 이빨도 단단해 진다.

⑤ 기를 받아들이고, 부족한 경우에는 필요한 기를 찾아서 얻는다. 해신(解神)을 찾아서 잡는다. 해신이란 나의 운명의 장애를 풀어주고, 필요한 것을 보충해주는 것을 의미하며, 사람이 될 수도 있고 동식물이나 사물이 될 수도 있고, 방위(方位)가 될 수도 있다.

예를 들어 9자화성이 해신이 되는 사람이 운기가 좋아지려면 9자화성의 의미가 있는 것을 최대한 이용한다.
예를 들면 9자화성은 빛이고 열이라 태양이다.
세수하면 옛날의 기를 끊는 것이고, 태양을 보면 생기를 받는다.
태양을 향해 서서 태양 빛을 많이 받는다.
입 벌리고 하 하면서 입김을 불면 내재해있던 나쁜 기가 냄새와 함께 나간다.
그리고 깊이 숨을 들이마셔서 단전까지 기를 넣는다.
코로는 가슴까지 밖에 안 들어가니 입으로 들이마셔야 한다.
즉 코로는 호(呼), 입으로는 흡(吸)하여야 한다.
또한 9자화성이 해신(解神)이라면 반드시 9자화성을 4시간 이상 만나야 한다.

⑥ 기(氣)의 발생시간
생기(生氣) : 발생기 00~04시

서장기(舒長氣) : 04~08시
장양기(長養氣) : 08~12시
사기(死期) : 화성기(化成氣) : 12~16시
수렴기(收斂氣) : 16~20시

1. 소원기도

염주(念珠)법

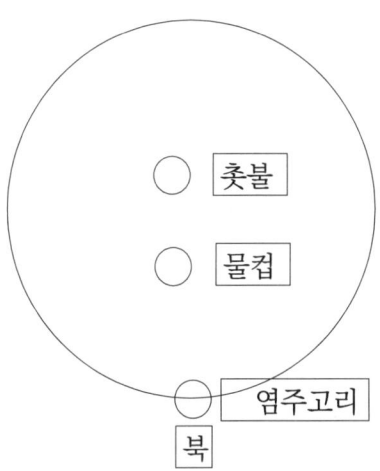

1. 새벽 丑시에 컵이나 사발에 샘물이나 수돗물을 떠서
2. 염주 중앙에 촛불을 켜고
3. 앉아서 염주를 보고 소원을 기원하고
4. 손뼉 세 번 치고(신을 부른다)

5. 주문 : 옴 쎈텐남 후훌빈(본존本尊을 부르는 주문)
6. 주문을 외우고 소원을 빌면서 시계방향으로 9번 돈다.
7. 직장문제는 염주법을 하면 된다. 7일간 연속해서 해야 한다. 다른 사람이 밥 먹여줄 수 있는 게 아니므로 본인 스스로 해야 한다.

- 이혼하려면
- 축시에 일어나서 염주 108개짜리를 방 한 가운데 놓고, 처음에 물 한 컵을(첫번째 물) 염주 가운데 놓고(1백수성의 의미), 촛불을 켜 놓고(9자화성의 의미), 헤어지려면 시계 반대 방향으로 돌면서 "그 남자랑 헤어져, 그 놈이랑 못살아." 하면서 9번 돌기를 7일간 계속한다.
- 예) 남편과 헤어지게 해달라고 온 여인이 염주법을 하루하고 났더니 남편이 이혼각서를 가지고 왔다.

- 결혼하려면
- 시계방향으로 돌면서 소금까지 뿌리면서 9번 돌고 7일간 계속한다. 이 때 염주는 시작하는 매듭을 북쪽으로 놓고 둥글게 펼쳐 놓는다.
- 2흑 5황 8백 6백 7적 인은 옥(玉)염주를 사용하고,
- 1백 3벽 4록 9자인은 목(木)염주를 사용한다.
- 예) 맞선을 6번 보고 6번 퇴짜 맞은 여자를 7적 방위로 계속 취기를 보냈더니 상대에게 말을 잘 하게 되어 자주 만나더니 결혼하여 딸 낳고 잘 산다.

2. 집의 방위를 이용

 재물운을 원만하고 좋게 이용하려면, 물을 동남쪽, 서쪽, 동북쪽에 떠 놓으면 사유축 금국이 되어 재물이 들어온다.
 물을 뜰 때 1, 2, 3, 4번째는 버리고 5번째 뜬 물(삼합을 이용)을 올린다.
 어떤 사람이 물을 巳 酉방만 떠놓고 丑방은 안 놓았더니, 뱃속에 무엇이 뭉쳐서 병이 났는데, 동북 丑방에 물을 떠 놓았더니 흘러내려가서 나았다.

3. 기타

 ① 차 사고 많이 나는 곳, 얼음의 숨구멍, 비행기 추락사고 지점 등에서는 자석이 제대로 북쪽을 가리키지 못하고 동서남북으로 헤맨다. 이런 장소에서는 어리벙벙하다가 자동차 사고가 나기 십상이다.
 이럴 때는 방울이나 요령을 울려서 소리를 내면 자석이 제대로 작동한다. 차에다 방울을 달고 다니면 좋다. 방울은 번영을 의미하며, 악운을 못 들어오게 하고, 억지를 풀어내는 역할을 한다.

 ② 칼이 녹슬면 피를 보거나, 피를 보려는 징조이다.

 ③ 집안에다 구질구질하게 널브러뜨리면 사기(邪氣)가 들어온다, 사기는 귀문(鬼門)(간방)에서 들어온다.

④ 진술축미 중 미월과 술월의 토용기인 각 18일을 이용하여 운기를 좋게 한다.
- 未 18일 대서(大暑) 열기를 식히기 위해 조상의 묘에 술을 부어 준다.
- 戌 18일 상강(霜降) 만물을 숙살 : 조상의 묘가 나쁘다면 戌의 의미인 따뜻한 흙 중 모래를 이용한다. 깨끗한 모래를 강에서 주워서 소금을 섞어 묘에 뿌려준다.

⑤ 손님이 안 오면 향을 핀다. 향은 불이다. 향 피우면 연기가 난다. 氣力이 작동되고 있다. 장사가 되나 안 되나를 연기의 방향으로 알 수 있다.

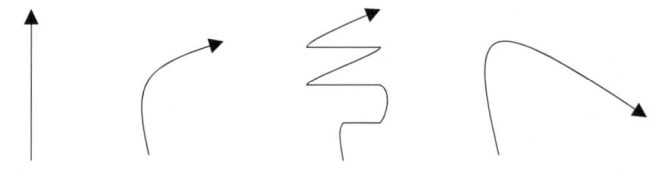

잘 된다 / 그럭저럭 / 파란 / 밑으로 흐르면 안 된다.

- 손님이 오면 향을 피워서 그 손님의 운세도 알 수 있다.
- 타는데 25분 걸리는데 향이 피는 각도, 연기의 모양, 재의 모양으로 안다.
- 재가 財이다. 불을 입으로 불어 끄지 말고 그냥 타게 놔둬라.
- 재가 뚝뚝 떨어진다면 별로이다.
- 끝까지, 중간까지 재가 있다면 좋다.
- 좋은 향이 더 좋다.

- 현관에 향을 피면 집안 형제가 화목하다.
- 변소에 향을 피면 집안이 잘 다스려지고, 부인과 화합한다.
- 집 가운데에 향을 피면 번영한다.
- 딱 하나면 된다. 연기 냄새만 맡아도 기력이 움직인다.

⑥ 기력 잡는 방법은 물, 촛불, 종소리, 거울 등 여러가지가 있다.

⑦ 쥐가 잘 먹는 것은 도토리 등 나무열매. 쥐를 쫓으려면 도토리를 이용 : 무당이 도토리를 던진다.

⑧ 5황살 : 곡식에서 누런 것이 5황이다. 세기 힘들 만큼 작아야 한다. 콩도 누렇지만 커서 쉽게 셀 수가 있다. 메조, 즉 좁쌀만큼 작은 것이 쥐를 쫓을 수 있다. 썩은 것을 고치는 것이 누런 것이다.

5황살을 맞으면 내 실수로 이사, 내 실수로 병, 해도 해도 일이 안 풀린다. 병원에서 병명이 안 나온다. 신병도 5황이다.

⑨ 집안이 꼬이고 일 안 될 때, 이상한 일이 집에 생길 때, 그러한 일을 본인이 만들고 있다. 이것이 5황살이다.

⑩ 이사 잘못하였을 때. 집안 일이 잘 안될 때
집 주변의 흙을 한 말 파서 가지고, 길한 방위에 가서 흙 한 말을 파서 교환하고, 그 흙을 가지고 집에 와서, 술(정종 약간)을 넣

어 정화하여 파낸 곳에 넣으면, 새 흙이 가진 좋은 기력이 점점 퍼져나간다.

⑪ 집안 일이 잘 안될 때
메조 한 홉으로 꼬들밥을 짓고, 계란 두 개를 준비한다.
축시8)에 계란을 두 개(현관과 뒷문에 사용)마련하여, 각각 大神 大守라 쓰고, 염주법을 하면서 메조밥을 조금씩 뿌리면서 잘 풀리지 않았던 집안일을 해소해 달라고 소원을 빌면서 9번 오른쪽으로 돈다.
그리고 집 밖으로 나가서 지붕이든지 창문이든지 마구 뿌린 뒤에, 계란 하나는 현관 안에서 밖으로 던지면서 집안의 액운은 밖으로 나가라 하면서 던지고, 다른 하나는 뒷문에서 똑같이 하면서 던진다. 뒷문이 없으면 화장실 안에다 던진다.
이튿날 아침에 청소한다. 잘 듣는다. 옛날에는 이런 식으로 해왔다.

⑫ 부적 쓰는 방법
서리(이슬)로 갠다.
인시 이슬 : 낮 이슬
축시 이슬 : 밤 이슬
음년생 : 낮 이슬이어야 한다.
양년생 : 밤 이슬이어야 한다.

---

8) 축(丑)은 겨울 지나고 봄이 온다, 고난을 끊고 희망을 가진다는 의미가 있다.

10부. 양택풍수

1장. 가상(家相) 327
2장. 대지(大地)의 상 : 지상(地相) 329
3장. 주택의 상(相) 333
4장. 가상의 중심점 336
5장. 가상의 돌출과 함몰의 길흉 337
6장. 본명성별 길상의 요점 351
7장. 직업과 가상 360

1장. 가상(家相)

　구성학에서 보는 가상은 한 집안의 운세를 좌우한다고 하는 집의 지세, 위치, 방향, 구조를 구성과 연관 지어 길흉을 판단하는 것으로, 넓은 의미로 보면 관상학이며 방위학이 된다.

　삶의 터전인 주거지, 사업장, 사무실, 점포 등은 지상에 위치하여 땅의 지기와 하늘의 천기를 받는 소우주이다. 그 소우주에서 생활하는 인간은 '생체화된 분자'에 불과하여 소우주인 집의 천기 지기의 작용에 따라 자신의 운명에 영향을 받게 된다.

　주택이나 건물의 구조에서 해당 방향의 길흉이 운명인 수(壽), 복(福), 재(財)에 작용한다. 수(壽)는 건강을 의미하며 가상에 따라 건강을 유지하게 하는 좋은 기를 얻을 수도 있고, 각종 암 등 난치병의 원인이 되는 나쁜 기를 받을 수 있다.

　구성기학에서 보는 질병 발생의 4대 요소는 흉한 주택 거주, 흉한 방위로의 이동(움직임), 부동의 장애(몸을 잘 안 움직이는 것), 감궁·1백수성에서 받는 차가운 기운이다.

　주택의 상에 따라 재물, 대인관계의 길흉, 가족간의 조화 여부, 사회활동에서의 인간관계에까지 영향이 미친다. 또한 성장기의 자녀들에게도 영향을 미치는데 성격, 성취, 가장의 사업성공 및 실패, 그에 따른 재산의 변동 등 인간생활의 모든 면에 길흉 작용을 미친다.

넓은 의미의 가상(家相)은 건물의 상(相)과 건물이 자리한 대지의 지상(地相)까지를 뜻하며, 건물보다는 대지의 생김새가 더 중요하다. 또한 과거에는 주택 위주의 가상(家相)이 중요했으나, 생활중심이 직장인 경우는 사무실이나 점포의 비중이 크다고 할 수 있다.

2장. 대지(大地)의 상 : 지상(地相)

① 대지의 모양은 건물의 상보다 더 큰 영향을 주므로 선택할 때 지적도와 현지답사 등으로 꼼꼼하게 살펴봐야 한다.
② 한 필지의 지형에 함몰 등 결함이 있는 부위는 원래 그렇다기보다는 인위적으로 나눈 것이므로 되도록 메우는 방식으로 개선해 주어야 한다.

③ 지상은 3가지 조건을 고려한다.
   - 지리적 조건 : 고지대, 저습지대, 평지, 상업지역, 공업지역, 주거지역 등의 입지적 조건.
   - 지세적 조건 : 인접한 부근의 땅의 높낮이.
   - 지형적 조건 : 땅의 모양 즉 형상을 말함. 평지에 넓고 네모나거나 정사각형인 경우를 좋게 본다.

④ 지형의 함몰(결함) 부위의 판단

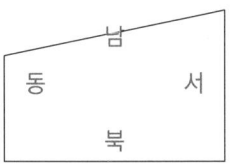
동남쪽의 경사함몰은 서남 곤방의 돌출과 같아, 주부(안주인)의 권리만이 강하여 남자 주인은 거세되어진 것 같이 무력해진다.

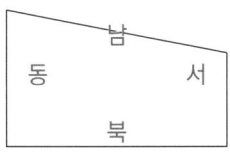
서남쪽의 경사함몰은 처가 병약해지거나, 아내를 잃게 되는 지상이다. 처가 병으로 골골거리는데 이런 곳으로 이사 가서 갑자기

사망하는 경우 있다.

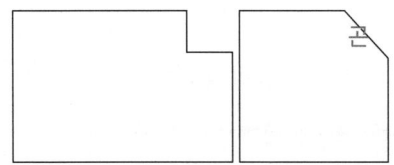

곤방(서남)이 함몰된 택지를 계모 택(宅)이라 한다. 후처로 인하여 집안이 불화하고 저능아가 태어나는 등 가운이 쇠퇴하게 된다.

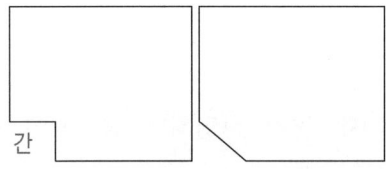

간방(동북)이 함몰한 지상은 가계상속에 문제가 발생한다. 즉 장남이 상속 못하고 양자나 딸이 상속받게 된다. 실제로 이런 주택에서 아들이 처갓집만 위하고 처가에만 가 있었는데, 고쳤더니 괜찮아진 경우가 있다.

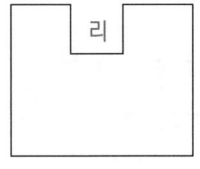

리방(남쪽)의 함몰된 지상은 부자간, 부부간이 불화하고, 가장이 일찍 사망하게 된다. 리궁(머리, 주인. 9자화성, 이별)의 의미대로 가족 간에 떨어져 살게 된다.

감방(북)의 결함은 재복(財福)이 없으며, 가정 불화가 생기고, 의외의 재난을 만나는 흉상이다. 간궁은 극쇠운인데 그보다 더 운이 약해진다. 도난사건이 발생할 수 있다. 단 길상으로 보는 견해도 있다.

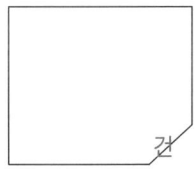
태방(서쪽)이 함몰된 택지는 여성 가족에게 장애가 생기고, 의식(衣食)과 물질적 곤궁에 처해진다. 즉 해당궁의 의미가 더 나빠진 것으로 읽는다. 유(酉)는 가을의 추수기인데 추수한 수확물이 없다는 의미가 된다.

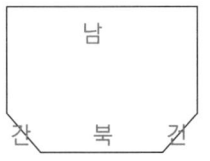
서북방이 결함한 지상은 여주인이 가장인 집이다. 과부(미망인) 또는 후처(작은 집)의 집으로 남자 주인이 없다.

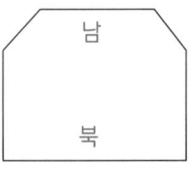
서북방(건)과 동북방(간)이 함몰되어 있으므로 남편과 상속인이 없다.
남(南)면이 북(北)면보다 넓은(확대) 택지의 상은 재난이 연속되어져 가운이 쇠퇴된다.

북면이 약간 넓고 남면이 약간 좁은 지상은 대길상의 지상으로 재복이 많고 자손이 번창한다.

 동쪽이 함몰된 지상은 아들이 태어나기 어렵다. 아들이 있더라도 일찍 죽어 후대가 없고, 결국 가운이 쇠퇴한다.

3장. 주택의 상(相)

① 태생(胎生)방위

주인 또는 가장의 본명성 정위궁의 방위와 생년 지지의 정위궁의 방위를 말한다.

예를 들어 1960년 경자생이라면 본명성은 4다. 본명성 4의 정위궁은 손방(동남)이 되고, 생년지지는 '자'이므로 북방(감방)을 태생방위라고 한다.

② 정중(正中)선

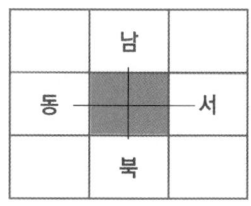

자오(남북) 방위와 묘유(동서) 방위의 중앙선을 말하며 해당 방위에 삼비(三備: 현관, 주방, 화장실)가 있다면 흉한 선이 된다.

③ 사우(四隅)선

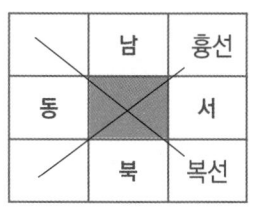

간곤(艮坤) 방위와 건손(乾巽) 방위의 중앙선을 말한다.

흉선(凶線)은 간곤의 중심선이며, 별칭으로 귀문선, 사선(死線)이라고도 한다. 복선(福線)은 건손의 중심선이다.

④ 삼소(三所)

		리귀문
	태극	
표귀문	북	

간궁, 중궁, 곤궁의 3개 토궁(土宮)자리를 뜻한다.

중궁은 태극(太極)이라 혼돈의 흉작용이 나타난다.

간궁은 표귀문(表鬼門)으로 귀신이 밖으로 드러나게 출입하는 곳이다. 표귀문은 귀신이 침범하는 자리이다. 흉작용이 가장 강하게 나타나는 자리이다.

곤궁은 리귀문(裏鬼門)으로 귀신이 안으로 숨어서 출입하는 곳이다. 리귀문은 동토의 자리로 흉한 자리이다.

⑤ 삼비(三備)

대문이나 현관, 주방, 화장실의 3개를 뜻한다. 주택에서 가장 중요한 방위로서 동(動)의 기를 가장 많이 받는 곳이다.

⑥ 부정물(不淨物)은 주방의 하수, 욕실의 하수, 정화조 등의 정결치 못한 것을 뜻하며, 부정물이 있는 장소는 흉한 곳으로 본다.

⑦ 양택삼요(陽宅三要)

전통적인 거주 주택 구성의 3대 요소이다.

좌향을 볼 때의 좌(坐)와 대문 그리고 주방을 의미한다.

- 동사택 : 좌, 대문, 주방이 진, 손, 리, 감의 4개 방위에 위치하여 동(東)을 중심으로 이루어진 주택을 말한다.

손	리	
진		
	감	

- 서사택 : 양택삼요가 곤, 태, 건, 간의 4개 방위에 위치하여 서(西)를 중심으로 이루어진 주택을 말한다.

		곤
		태
간		건

⑧ 가상의 5허(虛)와 5실(實)

- 5허 : 큰집에 소수 가족의 부조화
  허술한 내부건물에 비해 장엄한 큰 대문의 부조화
  담장과 창문이 어수선한 것
  수도 및 주방의 흉방위(정중선, 사우선, 삼소) 설치
  빈터, 빈 구석이 많은 건물

- 5실 : 길상의 택지(장방형, 정사각형)
  터와 건물의 조화로움
  건물과 사람의 조화
  상수의 조화
  하수 및 유수(流水)상의 조화(하수도 흉방위라면 흉작용)

4장. 가상의 중심점

① 중심점은 방위 구분의 기준점이 되니 확실하게 잡아야 한다.
② 건물에서 적은 덧붙이(돌출)와 함몰은 무시한다. 즉 돌출부위는 제외하고 함몰 부위는 포함한다.

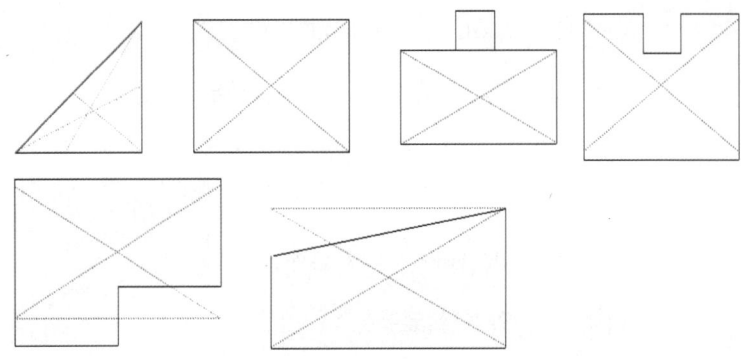

③ 자신이 살고 있는 집이나 사무실의 평면도를 그려 중심점을 확인해 본다. 종이에 그린 후 모양대로 오려서 펜을 세우고 실제로 중심점을 찾을 수도 있다.
④ 돌출과 함몰의 길흉은 다음 장에 이어진다.

5장. 가상의 돌출과 함몰의 길흉

1. 일반적인 이론

① 대지나 주택에서

'튀어나옴' 즉 '덧붙이'와 '별채'가 있음을 길상으로 보고,
'들어감' 즉 '함몰' 있음을 흉상으로 본다.
튀어나온 부위는 해당궁의 기를 보완하는 좋은 작용을 한다.
동방이 튀어나오면 진궁의 기운이 더욱 작용하고,
서방이 튀어나오면 태궁의 기운이 다른 방위보다 더욱 강하게 작용되어 해당방위의 기운을 강하게 한다.
따라서 명예를 크게 얻고자하면 남방에 덧붙이나 별채를 설치하여 다른 곳보다 튀어나오게 함으로서, 리궁의 기운을 강하게 받아 명예를 얻을 수 있다.
함몰된 부위는 해당궁의 '기가 약하다, 없다'는 의미가 된다.
단 흉선상인 간(艮)과 곤(坤)방위는 '덧붙이' '별채' '함몰' 모두를 대흉으로 본다.

② 8방위별 효과

감궁방위 : 가정 내의 안정과 화합을 주는 중요한 방위이다.
- 길상이면
  하는 사업이 잘 되고 집안이 안정하게 되므로, 부부관계가 화목

하고 자녀운 또한 좋아진다. 가족 모두가 건강하며 품행이 단정하여 가장의 권위도 잘 지켜진다. 모든 일이 조용하고 끈기 있게 추진된다.

특히 문필가에 뜻을 둔 사람은 감궁이 길상이어야 유명한 인물이 될 수 있다.

- 흉상이면

역운(逆運)의 작용을 받는다.

부하직원이나 종업원의 잘못으로 사업, 직장 등이 불운해지고 쇠퇴하게 된다.

가운도 악화되어, 자식들에게 화가 나타나며 특히 남자아이에게 더욱 강하게 나타난다.

가장이 색정에 빠져서 그 부인이 가출하게 된다. 그러면 자식들이 자라나는데 어려움이 생기므로, 그 자식들이 신약(身弱)하고, 가출하거나 문제아가 되기 십상이다. 특히 사내아이가 더욱 문제가 있게 된다. 따라서 정신적 고통과 함께 물질적으로 어려움도 쌓이게 된다.

곤궁방위 : 곤궁은 리귀문(裏鬼門)이라 흉선에 속하며, 간궁과 같이 요철이 없는 것을 길상으로 본다.

- 길상의 경우

착실히 노력을 다하는 생활 태도와 함께 근면하고 인내하며 건실한 인생 행로를 가야한다는 의식이 생긴다. 즉 인격형성에 중요한 역할을 하는 방위의 기운이다.

또한 곤궁은 부인의 자리로, 건궁의 가장의 위치와 동일하게 중요한 곳이기도 하다.

건궁과 곤궁이 길상일 때, 가정은 평화 속에서 어려움 없이 안정된 생활을 영위할 수 있다.

- 흉상인 경우

주부가 항상 악운에 시달려 집안이 평안치 못하다. 따라서 그 가족들은 집보다 밖에서 즐거움을 찾게 되며, 가족 간의 화합이 매우 어렵게 된다.

진궁방위 : 만물이 솟아나는 위치로 양의 기가 왕성한 방위이다.

- 길상인 경우

가운이 좋아져서 자녀들이 건강하고 활기차게 성장한다. 밝은 가정에 살림이 풍부하고 자손번영과 행복한 생활을 영위한다. 사업면에서도 정력이 넘쳐 흐르고 교제범위가 넓어지며, 집안에 사람의 왕래가 많아진다.

가수나 탤런트 등 인기 관리가 필요한 직업인은 진궁방위 길상의 집에 거주하는 것이 필요하다.

- 흉상일 경우

장남이 없으니 활기가 사라진 가정이 되어 집안에 항상 침울한 어둠이 깔려 있는 듯하다. 그 주인은 직장일 끝내고도 귀가하기가 싫어져 친구와 어울려 2차, 3차로 술 마시며, 외박이 잦아진다.

직업상 하는 일에도 활기를 잃어 추진력을 잃게 된다.

경우에 따라 큰 사업 착수하여 큰 실패 본다.

가족은 서로가 자기 멋대로 방황하며, 그 결과 집안 보전이 어려워진다. 특히 큰아들은 비행 청소년이 되어 집안에 붙어있지 않게 된다.

손궁방위 : 매사를 정리 정돈하는 장소이며, 상품의 매매, 거래와 사람들의 출입 왕래에 큰 영향을 주는 방위가 된다.

- 길상일 경우

  사회적으로 신용과 인기를 얻어 크게 번창하는 바가 된다. 손궁은 바람의 상으로 멀리까지 좋은 소문이 퍼지게 되므로 많은 인기를 불러 모으게 된다.

  특히 여성에게 좋은 영향을 주게 되며, 성년이 된 딸을 둔 가정이라면 먼 곳까지 소문이 퍼져 좋은 혼담이 들어오는 인연의 혜택을 받게 된다.

- 흉상의 경우

  주변으로부터 나쁜 소문을 듣는 집안으로 변해가며, 점차 신용을 잃어 사업이 쇠퇴하게 된다.

  또한 모처럼 성사된 좋은 혼담도 깨지게 되며, 어떤 것이든지 (상품 또는 딸) 팔려 나가지 않는 재고로 남게 된다.

  여성식구로 구성된 가족(여가장, 성년이 된 딸 많은 집) 에게는 특히 중요한 방위이다.

건궁방위 : 가정을 이끌어 가는 주인의 방위가 된다. 성 안에 지배자가 있는 곳이 된다. 한 가족 중 가장의 위치로 그 가문의 운세를 좌우하는 가장 중요한 방위이다.

- 길상일 경우

집안이 안정되며 아내는 남편을 따르고, 자식은 아버지를 존경하여 이상적 가정생활을 이루게 된다. 일가를 통솔할 수 있다는 것은 사회생활에도 적용되므로, 직장에서도 주변이나 부하들에게 인망을 얻고 신뢰받아 중심적 인물이 된다. 그것이 승진 등의 지위 향상을 가져와 결과적으로 재운(財運)에도 도움을 받게 되는 것이다.

- 흉상일 경우

건궁의 방위가 함몰되거나 과하게 덧붙이면 흉상이며, 또한 큰 창문이 있는 것도 흉상이 된다. 우선적으로 가장인 집주인에게 영향을 준다.

사업이 잘 풀리지 않으며, 본업 외의 다른 일에 몰두하게 된다. 노력 없이 소득을 얻고자 주식투자, 도박, 투기 등에 빠져 건실치 못하게 되며, 점점 더 게을러져 결국 주부가 생활비를 벌고자 밖으로 나서게 된다.

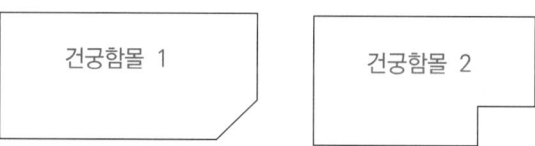

따라서 가장의 주권은 점점 약화되어 처와 자식들이 아버지를 무시하게 되므로 가정의 평화를 유지하기가 어려워진다.

건궁의 함몰이 제일 나쁘다. 별채 등 큰 덧붙이도 흉상이다.

태궁방위 : 과일과 곡식이 익어 얻은 가을의 수확물로 돈을 포함하여 여러 가지 물건을 거두어들이는 기가 작용하여 소득과 수입 등이 들어오는 방위이다. 또한 소득과 수입이 들어왔으니 기뻐서 축제가 많아져 여러 사람이 모여 먹고 마시며 즐기는 방위이기도 하다.

- 길상인 경우

　일가족이 모두 모여서 잔치하는 기쁜 일이 생기거나 현금 융통이 잘 되어 재운(財運)이 좋아진다.

　태궁 방위에 덧붙이되거나 별채가 있는 주택은 재운이 좋아지며 노후 생활도 편안해진다.

　가정생활이 원만해지고 좋은 친구가 늘어나며, 친구의 덕으로 자신도 성장하여 부귀영화를 누리게 된다.

- 흉상일 경우

　처음에는 번성하였다가 그 부귀영화가 유지되지 못하는 경우이다.

　가계가 사치에 치우쳐 가산이 기울며, 여인들은 밖으로 눈을 돌려 남편이나 남자들을 깔보게 된다.

　태궁 방위는 특히 여자에게 큰 영향을 주므로 여성의 힘이 강해진다.

　태궁방위는 자산가가 되는 방위인 동시에 여자의 권한이 강해지는 방위이므로, 남편의 태생 방위도 겸하여 길상으로 만들어주는 것이 필요하다. 특히 집안에서 주권행사를 하지 못하는 약한 남편은 태방위에 '덧붙이'와 '별채'를 두지 말아야 한다.

간궁 방위 : 표귀문(表鬼門)의 방위로서 창문의 설치도 안 좋다. 또한 간궁은 덧붙이와 함몰 모두를 흉상으로 본다. 즉 돌출과 결함이 없는 것이 길상이 된다.

- 간궁방위에 별채의 창고나 헛간을 설치하거나, 크게 덧붙이한 경우에는 당대의 초기에는 번성하나, 후기에는 병고로 시달리게 된다.
  최악의 경우에는 수명을 다하지 못하고 단명하기도 한다.
  또한 간궁방위에는 변화나 변동의 기가 강하니, 요철이나 삼비(三備:출입문, 주방, 화장실)의 설치 시 신중하게 해야 한다.
  덧붙이의 크기에 따라 2대 3대까지 재화가 이어지니 조심하여야한다.
- 흉상인 경우
  우선 후계자에 문제가 발생한다. 딸만 있는 집안이 되거나, 남아가 태어나도 신약하거나, 자라서 가정을 저버리는 일 등이 발생한다. 또한 재산상속에 문제가 생겨 가족 간에 분쟁이 계속된다.

리궁방위 : 정상의 방위이며 주인의 방위이다.

- 길상이면
  명예, 명성에 길한 작용을 하므로 의사, 화가, 학자, 연구가, 신기의 작용, 역술인 등은 존경받는 자리에 오르게 된다.
  또한 정치가나 사업가에게도 중요한 방위이다.
  직장인도 상사에게 인정받게 되므로 승진운이 좋아진다.
- 흉상이면

> 정당한 노력의 대가를 인정받지 못하며, 문서 서류상의 과실이 크게 나타나고, 아랫사람의 과실까지 뒤집어쓰고 책임져야 하는 등 명예가 실추되거나 심하면 실직당하는 일까지 발생한다.
> 특히 9자인 및 오(午)년생의 경우 태생방위까지 해당되어, 특히 그 영향을 크게 받게 되므로, 주택이나 사업장에서 리궁방위가 길상이 되도록 더욱 노력하여야 한다.

2. 세부적인 주택의 덧붙이와 함몰

① 대지의 결점은 건축 방법에 따라 보완(메우거나 잘라내거나) 할 수 있지만, 건물의 결점은 쉽게 고칠 수 없으므로 가운(家運)에 직접적으로 영향을 주게 된다.

일반적으로 남북으로 폭이 좁으며 긴 집이나, 남북이 아니라도 폭이 너무 좁은 집, 그리고 집의 구조와 형태가 복잡한 집은 흉상이 된다.

길상의 집은 작은 건물인 경우 정사각형, 규모가 큰 집은 동과 서로 긴 장방형인 집이다.

덧붙이는 건물의 한 면 길이의 1/3이내의 돌출을 뜻하며, 1/3이상인 경우는 반대로 다른 부위의 함몰로 간주한다.

8방위 중 흉선상의 간궁과 곤궁을 제외한 6방위의 적당한 덧붙이는 길상이다. 그러므로 간궁과 곤궁방위는 요철이 없는 것이 길상이며, 약간의 함몰은 무난하다고 하는 학자도 있다.

주택의 요철은 가족의 건강문제 등 가운에 크게 영향을 주며, 요철된 방위에 따라 기의 길흉 작용이 각각 틀리게 나타난다.

② 요철 부위의 길흉작용
1/3이상 철(凸)이면 반대로 철(凸)된 방위의 양쪽을 요(凹)로 간주한다.

1. 진궁

- 적절한 덧붙이나 별채 : 사업(직장, 가업) 번창. 자녀운 상승. 효도함. 가운 상승하고 큰 발전. 명성 얻음.

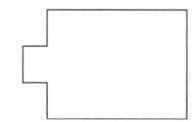

- 함몰 : 자식(특히 장남) 요절. 가장이 일찍 세상 뜸. 부상, 교통사고 등 당함. 가운이 크게 패퇴함.
- 지나친 덧붙이나 별채 : 반대로 간궁과 손궁의 함몰로 크게 흉상이 된다.

2. 태궁

- 적절한 덧붙이나 별채 : 소규모 덧붙이는 길상이 됨. 재물운 좋아지고 생활의 즐거움 넘침.

- 함몰 : 금전의 수입이 원천적으로 봉쇄됨. 남성가족이 유흥 도박에 빠짐.
- 지나친 덧붙이나 별채 : 건궁과 곤궁의 함몰로 흉상이 된다. 가장이 무기력해지고 수입이 없어 여권(女權) 가정 된다. 후처의

상의 가운이 되며, 대지까지 돌출된 경우는 대흉이 된다. 여난(女難)으로 가장이 늘 집을 비우게 된다. 가족 간에 폭력 사태가 발생한다.

3. 리궁

- 적절한 덧붙이나 별채 : 소규모의 돌출은 길상이 되어 부귀발전의 가운이 된다.
- 함몰 : 삼각관계로 가정이 파괴됨. 도난사, 소송 등 당함. 자녀 부하에게 배신. 정신질환, 눈병 등 발생.
- 지나친 덧붙이나 별채 : 손, 곤의 함몰로 흉상. 신용, 인기의 장애로 실패함. 처가 가권을 행사하고 남편을 깔봄. 곤궁의 소규모 함몰은 길상이 되어 내조를 잘하여 가정을 평안하게 한다.

4. 감궁

- 적절한 덧붙이나 별채 : 남녀관계와 부부관계의 화합궁이므로 균형 있는 적절한 덧붙이는 부부가 화합하여 가정을 원만하게 만들어준다. 단, 지나친 덧붙이나 별채는 건, 간의 함몰로 간주한다.
- 함몰 : 가내분규가 끊어지지 않고 계속 발생한다. 처와 자식관계에서 내심 고민한다. 가장의 기력쇠진으로 수입이 없어 생활에 어려움이 생기고, 부인이 주권을 갖는 가정이 되어가며,

심하면 처의 욕구불만으로 이혼 당하기도 한다. 고민이나 괴로움을 겪고, 질병도 생긴다.

5. 간궁, 곤궁

- 간궁과 곤궁은 흉선으로 요철 및 별채가 없는 것이 길상의 원칙이다.
- 간궁 곤궁에 한하여 덧붙이는 대흉이다.
  병난(病難), 화재(禍災)가 다발한다.
  매사가 정체되고, 발전이 막힌다.
  가장과 장남에게 화가 닥친다. 가장은 단명하고 그 부인은 재가해 집을 나가게 된다.
- 축방은 노년층에 한하여 무난함.
- 인방(寅方)의 작은 돌출은 길상으로 보기도 한다. 편안한 가정이며, 남의 협조로 성공이 가능하다.

| 건궁의 적당한 덧붙이는 길상 | 과한 건궁의 덧붙이는 감궁 간궁의 함몰 | 과한 감궁의 덧붙이는 간궁, 건궁의 함몰 |

6. 기타 주요사항
- 본명성이나 생년지지를 기준으로 하여 대문(출입문)과의 관계가 가장 중요하다.
  출입문, 주방, 화장실 등 출입이 빈번한 장소로의 움직임에서 기를 받는다.
  본명성이 손궁회좌의 년 월에도 운세가 나쁘다면 거주하는 주택의 가상에 문제가 있다고 판단한다.

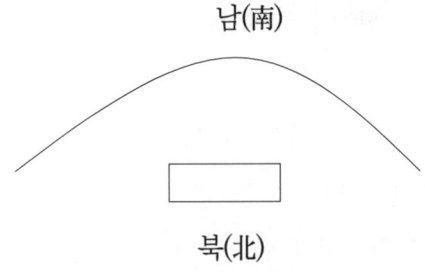

- 남방이 높고 북방이 낮은 대지에 집을 짓고 살면, 미쳐서 날뛰고, 과대망상에 빠지고, 사기를 친다.
- 2층이나 고층건물의 계단도 중앙이나 흉방위에 위치하면 흉하다.
- 현관과 방이나 화장실의 문이 서로 마주보면 흉하다.
  현관문과 출입문이 곧바로 이어지면 외부의 흉기가 모두 들어온다. 이런 경우 현관문 안에 미닫이문으로 이중문을 달면 된다.
- 본명성 5황인은 호프집 장사는 잘 안 된다. 일수놀이 등 고리대금업이 좋다.
- 정중선, 사우선에는 현관, 주방, 화장실과 부정물(정화조, 싱크대, 하수도)가 설치되지 않아야 한다.

*예) 손방(巽方)이 길하다 해도 진(辰) 손(巽) 사(巳) 3방위 중에서 손(巽)은 정중(正中)선이라 흉하고, 진(辰)이나 사(巳)방이라야 길하다.

24방위

- 삼소(三所:곤궁, 중궁, 간궁)는 흉선이니 경계를 요하는 방위이다.
- 손궁방위의 출입구는 번창한다.
  예) 부동산 사무실의 경우 손방 출입구는 번창한다.
  일본에서는 가정집도 손방 출입구이고, 2층으로 올라가는 계단도 손방이다. 그러면 손님도 많이 오고 인기도 많은 집이 된다.

입구		

- 간방 출입구는 매일 고스톱만 친다.

입구		

- 건방 출입구도 좋다. 고급손님이 온다.
- 운세가 동회(同會)상 큰 문제가 없어도 흉한 사람은 가상에서 흉기를 받은 사람이거나 과거에 흉방위로 계속 움직인 사람이다.
- 아파트는 자기가 사는 세대 하나만 본다.
- 덧붙이는 집안에서 쓸 수 있도록 공간이 확보되어야 덧붙인다.

		입구

6장. 본명성별 길상의 요점

1. 공통사항

① 흉선방위인 간궁과 곤궁 방위는 항상 청결함을 유지하는 것이 길상이다.
② 정중선 및 사우선 상에는 깨끗하지 못한 물건을 두지 않는다.
③ 건물에 함몰된 부위는 없고, 적당한 소규모의 덧붙이가 길상이다.
④ 건물의 중앙에는 계단이나 부정물이 없는 것이 좋다.
⑤ 가장의 본명성 정위궁에는 현관, 주방, 화장실, 지저분한 물건이 없어야 한다.
⑥ 가장의 생년지 방위에도 현관, 주방, 화장실, 지저분한 물건이 없어야 한다.
⑦ 직업에 따라 적당한 덧붙이는 필요한 방위가 있으나, 함몰은 흉기의 요인이 된다.

2. 본명성별 가상의 특징

① 1백수성 본명인(자오묘유년생)

- 태생 정위궁인 감방(북) 적당히 덧붙이 된 가상이면 자신의 역량이 강화되어 길상이 된다.
- 반대로 감방이 함몰되거나, 현관·주방·화장실이 자리한 경우 그 방위로의 움직임이 본명살 방위가 되므로 흉기의 작용을 받게 된다.

특히 자(子)년생의 경우 본명 지지 방위까지 겸하게 되어 더욱 강하게 나타나게 된다.

감궁의 현관은 일반적으로 곤궁·질병·재난 등을 불러들인다 하여 흉상으로 본다. 단, 임(壬) 계(癸)방에는 병원, 전당포업에 한하여 길하다고 본다.

24방위

감궁의 흉상은 질병에 시달리고, 부부가 불화하며, 사업가에게는 믿었던 거래처의 배신도 일어난다.
- 감궁에는 응접실, 서재, 자녀의 공부방을 배치하는 것이 좋다. 특히 대학에 진학하려는 고등학생은 정북방의 방을 쓰면 마음이 안정되고 공부 잘해서 합격한다. 감궁은 지혜나 깊은 사색의 궁이다.
- 삼비는 팔방위의 중심선상인 정중선 및 사우선과 삼소(三所:간궁, 중궁, 곤궁)에 설치하지 말 것.
- 현관의 길상 : 건궁의 술(戌) 해(亥)방위
  리궁의 병(丙) 정(丁)방위 / 손궁의 진(辰) 사(巳)방위
- 화장실의 길상 : 건궁의 해(亥)방위 / 태궁의 경(庚) 신(辛)의 방위
- 주방의 길상 : 진궁의 갑(甲) 을(乙)방위 / 손궁의 진(辰) 사(巳)방위

② 2흑토성 본명인(인신사해년생)
- 정위방위인 곤궁은 요철은 물론이거니와 삼비, 부정물의 설치도 금물이다. 창문을 내는 것도 불길하니 피해야 한다.
  곤궁은 청결해야 하며 서재, 거실, 응접실, 공부방 등이 무난하다.
- 가장이 2흑토성 본명성인 경우, 기업가 또는 상위관리직으로서 자신의 지휘 통솔력이 필요할 때, 생년지 방위의 덧붙이로서 필요한 좋은 기운을 얻을 수 있다.
- 1953년 계사년생이면 손궁방위 덧붙이가 길하다.

③ **3벽목성 본명인(진술축미년생)**
- 정위방위인 진궁은 중요한 방위이니, 덧붙이를 하여 좋은 기를 받도록 하여야 하며, 반대로 함몰되지 않도록 할 것이다.
- 묘방(동)의 덧붙이가 가장 좋으며, 추가적으로 건궁의 덧붙이도 길상이 된다. 그 효과로는 가장의 운기가 상승되어, 그 기운이 다른 가족에도 좋은 영향을 미치게 되므로, 전체적으로 가운(家運)이 상승된다.
- 남성 가장에게는 건궁의 덧붙이는 길상이 된다.
- 반대로 건궁이 함몰된 경우 가정의 주도권이 부인에게 돌아가 여성상위의 가정이 된다.
- 정위궁인 진궁과 생년지 방위에 삼비를 설치하지 않는 것이 길상이다.
- 진궁에는 서재, 거실, 침실 그리고 자녀의 공부방의 배치가 길하다.
- 진궁의 함몰 및 진궁에 삼비의 설치는 가장이 활력이 없어져 출세가 지연되고, 자녀의 반항 및 가출이 발생하며, 교통사고 등의 재난이 일어난다.
- 3벽목성 본명성이면서 진년생의 경우 생년지 방위인 진방(동)에 현관· 주방, 화장실의 설치는 가상이 더욱 흉해져서 재난을 불러들이는 원인이 된다.

④ **4록목성 본명인(자오묘유년생)**

- 정위방인 손궁방위는 모든 사람에게 아주 중요한 방위이다.
- 주택 전체의 복록이 들어오는 방위이니 흉상이 되지 않도록 세심한 주의가 필요하다.
- 함몰되거나 또는 현관, 주방, 화장실의 설치 등으로 흉상이 된 경우에는 매사에 좋은 결과를 보지 못하며, 거래상의 계약은 파기되고, 자금의 조달도 될듯하다가 안 되며, 모든 대인관계에서 갈등이 발생하게 된다.
- 정확한 방위의 적당한 규모의 덧붙이가 길상의 조건이다.
- 손궁방위의 덧붙이가 곤란한 경우에는, 감궁이나 태궁의 덧붙이로서 편안한 가운이 유지될 수 있다.
- 생년지 방위에 현관, 주방, 화장실이 설치되어도 대흉상이 된다.

⑤ **5황토성 본명인(인신사해년생)**

- 정위방은 중앙이다. 건물의 중앙이 자신의 위치이니 중요시하여 삼비(현관, 주방, 화장실)와 계단이 없도록 해야 한다. 또한 건물의 중앙은 가족의 중심인물인 가장의 장소가 되기 때문에 중앙의 흉상은 누구에게나 좋지 못한 영향을 준다. 계단이 집의 중앙에 위치하면 이분화된 것과 같아, 가정이 깨지고, 가족끼리 대립하여 언쟁이 자주 생긴다. 또한 화재가 발생한 경우에는 계단이 연통의 기능을 하므로 더욱 위험하다.
- 건물의 중심이 애매한 집은 흉상으로 본다.

'ㄷ'자 형의 건물은 안마당의 중앙이 건물의 중심이 되어 나쁘다. 또는 건물의 중앙에 하늘을 보기 위하여 천장에 창문을 설치하는 것도 가운데가 비어있는 구조가 되어 흉상으로 본다.

⑥ **6백금성 본명인(진술축미년생)**

- 정위방인 건궁은 가장의 위치이며 남편의 위치이다. 또한 건궁은 복록선상에 있어 더욱 중요시되는 방위이다.
  단독주택이나 아파트 모두 건방(서북)에 부정물이 있으면 흉상이 된다.
- 본명성 방위와 별도로 생년지 방위도 보아야 한다.
  즉 본명성의 정위궁이나, 태생방위의 정위궁, 그리고 가족의 중심인물인 가장의 정위궁인 건궁, 또한 복록선상의 위치인 건궁과 손궁은 아주 중요한 방위이니 더욱 신경을 써야 한다. 양력 1958년(무술년)생의 경우는 본명성이 6백금성이라 정위궁이 건궁이고, 태생방위(생년지 방위)도 '술'이 있는 건궁으로 중복되어 있어 더욱 강력하게 작용한다.
  상기한 각 요소가 가상에서 중요한 것들이니 반드시 길상으로 만들어져 있어야 한다.
- 건궁 방위의 함몰이나 현관, 주방, 화장실의 설치 등은 가장의 운세가 약화되어 사회적으로나 가정적으로 무기력한 인간으로 변해가게 된다.
  또한 부인과 자식들에게 바보 취급을 받아 가정이 붕괴되는 원인이 되고, 도박에 빠져 패가망신하는 경우도 있으며, 심하면 가출하여 찾지 못하는 경우까지 발생될 수 있다.

어찌됐던 가장에게 흉화가 닥쳐 그 가정이 비참해진다.
- 6백금성인이 가장이라면 반드시 건궁방위는 길상이 되어야 한다. 길상이 되면 가장을 중심으로 온 가족이 단결하여 건전한 가정생활이 유지된다. 아파트의 경우에도 마찬가지로 본다.

⑦ 7적금성 본명인(자오묘유년생)

- 본명성의 정위궁은 태궁방위이다.
  태방은 재화(財貨), 기쁨, 편안한 가정을 뜻하는 부위이다.
  이 방위가 길상이면 가정을 중요시하며, 경제적으로 풍요로워 편안한 가정생활이 보장된다. 태궁 경(庚)과 신(辛)방위의 현관 설치는 물장사 또는 소매업의 경영에 한하여 길하며, 일반적으로 태궁(서쪽) 현관은 '낭비의 상'이라 하여 돈 모이지 않으므로 기피된다.
- 7적금성 본명성인에게 서쪽이 함몰되거나, 현관·주방·화장실과 부정물이 설치된 집은 흉상이다.
  유흥을 좋아하여 주색에 빠져 경제적으로 어려워지고, 또한 그로 인한 색정문제가 나타나며, 심하면 도박에 빠져 타락하는 신세가 되기도 한다.
  가장만 그런 것이 아니라, 가족 전체가 남녀노소 모두에게 영향을 미쳐 그러한 현상을 담은 기의 작용을 받게 된다.
- 사업가에게 있어 손궁방위와 함께 태궁방위가 흉상이 되면 미래의 발전이 어렵다. 사업에 안일하게 대처하여 예상치 못한

결과로 거액의 부채만 쌓이게 된다.
- 태궁방위는 이성교제 기쁨의 기가 있어 결혼에도 큰 영향을 미친다. 길상의 경우 연애로 좋은 인연을 만나 행복한 가정을 이루게 된다. 흉상의 경우 좋은 상대와의 인연이 어려워, 결혼으로 진전되지 못하거나, 또 결혼한 후에도 잘 살지 못하여 괴로워한다. 이러한 현상은 남녀 모두에게 나타나는데 특히 여자에게 더욱 강하게 나타난다.
- 태방과 손방의 적절한 덧붙이가 있으면 길하다. 본명성 정위방이 생년지방위와 중복되어 강력하게 작용하니, 해당방위에 삼비(현관, 주방, 화장실)를 설치하지 않아야 한다.

⑧ 8백토성본명인

- 정위는 간궁(축간인)으로 귀문 방위로서, 매우 어려운 부위로 함몰이나 덧붙이 모두 없는 것이 길상이며, 현관·주방·화장실도 없어야 길하다.
또한 간궁방위는 상속이나 후계문제에 해당되니, 가계와 가업의 존속에 중요한 방위가 된다.
- 간궁은 길상화보다는 흉상이 되지 않도록 힘쓰는 것이 좋다.
- 기사년생과 정해년생의 생년지 방의 현관·주방·화장실은 대흉상이 된다. 손방과 건방을 겸하게 되기 때문이다. 손방은 사업관계 및 대인관계를, 건방은 사장이나 가장을 의미하므로 해당방위의 흉상은 더욱 나쁘게 나타난다.
본인의 생년지 방위 삼비는 움직임으로써 받는 본명살의 나쁜 기운을 받게 되므로 사고, 부상, 질병 등의 재난이 생긴다.

⑨ **9자화성 본명인**

- 정위인 리궁방위는 명예, 지위, 지식, 발견 등 정신적이고 지능적인 작용을 한다. 정치가, 학자, 예술가, 판검사, 정신능력자 등에게는 더욱 중요한 방위가 된다.
  일반적인 직업인도 리궁이 길상이면 새로운 지식을 빠르게 습득하고, 훌륭한 기획으로 일약 유명해져 출세의 기회를 얻게 된다.
- 남쪽이 함몰되거나, 남쪽에 거대한 수목, 높은 담장, 큰 별채, 연못 등이 있으면 흉상이 된다.
  흉상이 되면 타인의 일에 보증을 서 채무를 대신 뒤집어쓰며, 계약상의 분규가 형사문제로 확대되며, 인감으로 인한 각종사고 등 공적인 문제가 발생된다.
  특히 함몰의 흉작용은 운세의 악화에서 끝나지 않고, 정신적인 장애까지 생기게 만들어, 일에서나 인간관계에서 내적 갈등을 초래해 매사를 끝까지 이루지 못하게 된다. 따라서 일류 직장도 쉽게 사직하고, 결혼을 하더라도 빨리 이혼하게 된다.
- 리궁에서도 오방을 중심으로 한 적절한 덧붙이와 술방(戌方)의 작은 돌출은 길상이 된다. 리궁은 주인의 자리이고 술방도 가장이나 주인의 자리이기 때문이다.
  진년생과 술년생의 경우, 리방과 함께 생년지방위에 현관·주방·화장실을 설치하면 크게 흉하다. 그 이유는 리방은 주인방이고, 손궁은 사업거래궁이며, 건궁은 사장이나 가장의 방위이기 때문이다.

7장. 직업과 가상

1. 서론

① 위에서 본 바와 같이 가상은 그 집 가장의 태생(본명성 및 생년지)에 따라 길과 흉의 방위가 다르며, 또한 직업의 종류에 따라서도 길흉방위가 다르다.

② 주택의 일부분에 적당한 덧붙이를 하면 그 방위에 상응하는 적극적인 행동을 할 수 있게 된다. 따라서 운세의 강화와 사업의 발전을 위하여 적당한 부위를 덧붙이 형태로 만들 수 있다.
　이때의 덧붙이는 아무렇게나 주요방위를 돌출한다고 좋은 게 아니다. 목적에 따라 덧붙이 부위가 각각 다르므로, 자신에게 맞는 방위와 함께 소원 또는 목적에 적합한 방위에 이루어져야 한다.

③ 평안한 일생에 만족하는 소극적인 삶의 길상으로는, 주택에 요철이 없으며 동서로 긴 장방형의 주택이 적합하다.
　가족이 편안하고 건강하게 지내는 것이 가장 좋다고 생각한다면, 덧붙이나 함몰이 없는 주택에서 현관 주방 화장실 등의 방위가 흉방위에 배치되지 않도록 하는 것이 안전하고 무난하다고 할 수 있다.

2. 사업가 주택의 길상

① 본인이 주도하여 사업을 경영하는 사람은, 기업가는 물론 작은 슈퍼마켓의 주인이라도, 거주하는 주택의 어느 부위라도 함몰부위가 있으면 그것이 사업의 장애요인이 된다. 즉 그 사업의 쇠퇴와 실패는 주택의 함몰부위와 밀접한 관계가 있다.

② 사업가는 사회적인 신용을 획득하고, 자신의 입지 강화를 위하여 손궁과 건궁의 방위에 덧붙이를 하여 사업성공의 기틀을 만들 수 있다.

손궁과 건궁의 덧붙이가 불가능하다면, 자신의 본명성 정위방위와 생년지 방위에 덧붙이하는 것이 필요하며, 여건이 안 되면 둘 중 하나라도 덧붙이하는 것이 좋다.

③ 사업성공의 가상을 요약한다면
- 주택에 함몰부위가 어느 부위에도 없을 것.
- 손궁과 건궁의 방위와 태생 방위에 덧붙이 구조로 배치할 것.

3. 직업별 가상(家相)의 조건

① **상업(사업)번창을 위한 조건**
- 상업을 영위하려면 그 규모에 관계없이 일반 대중과 관련되어 있다. 따라서 동서로 긴 장방형의 주택이나, 사유축(巳酉丑) 금국의 건물이 길하다. 이는 일반대중에 상응하는 가상으로 사업의 번창과 축재의 혜택을 본다.
- 건물을 신축할 때 대지에 여유가 있다면 사유축 삼합 금국의 가상으로 건축하면 사업의 번성과 융성은 물론이고, 장래 큰 재산가로 성장할 수 있는 길상이다.
- 다음으로 다수의 소비자와 친해지고 신용 또한 얻어야 하므로 손궁에 덧붙이거나 사장의 입지 강화를 위하여 건방 위에 약간 덧붙이 하면 위의 효과를 강화할 수 있다.
- 가장의 태생 방위도 길상이 되도록 배치한다.
- 흉선인 삼소(간궁, 중궁, 곤궁)에 삼비(현관, 주방, 화장실)이 배치되지 않도록 하여야 한다.

② **직장인에게 알맞은 가상**
- 덧붙이된 주택 구조보다 함몰이 없는 가상이 무난하다.
- 함몰부위가 있으면 그 방위에 따라 본인 또는 해당가족에게 건강이나 재물의 손실이 생긴다.
- 태생방위의 함몰 및 부정물 설치는 재난의 요인이니 유의해야 한다.

- 출세욕이 남달리 강한 사람은 현관이 길 방위에 위치하도록 하면 좋다.
- 가택 구조상 덧붙이(돌출부위)에 중점이 실리면 직장에서 쫓겨날 염려 있다. 그러나 장차 독립 사업에 뜻을 둔 직장인에게는 전화위복이 된다.

4. 직업별로 길한 덧붙이나 별채의 방위

① 큰 규모의 사업가는 손궁/건궁/감궁
② 소규모의 자영업자는 손궁/건궁
③ 요식업자는 손궁/리궁/태궁
④ 서점, 문방구, 예능계(배우, 탤런트)는 손궁/리궁
⑤ 오락실, 전자게임, 운송업은 손궁/태궁
⑥ 건축가, 건설업자는 손궁/곤궁/건궁
⑦ 미장원, 지물포, 화원, 실내장식, 양품 양장점, 양복점, 한복, 침구, 예술가(화가, 조각가)는 진궁/리궁
⑧ 문필가, 의사, 판검사, 변호사는 진궁/리궁/감궁
⑨ 교육자(교사, 교수, 강사), 강연가, 만담가는 진궁/태궁/건궁
⑩ 정치가는 리궁/곤궁/태궁
⑪ 안경, 귀금속, 시계, 중개업(결혼, 직업, 부동산)은 리궁/건궁
⑫ 서예가는 리궁/감궁
⑬ 각종 운동선수는 곤궁/건궁

⑭ 철근, 철물, 건재상은 태궁/건궁

5. 8방위별 함몰부위의 흉작용

① 손궁 방위

- 손궁의 기는 제(齊:미완성의 상태를 완성시킨다)의 의미로 사업의 원만한 성취와 완성에 기여하는 것이다.
- 따라서 손궁이 함몰되면 대인관계가 원만하지 못하여 모든 계약행위나 거래관계가 완성되지 못하므로 크게 발전할 수 없게 된다.
- 질병 : 모발, 기관지, 동맥, 신경계, 힘줄, 식도, 장(腸) 등 긴 것.
  감기, 전염병, 유행병, 편도염, 기관지, 천식, 장염, 탈장, 대장암, 신경통, 신경마비, 탈모증.

② 진궁 방위

- 사장이 보수적으로 변해 때에 맞게 결단을 내리지 못해 사업진행에 차질을 빚게 된다.
- 사업가에게 시기적절한 결단성은 사업성공의 첫째 조건이다.
- 질병 : 목구멍, 혀, 간(肝), 담(膽), 신경(神經), 발, 왼쪽 손, 인후장애, 벙어리, 천식, 백일해, 간경화증, 담석증, 황달, 담낭질환, 신경통, 노이로제, 각기병.

③ 리궁 방위

- 사업 추진의 열정이 오래 지속되지 못한다.
- 경영방침을 자주 변경하는 등 갈피를 잡지 못한다.
- 사장의 정신력, 육감 등이 둔화되어 기회를 포착하지 못하고, 사업계획이 불확실하게 수립되어 미래예측이 불투명하다.
- 우수한 제품이 선전 효과를 제대로 보지 못하여 빛을 보지 못한다.
- 리궁은 정열, 정신, 육감의 발휘, 선전 효과의 기(氣)이다.
- 질병 : 눈, 두뇌, 심장, 유방, 혀
  두통, 뇌막염, 신경쇠약, 불면증, 고열, 심장병, 협심증, 안과 질환, 화상, 일사병, 유방암.

④ 곤궁, 간궁 방위

- 기본적으로 요철이 없는 게 길상이다.
- 삼비(현관, 주방, 화장실)의 배치는 대흉이 된다.
- 약간의 함몰은 무난하다고 하나, 커다란 함몰은 흉상이 된다.
- 귀문 방향으로 건강에 나쁜 영향을 준다. 특히 사업가에게는 심신에 흉하게 작용하므로, 중요한 판단이나 결단 시 착오가 발생해 사업 실패의 원인이 된다.
- 노인 방이나 서재의 배치로는 무난하다.
- 질병(곤궁) : 위장, 비장, 피부, 우수(右手), 혈액.
  만성 위장 질환, 십이지궤양, 위암, 변비, 복막염, 설사, 소화불량, 식욕부진, 빈혈.

- 질병(간궁) : 허리, 관절, 척추, 근육, 코, 비장, 어깨, 손발, 뼈, 요통, 좌골 신경통, 관절염, 중풍, 류마티스, 반신불수, 골수염, 비장염, 파상풍, 골절, 축농증, 난산증, 어깨통, 혹.

⑤ **태궁 방위**
- 현금 융통에 문제가 생겨 자금회전이 막힌다.
- 물품 대금이나 채권의 회수가 어려워지고 융자의 길도 막힌다.
- 색욕으로 인한 여자 문제가 발생한다.
- 질병 : 입, 혀, 치아, 폐, 목구멍, 혈액, 구강염, 치아질환, 폐질환, 식중독, 성병, 늑막염, 패혈증, 혈행 불순, 생리불순, 각종 외상.

⑥ **건궁 방위**
- 직장 상사나 윗사람 등 사회적 실력자로부터 인정받기 어려워 신용이 점점 떨어진다.
- 현재 추진 중인 일에 대하여 열정과 박력이 없어진다.
- 판로, 정보, 기술 등 모든 면에서 자신감이 떨어진다.
- 거래처와의 설득력이 약화된다. 특히 관공서와의 계약, 납품 등에서 장애가 생긴다.
- 질병 : 머리, 목, 얼굴, 굵은 뼈, 주요한 뼈, 폐, 피부, 손발톱, 순환기.
두통, 심장병, 뇌수병, 큰 뼈의 골절, 노이로제, 신경과민, 폐병, 늑막염, 혈압병, 변비, 피부병, 다한증, 몽유병, 열병, 뇌수염, 교통사고.

⑦ 감궁 방위

- 능력 있는 종업원을 두기 어렵다.
- 유능한 종업원을 경쟁업체에서 뺏어간다.
- 믿는 종업원에게 배신을 당한다.
- 경영이 점점 어두워진다.
- 질병 : 생식기관, 모든 구멍(콧구멍, 귀, 항문 등), 신장, 방광, 혈액.
  부인과 질환, 성병, 신장염, 중이염, 난청, 치질, 당뇨병, 냉증, 알콜 중독증, 월경불순.

⑧ 함몰 개요

- 사업가에게는 8방위 중 어느 방위가 함몰되더라도 흉운이다.
- 무리한 돌출보다는 함몰된 방위가 없는 것이 더 무난하다.
- 가상의 길흉은 거주주택은 물론이고 사업장에서도 영향을 받는다.

부록 1. 팔괘의 상과 의미

구성의 의미를 살펴보려면 먼저 『주역(周易)』에서 팔괘의 상과 의미를 살펴보아야 한다. 선천팔괘도와 후천팔괘도, 낙서(洛書)에 구성이 설명되어있기 때문이다. 『주역』 설괘전에는 팔괘에 대하여 설명되어 있다.

1. 건(乾)괘

괘상	☰
괘명	건
선천수	1
자연	하늘
성질	건장함
인간	아버지
동물	말
신체	머리
오행	양금
후천수	6
방위	서북

괘상은 세 개의 양이 쭉 이어져 있는 모양이다. 괘상에서 '상(象)'은 '코끼리 상, 그림 상'자를 쓰는데, 여기서는 형태를 말하며, 괘의 이름은 '건'이다.

건괘의 뜻은 옆에 있는 도표에서 보이듯이, 하늘, 건장함, 아버지의 의미이며, 지극히 굳세고 밝으며 앞장선다는 뜻을 가진다.

모든 것에 우선하며 모든 것을 다스린다는 뜻에서, 만물 중에는 하늘이며, 집안에서는 아버지에 해당한다. 사람의 몸으로 치면 머리, 동물 중에는 건장한 말, 큰 나무 위에 매달린 열매 등이 된다. 오행으로는 단단한 금(陽金)이 된다. 앞서 보았던 천간에서는 경금(庚金), 지지로는 신금(申金)과 같은 성질이다.

2. 태(兌)

괘상	☱
괘명	태
선천수	2
자연	연못
성질	기쁨
인간	소녀
동물	양
신체	입
오행	음금
후천수	7
방위	서

괘의 이름은 기뻐한다는 뜻의 태(兌)이다. 두 번째로 나왔으니 선천수는 2이고, 이태택二兌澤이라고 부른다. '이태택'에서 '이'는 팔괘 중에 두 번째 나왔다는 뜻이고, '태'는 괘의 이름이며, '택'은 괘의 상징물이 연못이라는 뜻이다.

태(서방 태, 기뻐할 태)는 아래에 양효가 2개 있고 그 위에 음효가 있다.

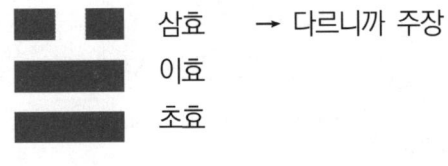

주역의 팔괘는 희소가치를 중시한다. 세 개 중에 한 개가 다르면 그것이 자신의 주장을 하는데, 태괘의 세 개효 중 가장 위의 효만 다르므로 그것을 주효(主爻)라고 부르고, 이에 따라 어떤 성질을 갖는다.

그리고 음은 아래로 가라앉고 양은 위로 발산하는 성질이 있어서, 음효가 아래에 있고 양효가 위에 있는 것을 정상이라고 생각한다. 그러나 태괘는 반대로 되어 있어, 분수를 모르고 즐거워한다는 의미가 있다.

또 아래는 양으로 막혀있고 위에는 부드러운 음이 있어, 땅 위에 모인 물(연못)이 출렁이는 상도 있다. 백두산 천지를 상상해 보면, 단단한 흙이 둘러싸고 있고, 그 안에 부드러운 물이 들어 있는 것이 연못이다.

가족으로 보면 음이 제일 나중에 나온 것이므로 막내딸에 해당한다. 다르니까 주장하는데, 음효 하나인 것이 괘를 대표하는 성질이 되므로, 아래 세 괘는 모두 여성이 된다. 손괘는 초효가 음이니까 처음 나온 딸이고, 리괘는 가운데 효가 음효이므로 둘째, 태괘는 맨 위의 효가 음효이므로 막내딸이라고 한다.

손
첫째(장녀)

리
둘째(중녀)

태
셋째(막내)

막내딸은 집안에서 귀여움을 독차지한다. 어리고 약하기는 하지만 부드러움으로 강한 양을 서서히 침범하여 훼손시키고 무너뜨리는 성질이 있다. 마치 버릇없이 굴어도 아버지나 할아버지가 용서해 주는 것처럼 말이다.

그래서 태괘가 좋을 역할을 할 때는 '말하고, 기뻐하고, 먹어서 즐겁다'는 뜻이 되고, 태괘가 안 좋은 역할을 할 때는 '구설수가 생기고, 훼손되며, 배탈난다'는 뜻이 된다.

그러니까 점을 쳐서 태괘가 나오면 절제를 하면 즐겁고 지나치면 어렵다고 해석하게 되는 것이다.

신체 중에는 말을 하는 입에 해당하고, 동물로는 들이받는 성향이 있는 양이 여기에 속한다.

「설괘전(說卦傳)」에는 "연못이 되고, 소녀가 되고, 무당이 되고, 입과 혀가 되고, 해지고 끊어짐이 되고, 붙은 것을 결단함이 되며, 땅에는 단단하고 짠 것이 되며, 첩이 되고, 양이 된다."라고 하였다.

오행으로는 연한 금이 된다. 음 기운이 있는 금이므로 음금(陰金)이라고 하고, 천간에서는 신금(辛金), 지지에서는 유금(酉金)에 해당한다. 연한 금이라고 말하지만 제련된 금이기도 하다. 제련되었다는 말은 쓸모가 있는 물건으로 변화했다는 뜻이기도 하다. 그래서 일간이 신금(辛金)이면 잘 제련되었으므로 잘 생겼다고 한다.

3. 리(離)

괘상	☲
괘명	리
선천수	3
자연	불
성질	걸림
인간	중녀
동물	꿩
신체	눈
오행	화
후천수	9
방위	남

괘의 이름은 떠난다는 의미의 리이다. 팔괘 중에서 세 번째로 나왔으며, 괘의 이름 '리'와 괘의 상징물이 불이 된다는 의미로 삼리화(三離火)라고 부른다.

또는 이허중(離虛中)이라고 부르는데, '이허중'은 가운데 효만 끊어졌다는 말이다.

리괘는 음효는 하나, 양효가 두 개이므로 음효인 두 번째 효가 주효가 된다. 음효를 가운데 두고 두 양이 밖에서 지켜주는 상이라고 할 수 있다. 음효는 어두우므로 속은 어둡고, 양효가 밖에 있어 겉으로 보이는 모습은 밝다고 한 것이다. 그래서 속은 어둡지만 밖을 환하게 비춰주므로 지혜롭게 살핀다는 의미를 가지고 있으며, 단단한 것이 안을 보호해 주는 상이다.

태양은 항상 동쪽에서 올라와서 서쪽으로 지기 때문에 해가 떠난다는 의미도 있지만, 해가 하늘에 걸려있다는 뜻도 되므로 '걸릴 리'라고도 한다.

집안으로 보면 음이 두 번째로 나온 것이므로 중녀(둘째 딸)에 해당한다. 동물로 치면 화려한 깃털을 가진 공작, 하늘을 나는 새도 모두 포함된다. 하늘을 날으려면 가벼워야 하고 속이 좀 비어야한다. 여행갈 때 타는 비행기도 리괘에 해당한다.

그 외에 밝은 해, 등불, 촛불, 또는 껍질이 단단하나 속은 부드러운 거북, 조개 등이 이에 속한다.

신체로 치면, 밝은 빛이 나오는 눈에 해당한다. 물론 오행은 화(火)에 해당하며, 후천팔괘로는 남쪽이 된다.

햇빛이 밝은 날씨이며, 번쩍거리는 번개에 해당한다.

4. 진(震)

괘상	☳
괘명	진
선천수	4
자연	우레
성질	움직임
인간	장남
동물	용
신체	발
오행	양목
후천수	3
방위	동

괘의 이름은 천둥이 친다는 진(震)이다.

사진뢰(四震雷)라고 부르는데, '사'는 팔괘 중에서 네 번째로 나왔다는 뜻이고, '진'은 괘의 이름이며, '뢰'는 괘의 상징물이 우레라는 것이다.

또는 진하련(震下連)이라고 부르는데, '진'괘는 가장 아래에 있는 효가 이어졌다는 뜻이다.

진괘를 대표하는 성질은 움직인다는 것이고, 움직이는 것의 대표를 우레로 삼았다. 그래서 '우레 진', '움직일 진'이라고 한다. 점을 쳤을 때 진괘가 나오면 움직인다, 변화한다는 의미를 갖게 된다.

그럼 진괘의 주효는 무엇이 될까? 희소가치를 중시한다고 했으니, 초효가 주장을 하는 것이다.

하나의 양효 위에 두개의 음효가 있으니 밖을 향해 문이 열려있는 모습이다. 또한 가벼운 성질의 양효가 위에 있고, 무거운 성질의 음효가 아래에 있는 것이 정상인데, 위에 있어야 할 양효가 아래에 있으므로 반발하며 심하게 움직이다. 따라서 하늘에서는 우레, 땅에서는 지진이 일어난다는 뜻이다.

집안으로 보면 양이 처음 나온 것이므로 장남(큰아들)에 해당한다.

동물로는 변화무쌍한 용에 해당하고, 사람의 신체로는 발에 해당한다.

진괘는 초목이 땅을 뚫고 싹터 나오는 상이 되며, 오행으로는 밖으로 크게 성장하는 나무(陽木)에 속한다. 천간으로는 갑목(甲木), 지지로는 인목(寅木)이 된다. 그 외에 큰길, 움직이는 것, 또는 그 도구가 이에 해당하며, 후천팔괘로는 해 뜨는 동방이다.

5. 손(巽)

괘상	☴
괘명	손
선천수	5
자연	바람
성질	들어감
인간	장녀
동물	닭
신체	허벅지
오행	음목
후천수	4
방위	동남

괘의 이름은 공손하다는 의미의 '손'이다. 오손풍(五巽風)이라고 부르는데, '오손풍'에서 '오'는 팔괘 중에서 다섯 번째 나왔다는 뜻이고, '손'은 괘의 이름이며, '풍'은 괘의 상징물이 바람이라는 말이다.

또한 괘가 생긴 모양으로는 손하절(巽下絶)이라고 한다. '손'은 괘의 이름이며, '하절'은 아래 효만 끊어졌다(음효)는 말이다.

손괘는 음효가 하나이고, 양효가 두 개이므로 음효인 초효가 주장한다. 부드러운 음효가 양효 아래에 있으므로, 엎드려 숨어 있다고 표현한 것이다. 그래서 공손하고 겸양하여 자신을 낮춤을 대표적인 성격으로 삼았다. 아래가 음으로 허하므로 부드러운 바람이 안으로 스며들어오는 상이다. 잘 막았다고 생각해도 문틈 사이로 바람이 새어 들어온다. 이것이 손괘이다.

집안으로 치면 음이 처음 나온 것이므로 장녀(큰딸)이다.

동물로는 닭에 해당한다. 새이기는 하지만 하늘 높이 날 수 없으며, 닭이 흙을 파헤치고 그 속에 머리를 넣으려는 성질을 보고 말한 것이다.

그 외에 손괘는 노끈에 해당한다. 옛사람들은 덩쿨 등으로 노끈을 만들거나, 짚을 엮어 만들었을 것이다. 줄기로 된 음목으로 만든 것들은 모두 여기에 해당한다.

바람이 스며들듯이 병에 걸리더라도 몸의 기맥에 관련되는 중풍 등과 관련된다. 후천팔괘로는 동남방이다.

6. 감(坎)

괘상	☵
괘명	감
선천수	6
자연	물
성질	빠짐
인간	중남
동물	돼지
신체	귀
오행	수
후천수	1
방위	북

괘의 이름은 빠진다는 뜻의 '감(坎)'이다. 육감수(六坎水)라고 부르는데, '육감수'에서 '육'은 팔괘 중에서 여섯 번째 나왔다는 뜻이고, '감'은 괘의 이름이며, '수'는 괘의 상징물이 물이 된다는 뜻이다.

또는 괘의 형상을 설명하여 감중련(坎中連)이라고 부르는데, '감'은 괘의 이름이며, '중련'은 가운데 효만 이어졌다는 뜻이다.

감괘는 양 하나가 음효 사이에 빠져 있는 상이다. 그래서 '구덩이 감', '빠질 감'의 의미를 가진다. 다만 한 개의 양이 두 음 사이에 빠져 힘난하므로 평소에는 숨어 지내기를 좋아하며, 속으로 감춘 지혜, 함정을 파고 인내하는 성격을 가진다.

양이 비록 음 사이에 빠져 있으나 중심이 튼튼하고, 밖은 음효로 어둡지만 안은 양효로 밝은 상이다. 조용하지만 끊임없이 움직이며 목표를 관철하는 물(水)로 그 상을 대표한다.

집안으로 보면 두 번째로 양이 나온 것이므로 중남(中男)에 해당한다. 동물로는 돼지에 해당하는데, 돼지가 욕심이 많고, 숨는 성질을 가졌기 때문이다.

사람의 몸에는 귀에 해당한다. 귀로 소리가 들어가며, 신장에도 해당한다.

밤에 빛을 발하는 달도 감괘에 해당한다. 달빛이 밝으려면 주변은 어두워야 한다. 깊은 밤 조용히 움직이는 도둑도 해당된다.

오행으로는 수(水)에 속하고, 후천팔괘로는 추운 북방이다.

7. 간(艮)

괘상	☶
괘명	간
선천수	7
자연	산
성질	그침
인간	소남
동물	개
신체	손
오행	양토
후천수	8
방위	동북

괘의 이름은 그친다는 뜻의 '간'이다.

칠간산(七艮山)이라고 부르는데, '칠간산'에서 '칠'은 팔괘 중에서 일곱 번째 나왔다는 뜻이고, '간'은 괘의 이름이며, '산'은 괘의 상징물이 산이 된다는 뜻이다.

또는 괘의 형상을 따서 간상련(艮上連)이라고 부르는데, '간'은 괘의 이름이며, '상련'은 위의 효만 이어졌다(양효)는 뜻이다.

간괘는 음효 두개 위에 양효 하나가 그쳐 있다. 희소가치를 따진다고 했으니 세 번째 효가 주장을 한다. 그리고 음이 아래에 있고 양효가 위에 있어서 만족한다는 의미이고, 또 양이 더 나아갈 곳이 없으므로 그친다는 뜻을 가지고 있다.

'그쳐 있다. 막혀 있다'라는 뜻을 가진 대표적인 물상으로 산(山)을 꼽은 것이다. 그래서 간괘를 산이라고 한 것이다.

집안으로 치면 양이 제일 나중에 나온 것이므로 소남(少男)이다. 아들 중에서 가장 늦게 나온 막내아들을 말한다.

동물로는 집을 지키는 개, 물론 애완개도 포함된다.

사람의 몸으로는 손에 해당하는데, 손은 상체의 끝에 붙어 있으면서 물건을 잡고 그치게 하는 역할도 한다.

그 외에, 작은 길·작은 돌 등 크게 움직이지 못하는 것, 또는 어리거나 작은 물상들이 이에 속한다.

오행으로는 토에 해당하는데, 양토(陽土)가 되며 높은 언덕 등을 뜻한다. 천간에서는 무토(戊土), 지지에서 진토(辰土)와 술토(戌土)가 이에 해당한다.

후천팔괘로는 새벽을 여는 동북방이다.

8. 곤(坤)

괘의 이름은 땅을 상징하는 곤이다.

팔곤지(八坤地)라고 부르는데, '팔곤지'에서 '팔'은 팔괘 중에서 여덟 번째 나왔다는 뜻이고, '곤'은 괘의 이름이며, '지'는 괘의 상징물이 땅이라는 것이다.

괘의 형상을 설명하여 곤삼절(坤三絶)이라고도 부른다. '곤'은 괘

괘상	☷
괘명	곤
선천수	8
자연	땅
성질	순함
인간	어머니
동물	소
신체	배
오행	음토
후천수	2
방위	서남

의 이름이며, '삼절'은 세 효가 모두 끊어졌다(음효)는 뜻이다.

 곤괘는 세 효가 모두 음효이므로, 순하고 광활하다. 순하고 광활한 것의 대표로 땅을 선택한 것이다. 땅은 모든 것을 받아들이고 길러준다. 그리고 끊어져 있는 모양이므로 안이 비어 있다고 생각한 것이다. 안이 비어 있으니 물건을 담을 수 있지, 가득 차 있으면 물건을 담을 수 없다.

 집안에서는 어머니에 해당한다. 어머니는 집안을 다스리고 자녀를 길러주며, 한편으로는 인색하다는 표현을 쓴다. '엄마가 왜 인색하지?' 하는 의문이 든다면, 자신의 엄마는 인색하지 않지만 내 자식과 남의 자식을 가린다는 의미를 생각해보면 좋다. 내 자식에게 유리한 것을 좋아한다는 것이다. 내 아이와 남의 아이가 싸우면 누구 편을 들겠는가? 그리고 자신의 영역 안에서 보호한다는 의미도 있다. 자신과 비슷한 종류는 포용해서 받아들인다. 이모, 고모 등도 곤괘에 속한다.

 동물로는 열심히 일하는 소에 속한다. 소는 유순한 성질을 가지고 있다. 사람의 신체로 보면 오장육부가 들어 있는 배(腹)가 이에 속한다.

 오행으로는 평탄한 대지를 뜻하는 음토(陰土)에 해당한다. 천간에서는 기토(己土), 지지에서는 축토(丑土)와 미토(未土)이다.

 후천팔괘로는 서남방이다.

부록 2. 당사주

1. 당사주란?　　　　　　　　　　385
2. 당사주의 별　　　　　　　　　 386
3. 당사주 포국법　　　　　　　　 389
4. 연월일시의 작용　　　　　　　 395
5. 일장금(一掌金)　　　　　　　　402
6. 12지의 일주와 운세　　　　　　406
7. 12신살　　　　　　　　　　　 415

1. 당사주란?

사주와 12성의 운행을 살펴서 인생의 길흉을 설명하는 운명법이다. 일반 사주와 포국하는 방법이 다르므로 새롭게 사주를 구성해야 하며, 어떤 12성을 만나는가를 보고 길흉을 판단한다.

이 운명법은 당나라 때 도인 이허중(李虛中)이 창안하였다. 하늘에 있는 12성, 즉 천귀(天貴)·천액(天厄)·천권(天權)·천파(天破)·천간(天奸)·천문(天文)·천복(天福)·천역(天驛)·천고(天孤)·천인(天刃)·천예(天藝)·천수(天壽)를 생년월일시와 관련시켜 인간의 길흉을 판단하는 방법이다. 당나라 때 만들어졌으므로 '당사주'라고 한다. 우리나라에는 서민들이 알기 쉽게, 이허중의 원문에 그림을 넣은 속칭 '그림 당사주'가 전해졌다.

이에 따르면 일생을 초년·중년·말년·평생 등 4단계로 구분하고, 각 단계별로 인명(人命), 골격, 년운, 심성·12살(煞), 부모, 형제, 부부, 자녀, 직업, 길흉, 가택, 신상, 관살(關煞), 수명 등으로 나누어 살펴 볼 수 있으므로, 사람의 일생을 예견하고 자기가 나아가는 방향을 결정하는 데 많은 도움이 된다.

보는 방법은 다음과 같다. 생년에 천귀성을 12지의 자에 붙여서 순차적으로 나열하고, 생년이 어떠한 성정과 만나는가를 결정하여 초년의 운세를 결정한다. 자세히 설명은 뒤에 이어진다.

다음, 생월의 수를 생년에서부터 정월·2월 등 순차적으로 셈하여 생월의 수와 만나는 성정을 중년의 운세로 정한다.

그 다음, 태어난 날의 수를 중년운세에서부터 하루·이틀 셈하여 생일의 수와 만나는 성정을 말년의 운세로 정한다.

그리고 평생의 운세는 말년의 운세에서 자시·축시 등 순차로 셈하여 태어난 시와 만나는 성정으로 정한다.

이와 같이 만나는 별이 길하면 길하고 흉하면 흉하다고 한다.

12성 중에 ①천귀·③천권·⑤천간·⑥천문·⑦천복·⑪천예·⑫천수의 7성은 길성이고, ②천액·④천파·⑧천역·⑨천고·⑩천인의 5성은 흉성이다.9) 인명·골격·유년·심성은 생월로 보고, 그 밖의 것은 모두 생시로 보게 되어 있다.

당사주의 특장점이라고 한다면, 운세의 좋고 나쁨을 빨리 볼 수 있다는 것이다. 각자 자신에게 깃든 신(神)의 존재와 전생을 알 수 있으며, 12신살과 함께 보면 더 세밀하게 볼 수 있다. 게다가 우리 생활과 친숙한 12동물의 특성으로 설명하므로 누구나 쉽게 이해할 수 있다.

2. 당사주의 별

당사주의 별은 총 12개로, 12지지에 비유되고 각각의 특성은 다음과 같다. 아래 도표는 12궁에 배치된 당사주의 별이다.

---

9) 동그라미 번호는 자부터 해까지의 순서이다.

사 천문성 학문 문인 선생 학자	오 천복성 복록 부귀 도움 조상덕	미 천역성 활동 움직임 잦은 출입	신 천고성 고독 외로움 여행 풍파
진 천간성 계략 고집 총명 잔머리			유 천인성 잔인 냉정 전쟁 질병
묘 천파성 파괴 파재 흩어짐 분산			술 천예성 재주 기술 예능 재능
인 천권성 명예 권력 세력 파워	축 천액성 재액 멍에 고통 불편	자 천귀성 부귀 직장 즐거움 인덕	해 천수성 장수 생명 자중 인내

별의 특성은 아래와 같고 적어도 별의 이름과 뜻은 완벽하게 숙지하여야 한다.

- 자/천귀성 : 귀(貴) : 귀하다. 벼슬한다. 직장생활.
  문관(文官), 위인이 총명하고, 일찍 출세하여 귀하게 된다.
- 축/천액성 : 액(厄) : 재앙, 멍에, 고생,
  조실부모 또는 고향을 일찍 떠난다. 고생이 많고 일복이 많다.
- 인/천권성 : 권(權) : 권세, 저울 추, 대소를 분별.
  나라의 녹(祿)을 먹어야 가장 좋으며, 농업, 상업이 좋고, 아니면 무당이 된다. 권력을 쥐게 된다.
- 묘/천파성 : 파(破) : 깨뜨리다, 망치다, 떨어지게 하다. 부모업

을 깨뜨리고, 실패수가 있다.

- 진/천간성 : 간(奸) : 범하다, 간통하다, 요구하다.
  고집이 세고, 말을 잘하며, 변호사 중개업 기술자 등이 좋다.
  꾀가 비상하다.
- 사/천문성 : 문(文) : 무늬, 채색, 얼룩.
  공부를 많이 하면 출세하나, 공부가 짧으면 고생이 많다. 신경질이 많다. 문장력이 좋다.
- 오/천복성 : 복(福) : 내리다, 돕다, 제사에 쓴 음식과 술. 재물이 족하고 식복이 좋다. 활동성이 좋다.
  사람을 잘 사귀고 잘 헤어진다.
- 미/천역성 : 역(驛) : 역마(驛馬), 기차 역, 파발 역.
  객지에 나가 풍파가 많으며 변화수가 많다.

- 신/천고성 : 고(孤) : 외롭다, 홀로, 외따로.
  형제 부모와 분리되며 고독하다.
- 유/천인성 : 인(刃) : 칼, 칼날, 베다.
  몸에 흉이 있으며, 군인 경찰 의사 등이 좋으나, 다른 직업은 늦게야 발복한다.
- 술/천예성 : 예(藝) : 기예, 궁극, 심다.
  예술 기술 등 다재다능하나 인내력이 부족하다.
- 해/천수성 : 수(壽) : 목숨, 수명, 장수, 오래 살다.
  은연자중하며 인내력이 있고 장수한다.

3. 당사주 포국법

각 학설에 따라 포국하는 방법이 3가지가 있다.
① 남녀 모두 순행한다. 대운도 순행한다.
② 남자는 순행, 여자는 역행한다. 대운도 남 순행, 여 역행한다.
③ 남녀 모두 순행으로 포국하고, 대운은 양남음녀는 순행, 음남양녀는 역행한다.

이 책은 이 중에서 ①번을 따른다. 요즘에는 여자도 사회생활을 하기 때문에 순행으로 보는 것이 맞다고 생각하기 때문이다.

1. 실제 포국
① 년주 : 생년의 지지
② 월주 : 생년지에 1월을 놓고, 생월까지 순행한 자리의 지지(A)
②-1 본월지 : 생월지 자체를 (A)의 위에 포국함.
③ 일주 : 월주 자리에 1일을 놓고, 생일까지 순행.
④ 시주 : 일주 자리에 자시를 놓고, 생시까지 순행한 자리의 지지 (B)
④-1 본시지 : 생시지 자체를 (B)의 위에 포국함.

예를 들어 보겠다.

음력 1970년 경술생 1월 24일 미시인 경우(여자)

시	일	월	년
癸	庚	戊	庚
未	辰	寅	戌

일반사주

여자	시	일	월	년
	未 ④-1		寅 ②-1	
	辰 ④	酉 ③	戌 ②	戌 ①

당사주

① 년주 : 생년의 지지이니 술을 년지에 쓴다.

② 월주 : 생년지(술)에 1월을 놓고, 생월까지 순행한 자리의 지지 (A). 1월생이므로 술을 쓴다. 2월생이라면 해가 된다.

②-1 본월지 : 생월지 자체를 (A)의 위에 포국함.
1월생이니 인을 월지 위에 쓴다.

③ 일주 : 월주 자리에 1일을 놓고, 생일까지 순행.
24일 생이므로, 월지 술에서 24일을 간 유를 쓴다(술해자축인묘진사오미 신유술해자축인묘진사 오미신유).

④ 시주 : 일주 자리에 자시를 놓고, 생시까지 순행한 자리의 지지 (B). 미시생이므로 유에 자시를 놓고 미시까지 가면 진이 된다 (유술해자축인묘진).

④-1 본시지 : 생시지 자체를 (B)의 위에 포국함.
생시지가 미이므로 미를 진 위에 쓴다.

하나 더 예를 들어 보겠다.

음력 1955년 을미생 12월 22일 오시인 경우(남자)

시	일	월	년
壬	庚	己	乙
午	子	丑	未

일반사주

남자

시	일	월	년
午 ④-1		丑 ②-1	
酉 ④	卯 ③	午 ②	未 ①

당사주

① 년주 : 생년의 지지이니 미를 년지에 쓴다.

② 월주 : 생년지(미)에 1월을 놓고, 생월까지 순행한 자리의 지지 (A). 12월생이므로 그 자리에 오를 쓴다(미신유술해자축인묘진사오).

②-1 본월지 : 생월지 자체를 (A)의 위에 포국함.
  12월생이니 축을 월지 위에 쓴다.

③ 일주 : 월주 자리에 1일을 놓고, 생일까지 순행.
  22일 생이므로, 월지 오에서 22일을 간 묘를 쓴다(오미신유술해자축인묘 진사오미신유술해자축 인묘).

④ 시주 : 일주 자리에 자시를 놓고, 생시까지 순행한 자리의 지지 (B). 오시생이므로 묘에 자시를 놓고 오시까지 가면 유가 된다 (묘진사오미신유).

④-1 본시지 : 생시지 자체를 (B)의 위에 포국함.
  생시지가 오이므로 오를 유 위에 쓴다.

각자 자신의 당사주를 뽑아 아래를 채워보자.

시	일	월	년

일반사주

당사주

2. 운 보는 법

대운, 년운, 월운, 일운, 시운을 본다.

① 월지부터 대운이 시작한다.

② 운은 남녀 모두 순행이다.

③ 대운은 10년씩이므로, 누구나 1세, 11세 등 1세에서 바뀐다.

대운

시	일	월	년	여자
未 ④-1		寅 ②-1		
辰 ④	酉 ③	戌 ②	戌 ①	

당사주

① 월지 술부터 대운이 시작한다.

② 운은 남녀 모두 순행이다.

③ 대운은 10년씩이며, 누구나 1세, 11세 등 1세에서 바뀐다.

④ 1~10세까지는 술(천예성),

11~20세까지는 해(천수성),

21~30세까지는 자(천귀성),

31~40세까지는 축(천액성),

41~50세까지는 인(천권성)의 운이다.

운 풀이는 뒤에 자세히 설명한다.

년운

① 년운은 대운의 지지부터 시작한다. 앞의 예제에서 30대 운을 보려고 한다. 만약 35세라면 31부터 40세까지의 대운이 축이다. 그러므로 31세가 축이고, 32세는 인, 33세는 묘, 34세는 진, 35세는 사, 36세는 오, 37세는 미, 38세는 신, 39세는 유, 40세는 술이 된다.

41세는 인대운이다. 41세 년운이 인이고, 42세 년운은 묘가 된다.

대운 나이	축	대운 나이	인	대운 나이	묘
31	축	41	인	51	묘
32	인	42	묘	52	진
33	묘	43	진	53	사
34	진	44	사	54	오
35	사	45	오	55	미
36	오	46	미	56	신
37	미	47	신	57	유
38	신	48	유	58	술
39	유	49	술	59	해
40	술	50	해	60	자

월운

① 월운은 년운의 지지부터 시작한다.

예를 들면 35세의 1월을 살펴보자. 35세 년운은 사이므로, 1월이 사가 되고, 2월은 오가 된다.

월 \ 년	사	월 \ 년	오	월 \ 년	미
1	사	1	오	1	미
2	오	2	미	2	신
3	미	3	신	3	유
4	신	4	유	4	술
5	유	5	술	5	해
6	술	6	해	6	자
7	해	7	자	7	축
8	자	8	축	8	인
9	축	9	인	9	묘
10	인	10	묘	10	진
11	묘	11	진	11	사
12	진	12	사	12	오

이렇게 대운 년운 월운을 뽑았다면 결과는 4. 연월일시의 작용에서 확인한다.

4. 연월일시의 작용

시	일	월	년
未 ④-1		寅 ②-1	
辰 ④	酉 ③	戌 ②	戌 ①

당사주

위의 사주라면 년지는 술, 월지는 술, 일지는 유, 시지는 진을 보는 것이다.

① 자 천귀성

- 년 : 인물이 준수하고 총명하며, 자손이 창성하며, 귀인의 기상이 있다. 뜻대로 되는 일이 많지만, 육친 간에 근심이 많고 병이 많다. 먼저는 곤란하나 나중에는 큰 인물이 된다.
- 월 : 자수성가한다. 낭비가 심한 경우도 있으며, 여색을 조심해야 한다. 배우자궁이 불안하거나 자신에게 병이 있다. 뜻을 세우면 재복이 많다.
- 일 : 일찍 명성을 날리며 만인이 우러러보지만, 여색을 조심해야 한다. 부를 이루지만 배우자로 인해 탄식한다. 마음이 강직하고 쾌활하다.
- 시 : 어려서는 고생하고 질병이 있으나 늙어서는 의식이 풍족하고 재록이 풍부하며, 공과 이름을 날린다. 그러나 천귀성이 둘이면 간혹 고생한다.

② 축 천액성

- 년 : 곤궁하다. 일찍 부모를 잃지 않으면 몸에 병이 있거나 고향을 일찍 떠난다.
- 월 : 부모의 정이 적고 일찍 고향을 떠났다면 자수성가한다. 그러나 항상 병이 따르고, 육신이 고달프다. 낙상을 조심하라.
- 일 : 병이 있고, 관록성이 있으면 길하나 그렇지 않으면 고생이 많다. 가족인연이 박하고 고독하지만 공무원이 되면 좋은 일이 많다.
- 시 : 자손 덕이 없으며 중병으로 고생하며 고독하다. 천액이 둘이 나란히 있으면 길하다. 말년에는 운이 돌아온다.

③ 인 천권성

- 년 : 벼슬을 하여 권세를 누리고, 장사를 해도 길하다. 고향을 떠나는 것이 좋고 천성이 쾌활하다.
- 월 : 포섭력이 강하여 대중이 많이 따르고 사방에 이름이 난다. 그러나 인/인이 나란히 나오면 나중에 운이 나빠진다.
- 일 : 인물이 좋으며 매사 길하다. 말년이 길하며, 그릇이 큰 사람은 관록을 먹으면 좋다. 중인은 상업으로 대성하며, 그렇지 않으면 만신이 되기도 한다.
- 시 : 뭇사람의 우두머리격이나 사방에 이름을 떨치고 재록이 풍부하고 장수한다.

④ 묘 천파성

- 년 : 대개 초년에 실패수가 많다. 용두사미격으로 결단력이 약하다. 열심히 노력해도 공이 없거나 몸이 아프다.
- 월 : 일차 실패수 있으며, 낭비벽을 조심해야 하고, 부부 이별 수도 있다. 성격은 쾌활하고 먼저는 깨지나 나중에 성공한다.
- 일 : 마음이 정처 없이 떠돌아다니는 운이니 실패수가 있다. 분수를 지켜나가야 길하다. 스스로 가문을 이루고 만인을 구제한다.
- 시 : 대체로 무난하며, 점차 윤택해진다. 자손이 속을 썩이나 자식 한 명은 효자다. 말년에는 영화를 누린다.

⑤ 진 천간성

- 년 : 지혜가 많아 관공서 계통이나 기술 계통에서 성공한다. 재물이 사방에 있고 교묘하게 일을 성공시킨다.
- 월 : 능수능란하고 지혜가 많으며 대개는 기술로 성공한다. 액운과 구설수, 형벌을 당하는 수가 있다. 성급하면 실패한다.
- 일 : 용모가 뛰어나고 지혜가 있으며 말을 잘한다. 사업으로 대성하는 위인의 팔자다.
- 시 : 말로 대성하니 소개업이 길하며, 관록이 아니면 상업으로 대성한다. 자손이 창성한다.

⑥ 사 천문성

- 년 : 공부를 많이 하면 벼슬을 하지만, 그렇지 않으면 곤궁해진다. 신경 질환 등으로 고생한다. 문학가, 교사, 교육사업이 대길하다.
- 월 : 공부를 많이 하면 좋으나 그렇지 않으면 풍파가 심하다. 신경질환으로 고생한다. 문학인이 되면 만인의 우러름을 받는다. 재물이 풍족하다.
- 일 : 용모가 단정하고 문예가 있으나, 공부를 많이 못했으면 기술자 팔자다. 색욕을 조심해야 한다. 신경계통 질환을 조심해야 한다. 벼슬에 오르나 가족인연이 박하다.
- 시 : 천문성이 있으면 좋다. 말년은 신경성 병으로 고생하니 조심해야 하고, 천예성과 같이 있을 때 본인이나 자손이 술을 먹으면 우울할 수 있다.

⑦ 오 천복성

- 년 : 재물이 풍족하여 좋으나, 사람을 쉽게 사귀고 쉽게 헤어지는 경향이 있으며 사치를 좋아한다. 사업이나 기술 계통으로 성공한다. 매사 뜻대로 달성된다.
- 월 : 권태가 빨라서 도중에서 중단하는 수가 많다. 관운으로 출세하는 팔자다. 귀인의 운명이다. 외국출입하면 길하고 중년 이후 만사가 잘 풀린다.
- 일 : 처덕이 있으며 재록이 많다. 귀인이 도와줄 운이라 길하다.
- 시 : 부귀영화를 누리며 자손이 창성한다. 천금을 만지는 격이

라 길하다. 관록이 유리하다.

⑧ 미 천역성

- 년 : 객지로 나가면 성공한다. 학업에 힘써서 대성하는 사람이 많다. 기술자도 많다.
- 월 : 객지풍파격이니 항상 바쁘게 다니는 팔자이다. 사업을 완수하고, 지혜로운 계획을 잘 한다. 관재구설을 조심해야 한다.
- 일 : 관록인이면 고향을 일찍 떠났고 그렇지 않으면 실패수가 있다. 상업은 길하나 이사를 자주 하며 부부 이별수도 있다.
- 시 : 사업은 대성하나 자주 실패한다. 자손이 멀리 나간다. 기술인은 대성하는 수가 있다.

⑨ 신 천고성

- 년 : 형제 이별하며 액운이 있고 고독해진다. 그러나 일찍 가정을 이끄는 사람도 많다. 재주가 있어 기술자가 길하다.
- 월 : 고독한 팔자이다. 이사를 자주 하고, 혹 해외로 나가는 수도 있다. 인간 덕이 없어서 풍파가 있으나 재물이 풍족하다.
- 일 : 육친의 덕이 없으며 고독하다. 부부의 연이 약하고, 혼자의 힘으로 개척해야 하며, 부부 이별수도 있다. 어부나 바닷가에 나가서 하는 사업은 좋다. 방생을 많이 해야 한다. 한번 망한 후 운이 돌아온다.
- 시 : 부부 자식연이 없으며 말년이 고독하다. 그러나 용궁에 기도하고 부처님을 열심히 믿으면 길하여 부귀를 누린다.

⑩ 유 천인성

- 년 : 몸에 흉터가 있으며 조급하면서 매정한 면도 있다. 남과 다툼을 조심해야 한다. 군인, 경찰, 의사, 기술자 등의 직업이 좋다.
- 월 : 용두사미격이다. 급하게 서두르다가 실패한다. 몸에 흉이 생기거나 중병을 앓기도 한다.
- 일 : 성질이 강직하고 담대하나, 꼼꼼한 성질로 인해 실패수가 있다. 군인, 의사, 법관이면 대길하나 그렇지 않으면 목수나 기술자가 좋다. 몸에 흉이 있다.
- 시 : 잠시 떠돌아다니는 수가 있다. 몸에 흉터가 생기거나 불구자가 될 수가 있다. 자손을 잃는 슬픔도 있으니 항시 조심하라. 팔다리에 흉이 생길 수 있다.

⑪ 술 천예성

- 년 : 재능이 뛰어나고 손재주가 있어 예술계통이 좋다. 성질이 급하고 사치하며 남에게 잘 시킨다. 강유가 잘 조화되어 있다.
- 월 : 초년에 출세하나 대개는 기술이나 예술로 성공할 수 있다. 평생 편안하지만 신경질적인 성질을 고쳐야 길하다.
- 일 : 한번 실패한 후 가문을 이룬다. 예술이나 기술 혹은 의원으로 성공하거나 승려·종교·만신으로 성공하기도 한다. 44세 이후 좋고, 자녀가 많으며 말년에 부를 이룬다.
- 시 : 재주로 성공하고 성패가 많다. 재주 있는 자손이 있다. 신경통을 조심해야 한다. 종교인이 되어 명산을 찾는 수가 있다.

⑫ 해 천수성

- 년 : 도덕성이 뛰어나다. 결백하며 고상한 취미가 있다. 진취의 기상이 있어서 좋으며 성공할 수 있다. 조금은 고집이 세서 실패하는 수가 있다.
- 월 : 진취의 기상이 있으나 객지풍파가 있다. 한곳에 오래 있으면 대성한다.
- 일 : 정직하고 일을 공평하게 잘 처리한다. 천상에서 죄를 짓고 인간계에 내려왔으니 20대와 40대 이후는 좋고, 30대는 고생을 한다. 천파성이나 천액성이 같이 있으면 미천격이므로, 고생이 많고 일찍 죽는 수가 있다. 장수의 명이다.
- 시 : 의식이 족하고 백년을 한가히 살며 장수한다. 다만 천수성이 두 개 이상 있으면 고독하고 신기가 있으며 몸이 아프다. 그렇지 않으면 농사를 크게 일으켜 재산을 모으고 장수할 수 있다.

5. 일장금(一掌金)

『일장금』은 중국 남북조 시대에 달마대사가 편찬한 역학 서적이라고 한다. 달마대사가 인도 불교의 운명법과 중국의 역술을 결합하여 달마일장경을 만들어서 교화에 사용했다는 것이다. 당나라의 이허중은 달마일장경을 참고하여 『이허중명서(李虛中命書)』를 저술함으로써, 당사주를 만드는 중요한 발판이 되었다는 것이다. 간명의 대강을 세우는 데는 일장금이 아주 유용하므로 여기에 그 일부를 소개한다.

일반 사주를 당사주로 변환해서 볼 때, 특정 지지가 많으면 그것을 보고 성격이나 직업적 특성을 알 수 있다. 예를 들어 진술이 많다면 수라도로 보고, 묘유가 많다면 축생도로 보아서 해당 내용을 읽으면 된다.

불도(佛道) = 자오

자(子) 귀(貴) 자비(慈悲) 부귀(富貴), 자비롭고 부귀함. 귀함. 매력.

오(午) 복(福) 화후(和厚) 영화(榮華), 온화하고 후덕함. 영광과 화려함. 복록(福祿). 신의(信義).

부처의 길, 자비의 길, 깨달음의 길, 자신의 존재를 자각하고 타인을 배려하는 삶을 살아야 복 받는다. 전생에서 오랫동안 선업을 쌓은 결과로 부귀와 영화를 누리는 것이다. 자비와 부귀는 세속에서 무능한 사람이 되기 쉽다.

자오(子午)의 불도(佛道)에 놓인 사람은, 언어가 매끄럽고 자존감이 강하다. 그러므로 정도지향의 직업 및 화술(話術)을 요하는 직업에 적당하다.

귀도(鬼道) = 축 미

축(丑) 액(厄) 간탐(慳貪) 질고(疾苦), 쩨쩨하고 탐욕스러움, 질병과 고통. 재앙(災殃) 멍에
미(未) 역(驛) 음청(陰晴) 간신(艱辛), 흐렸다 맑았다함, 힘들고 고생스러움. 변동(變動)
고생(苦生)

귀신의 길, 아귀(굶주려서 배고픈 귀신), 탐진치 중 탐욕이 많은 사람, 귀신을 섬겨야 복을 받는다. 제사 천도제 등, 철학 역학 등 학문의 세계도 좋다. 기도하고 제사지내는 경건한 사람이다.

축-병고, 미-방황, 흐리고 개이고 고생한다.

축미(丑未)의 귀도(鬼道)를 가는 사람은, 활인종교를 비롯하여 다소 속세를 초월한 삶을 지향할 공산이 크다.

인도(人道) = 인 신

인(寅) 권(權) 지식(知識) 조지(操持), 지혜와 식견, 경영과 관리(조종하고 유지). 당당 의리
신(申) 고(孤) 명달(明達) 자립(自立), 사리에 밝음, 스스로 일어나 세움, 고독 독선

인간의 길. 사회생활-규율과 규범과 질서를 따르는 것, 조직적 규범적 윤리적. 협동. 질서와 규범을 잘 지키므로, 소견이 좁은 사람으로 비쳐질 수도 있다.

인- 권위 권력, 신-사회생활에서 성공한 뒤의 고독, 영광과 성취 끝에 고독.

인신(寅申)의 인도(人道)가 지지에 있는 사람은, 공직자 및 전문직에 임하는 경우가 많다.

축도 = 묘 유
畜道

묘 파 탐매 패괴, 탐욕과 어리석음, 실패하고 무너짐, 소심 실패
卯 破 貪昧 敗壞

유 인 혼탁 각해, 어지럽고 탁함, 각박하고 해를 당함, 상처 흠
酉 刃 混濁 刻害
결, 해로움을 새기다.

동물, 가축의 길, 탐진치 중 치의 어리석고 우둔함. 가축으로 키워지다 희생되어 고기가 되어 남의 입으로 들어간다. 모으고 가꾼 몸이나 재물을 남에게 바친다. 파산 상해 당한다. 그러나 일이 주어지면 몸이 부서지거나 녹초가 되어도 완수하는 성정이다.

희생과 고기는 헌신의 미덕이다.

묘유(卯酉)의 축도(畜道)가 있는 사람은, 정밀업 및 자신만의 특기를 발휘할 수 있는 특수영역에서 빛을 보기 쉽다.

수라도 = 진 술
修羅道

진 간 영쟁 교활, 모질고 밉살스러움, 간사하고 꾀가 많음, 간교
辰 奸 獰狰 狡猾   奸巧
부정
不淨

술 예 능위 교편, 능수능란함, 교묘한 수단과 방법, 재주 수완
戌 藝 能爲 巧便

아수라장에서 살아가는 삶, 탐진치 중 진이다. 진은 치솟는 분노, 화가 난다는 의미이다. 다른 사람 위에 서려고 경쟁하고 싸운다. 전쟁터에서 살아남으려면 간교할 정도로 똑똑해야 한다. 또한 형세를 잘 읽고 어떻게 처신할지 잘 알아야 한다. 아수라는 원래는 천신으로 전쟁의 불기운에서 사는 존재이다. 불도계를 침범하다 패하여 타락한 신이다. 머리를 수그릴 줄 모르고 자존심이 강하며, 수치심도 크다.

교활할 줄도 알아야 기획과 전략을 구사하는 유능한 사람이 된다. 진술(辰戌)의 아수라도(阿修羅道)가 있는 사람은, 타인에게 감동 감화를 주면서 재물확충이 가능한 실질적 업종이 제격이다.

선도(仙道) - 사 해
사(巳) 문(文) 안일(安逸) 총명(聰明), 편안하고 한가함, 영리하고 똑똑함, 공부 학식
해(亥) 수(壽) 청한(淸閑) 강건(康健), 맑고 한가하고 여유, 건강하고 튼튼함, 수명 장수

신선의 길, 신선은 일신의 편안함만 원한다. 병 안 걸리고 장수하는 것이 목적이다. 당신의 털 하나면 세상을 구원한다 해도, 털을 아껴서 안 뽑아 주는 이기주의의 극치이다. 글 읽고 문장을 쓸 줄 알아 총명하나, 육체나 정신이 혼란스러운 상황을 원치 않는다. 신선놀음한다. 배불리 먹고 그늘에서 낮잠을 자는 베짱이과다.

삶의 안락과 평화를 즐긴다.

사해(巳亥)의 선도(仙道)가 있으면, 정신 영역 및 이동수가 많은 직업에 종사하기 십상이다.

6. 12지의 일주와 운세

당사주로 보는 일주와 운세이다. 대운, 년운, 월운세가 모두 포함된다.

① 자
- 일주 : 정직하고 온순하며 귀염성이 있다. 꼼꼼하며 가정적이나 고집이 세다. 뒤끝은 없으나 쓸데없는 고집이 탈이 된다. 공부를 많이 해서 학문으로 성공할 사람이다. 육체적인 노동을 싫어하므로 사무직, 행정직에 적합하다.
- 운세 : 자(子)운이 올 때 귀인이 생기고 승진한다. 학생은 시험운이 있고, 반가운 소식, 이사운 그리고 경사수가 있다. 식구가 늘 수 있으며 활동력이 강하며 새로운 일을 하고자 한다. 흙일을 하면 탈이 날 수 있으니 조심하라.

② 축
- 일주 : 축일주는 일부종사가 어렵다. 성격은 겉으로는 순한 듯하나 속으로는 고집이 세다. 부지런하고 몸을 아끼지 않으며, 일을 시작하면 끝까지 마치는 경향이 있다. 고생은 하는데 먹을 것이 없다. 죽을 고비도 2~3회 있다. 착한 것 같으면서도 한번 화가 나면 두고두고 같은 말을 되풀이 한다.
- 운세 : 보름달을 구름이 가린 격이다. 집안에 우환, 재난이 생기거나, 상복을 입을 수 있다. 이별수도 있다. 노인이 병이 나면

생명이 위급하고, 젊은이는 병이 나면 오래간다. 사업을 시작하면 손재, 관재구설, 교통사고, 중상모략, 가운이 기우는 운이니 한 번 더 생각하여 돌다리도 두드려가며 움직여라.

여자는 몸조심을 해야 한다. 어린 시기에 강간을 당하는 등 몸을 뺏길 수 있다. 미혼여성은 밤길을 조심. 노인은 낙상수, 풍을 조심하여야 한다. 병이 나면 위독하고, 집수리 등을 해야 할 일이 생긴다. 시체를 보면 부정을 탄다.

직장인은 그만 두고, 연인이나 부부사이에 갈등이 많아진다. 하던 일이나 시작하는 일이 자꾸 미뤄지며, 사업이나 장사, 집안 식구의 수에 변동이 있는 운이다.

③ 인

- 일주 : 엄격하고, 똑똑하고, 도를 통한 듯한 성격이다. 꿈과 예감이 잘 맞고, 남의 관상이나 사주도 잘 본다. 머리가 비상하여 학문을 많이 배우면 큰 벼슬을 하고, 배우지 못하면 걸인신세, 또는 풍파가 많게 된다. 이 경우 차라리 종교인이나 무속인이 되면 편하다. 혹은 서비스 계통이나 금속과 관련 있는 쇠소리 나는 직업을 가지면 무난하다.
- 운세 : 먼저는 답답하나 후반기에 풀릴 수이다. 높은 데 올라가서 이름을 얻고 벼슬을 하게 되니, 정성껏 기도하고 급히 서둘지 말라. 구설수를 조심하고 여색을 탐하지 말라. 주색을 좋아하면 패가망신하리라.

병이 나면 동토, 그릇이나 상처럼 둥근 물건, 나무 때문에 탈이 난다. 노인이 병이 나면 황천길로 간다. 전반은 흉하고 후반은 길하다. 돈을 받는 일은 오후에 하는 것이 좋다. 사람을 조심할 것.

④ 묘

- 일주 : 사람은 착하나 옹졸한 면이 있고, 매사에 용두사미가 많다. 인간관계나 금전관계에 어려움이 많다. 몸에 흉이나 점이 있고 일부종사가 어렵다. 정상적인 부부관계보다 비정상적인 부부관계가 맞는다. 종교에 의지하면 좋으므로, 승려·무녀·목사·신부·수녀가 많다. 기회를 놓치면 다시 잡기가 어렵다. 좋은 찬스가 올 때 놓치지 말라. 배 떠난 후에 후회하리라.
- 운세 : 묘(卯)운이 들어올 때 이별수가 있다. 관재구설, 사기 당한다. 눈 뜨고 도둑맞는다. 우환, 재난수, 본인의 마음이 갈팡질팡한다. 이 시기에 신을 모시는 사람은 굿을 하면 말문이 트인다. 시내 굿당보다 산에 있는 굿당에 가야 더욱 좋다. 산신축원을 착실히 한 뒤에 움직이면 일이 잘 풀린다.
벌목, 인간왕래, 초상집이나 죽은 사람을 보면 탈이 난다. 남의 일 상관 말고 자신의 일만 하는 것이 좋다. 성병을 조심하고, 임신이 잘 되므로 계획을 잘 세워야 한다. 교통사고, 연인 이별수, 식구수에 변동 있다.

⑤ 진

- 일주 : 자존심 강하고, 수난도 있다. 얼렁뚱땅 하는 성격이면서, 다루기가 만만치 않은 사람이다. 인색하고 깍쟁이다. 교만하

며 신기가 많다. 양자로 간 사람이 있고, 남의 조상을 모시기도 한다. 사람을 배신할 수도 있다. 자기 말은 잘 안 하면서 남의 비밀은 잘 알려고 한다. 남을 시험해보고 약점을 잘 이용한다. 철학인, 의사, 승려, 무녀가 많다.

- 운세 : 진(辰)운이 올 때 믿는 도끼에 발등 찍힌다. 가까운 사이에 배신 수가 있으니 남을 너무 믿지 말라. 종업원들이 이동을 하게 된다. 같이 일하는 사람도 배신할 수니, 매사 계약을 잘 하고 조심하여야 한다.

화장실을 수리하거나, 나무 다루는 것, 음식 들어온 것에서 탈이 난다. 외국이나 관청에 갈 수가 있다. 마음이 울렁댐. 칠성, 천신, 용왕제를 지내면 일이 잘된다. 미혼자는 상대 배우자가 맏이나 막내면 좋고, 사업 동업자도 맏이나 막내가 좋다. 하지만 가급적 동업은 삼가라.

⑥ 사

- 일주 : 문서를 다루는 사주이므로 공부 못하면 후회한다. 성격은 곧고 착하다. 키 큰 사람이 많다. 모든 일에 실속은 없다. 이 사람들은 글을 크게 쓰거나 예쁘게 쓴다. 일을 매듭짓는 것이 약하다. 객사귀, 청춘귀 같은 신을 모시게 된다.
- 운세 : 사(巳)운이 들어올 때 옛 문서를 버리고 새문서를 받는다. 인오술생은 망신문서니 경거망동하지 말 것. 해묘미생은 공중에 뜬 문서이고, 신자진생은 답답한 문서이며, 사유축생은 안전한 문서이다.

사업가는 새 출발이니 활발하게 움직일 것. 시험운, 승진할

운. 새 소식이 올 수다. 제자는 신령 모실 운. 병이 나면 지물, 무색 헝겊, 입으로 오르내리는 혼신, 불에 그을린 물건에서 탈이 난다.

⑦ 오

- 일주 : 금속과 관련된 직업이나 기술에서 성공한다. 고집도 세고 꾀도 많으며, 노력형이다. 한없이 착한 사람이다. 돌아다녀야 의식이 생긴다. 심장이 안 좋고, 신장을 모시고 자수성가할 사람이다. 의식은 풍파가 많다. 자기 앞가림도 못하면서 남의 일로 바쁜 사람. 자기 부인은 뒤로하고 남의 처를 위해준다. 속에 있는 말을 다하고, 10분도 못 가서 후회한다. 친절한 듯 하면서도 실상은 박정하다. 초년은 고생하나, 말년은 대길하다.
- 운세 : 문은 열려있으니, 계획한 일을 밀고 나가라. 돈 받을 것이 있으면 의외로 빨리 들어온다. 받지 못할 돈이라면 빨리 포기하는 것이 좋다. 화재, 교통사고 조심.
인오술생 동분서주 바쁘고, 해묘미생은 집안에 식구가 늘거나 줄 것이고, 신자진생은 손재수가 있고 바쁘기만 하고 실속은 없다.

⑧ 미

- 일주 : 마음이 흔들리나 일은 잘 풀린다. 겉으로 보기에는 바쁘고 좋아 보이나 실속은 별로이다. 사람이 서글서글하고 확실

한 것 같으면서도 속셈은 다르다. 고집이 세고 안하무인이고 자기 멋대로 일을 한다. 남에게 의지 안 하고 활동하는 사람이다. 병이 나면 상가집, 시체, 물건 들어오는 것에서 탈이 난다. 노인이 병나면 어려우니 속히 병원에 갈 것.
- 운세 : 약속을 해놓고도 바람을 잘 맞힌다. 노력은 많은데 대가가 없음. 교통사고, 외국 갈 수, 동분서주 바쁘다. 할 일 없이 시장에 빈 바구니 들고 왔다갔다 한다.

인오술생은 일이 활발하게 잘 되고, 신자진생은 하늘보고 탄식하고, 사유축생은 실속없이 바쁘고, 해묘미생은 고사를 지내면 소원성취한다. 외국 나갈 사람은 이때 외국에 가는 것이 좋다. 직장, 이사, 변동이 온다. 병이 나면 토, 석, 목에 의한 탈이다. 체기가 있고, 기운 부족이 생기고, 객귀가 잘 묻어온다.

⑨ 신

- 일주 : 머리가 비상하지만 자기 꾀에 자기가 넘어간다. 얕은 꾀가 많으나 원숭이도 나무에서 떨어진다. 사람이 고독하고, 꼼꼼하여 빈틈은 없는데 너무나도 계산적이다. 기술자, 연구자, 발명가가 좋다. 금속에 관련된 직업이 안전하다. 월급쟁이가 좋고, 투기는 불길하다.
- 운세 : 숨은 근심. 외로운 소나무가 동지섣달 설한풍에 산꼭대기 바위틈에서 홀로 떨고 서 있는 형국. 배신을 잘 당함. 꿈에 기와집을 12채를 지었는데 깨고 보니 허사로다.

인오술생 하릴없이 바쁘고 몸이 아플까 두렵다. 신자진생 어떤 일을 계획 중이나 급히 서두르면 패가한다. 사유축생 고독하고 구설수 있으니, 남의 일에 참견 말 것. 해묘미생 창살 없는 감옥에 갇혀 있는 형국이다.

병이 나면 자식이 없는 귀신, 피 흘린 귀신, 객귀가 들어와서 탈이 난다.

⑩ 유

- 일주 : 일부종사가 어렵다. 성격이 급해서 실수를 잘한다. 칼을 빼면 진짜 찌르는 성격. 가수, 연예인, 요리사, 정육점. 결과가 빨리 나오는 직업이 좋다. 몸에 흉이나 점이 있는데, 배꼽 밑에 점이 있는 사람이 많다. 부부간에도 조금만 참으면 되는데 참지 못하고 이혼하는 사람이 많다. 결혼에 한 번 실패하면 두세 번 간다.
- 운세 : 이별수, 관재구설, 어렵다. 수표 부도, 보증서지 말 것. 미혼여성은 항상 몸가짐을 잘하여야 한다. 몸 뺏길 수. 창살 없는 감옥에 갇혀 있는 형국이다. 관재구설이 두려우니 경거망동하지 말 것. 문단속, 교통사고, 내 몸에 칼을 댈 형국이니 몸 다쳐 병원에서 수술할까 걱정이다.

인오술생 식구가 늘든지 줄든지. 신자진생은 마음이 뒤숭숭하니 주색 조심. 사유축생은 생각대로 빨리 결정을 내라. 해묘미생은 도둑, 실물수, 구설수를 조심하라. 남이 쓰던 물건이나 철물, 음식을 조심해야 한다. 탈이 날 수 있다.

⑪ 술

- **일주** : 술도 잘 먹고, 놀기도 잘한다. 이성을 보면도 끌려서 유혹을 잘한다. 마도로스 팔자, 팔방미인, 화류계 만신. 재주도 많고 수단도 좋다. 말도 잘하며, 기술 예술 등 매사에 시작은 잘하나 끝이 없다. 뒤처리 잘못하면 사기꾼 소리 듣는다. 당나귀 꾀로 무척 약기 때문에 임시변통에는 능한데 뒷감당을 못한다. 인간적 고뇌가 많은 사람으로 청춘귀, 객사귀가 항상 따라다닌다. 종교에 의지한다.
- **운세** : 마음이 술렁대고 동분서주 바쁘다. 어떤 일이든 문은 열려있다. 투기는 손재가 따르지만, 예능 서비스 계통은 쉽게 돈을 번다. 안전한 장사를 한다. 기술을 가지고 있는 사람은 노력하면 된다. 이동, 변동 수 있다. 좌천될 수 있으니 경거망동을 삼가라.

  인오술생은 벼슬할 운이며, 신자진생은 춤추고 굿하면 효력이 많다. 사유축생은 동서남북 분주하다. 해묘미생은 하늘 보고 탄식하니 남을 너무 믿지 말 것이다.

⑫ 해

- **일주** : 사람은 착하고 의리가 있으나 게으른 것이 흠이다. 저녁 늦게 자고 아침잠이 많다. 수명은 길어 장수한다. 장사는 서비스업, 물장사가 많다.
- **운세** : 마음이 동요한다. 물 조심해야 한다. 옛것을 지켜라. 급히 서두르면 실패하니 매사 변동하지 마라. 인오술생은 마음

은 바쁘고 몸은 안 따른다. 신자진생은 망신수가 있으니 인간 조심. 사유축생 동서남북에 문이 열렸으니 바쁘다. 해묘미생은 움직이지 말고 옛것을 지키는 것이 득이 된다. 초상집의 음식은 조심해야 한다. 탈이 날 수 있다. 편하게 살면 아주 편하지만, 나쁘게 살면 객사귀 망신 구설수가 있다.

7. 12신살

년지를 기준하여 본다.(일지를 기준해서 보기도 한다.)

년지 일지 \ 신살		포태법과 비교	해·묘·미	인·오·술	사·유·축	신·자·진
겁살	적장	절	신	해	인	사
재살	적병	태	유	자	묘	오
천살	조상	양	술	축	진	미
지살	가마	생	해	인	사	신
연살	비서	욕	자	묘	오	유
월살	내당마님	대	축	진	미	술
망신	병사	관	인	사	신	해
장성	지휘관	왕	묘	오	유	자
반안	내시	쇠	진	미	술	축
역마	변동마	병	사	신	해	인
육해	마부	사	오	유	자	묘
화개	참모	묘	미	술	축	진

① 겁살(劫煞) / 적장, 역모주동자, 쿠데타, 투기

신살 년지 일지	겁 살
해·묘·미	신
인·오·술	해
사·유·축	인
신·자·진	사

겁탈을 당한다. 포태법의 절지에 해당한다. 밖으로부터 빼앗으러 온다(칠살이 된다). 혁명, 다시 시작. 차압, 폭행, 반항, 철거, 강탈.

힘이 강하여 빼앗긴다는 뜻으로, 전투지인 망신과 상극하는 곳이다.

관재구설, 시비송사, 상해투쟁 등으로 외부에 의하여 뺏기고 당하는 것을 의미한다. 겁살(적장)은 은폐된 곳에서 나타나니 우연히 돌발사고가 생긴다. 강제적인 방법이 동원되는 것이다.

성격 : 과단성이 있고 힘이 세고, 조금 모가 난 사람이다. 개성이 강하다. 새로운 아이디어를 개발할 수 있다.

원국 : 겁살이 있으면 불완전한 집에 살게 된다. 새로운 아이디어를 낼 수 있어 경쟁사회에서 먹고 사는 데에 좋다. 야당 성향이 강하고, 강제적인 방법을 동원해서라도 밀고 나가는 힘이 있다.

운 : 자유를 구속하는 업무에 종사하게 되며, 겁살운이 지나면 전문가가 된다. 겁살년이 오면 빼앗기고 빼앗으니 시끄럽고 요란하여 가정과 사회가 동요될 수 있다. 무허가 집에서 살다가 철거를 당하거나, 가족이 흩어져서 사는 운이다. 겁살대운의 말에는 교통사고, 수술할 일이 생긴다.

② 재살(災殺) / 적병, 역모동조자, 배역자

신살 년지 일지	재살
해·묘·미	유
인·오·술	자
사·유·축	묘
신·자·진	오

감옥에 갇힌다. 포태법의 태지에 해당한다. 재난을 당한다. 탯줄이 아직 형성되지 않아 정신만 있는 상태로 육체적인 일은 어렵다. 하지만 머리를 잘 굴려 나쁜 수를 써서라도 상대를 정복하고자 한다.

재살은 장성(우리편 장군)을 충하는 지지이다. 습격하여 오므로 적병이라 하고, 습격자, 도둑놈, 강도 등의 탈취자를 말한다. 자오묘유에 해당하므로 강한 작용을 한다. 신약하거나 환경이 약한 자는 패망당하고 곤욕이 따른다.

재살이 년지·월지를 충하면 밖에서 물건을 잃게 되고, 일·시지를 충하면 가내에서 발생하며, 부부갈등이 친족에 까지 미치는 현상이 있다. 재살이 관성이면 직장 및 자식으로 인한 손재수나 망신수가 따르고, 여명은 남편, 남편의 형제로 인하여 발생한다. 재성이면 아버지나 시어머니, 처첩으로 인한 손재를 당하게 된다.

성격 : 머리가 좋아 일류대학을 갈 수 있는 자질을 갖춘 사람이다. 아이디어가 뛰어나며 매력이 있다. 잘 쓰면 과학자가 되고, 잘못 쓰면 사기꾼이 된다. 야당 성향을 지녔다.

원국 : 공부, 연구실, 정신적인 노동이 좋다. 측근을 잘 이용해서 목적을 달성하지만, 다른 사람을 신경쓰지 않는다.

운 : 재살대운에는 학교진학이 잘 되니, 좀 높은 곳을 써보아도 좋다. 가끔 거금(巨金)이 굴러들어오는 횡재수가 있다.

③ 천살(天殺) / 영감, 조상, 임금, 왕, 신주

신살 년지 일지	천 살
해·묘·미	술
인·오·술	축
사·유·축	진
신·자·진	미

하늘 보고 꿈을 꾼다. 포태법의 양지에 해당한다. 임금, 왕, 신주님, 조상자리, 천신방향, 귀신방향에 해당하며, 기도하며 공부하게 된다.

어떤 일을 시작하기 전에 고사를 지내는데, 이 고사는 상제를 받들기 위한 행사이다. 상제는 모험을 싫어한다. 모험은 갑옷 입고 말을 타는 반안살인데, 상제는 절대하지 말라고 말리는 형상이 된다.

천살은 모두 토에 해당한다. 천살은 항시 조용함을 좋아하고 충동이 없어야 한다. 옛날부터 진술축미 년에는 땅을 건드리지 말라고 하는데 결과가 좋지 않기 때문이다. 신앙심을 가지고, 종교 등 음성적 직업을 가지면 좋다. 사업하면 망한다.

성격 누구에게도 굽힐 줄 모르고, 이겨야 직성이 풀린다. 머리가 좋고 눈썰미가 있으며 기억력이 좋고 이론에 강하다.

원국 명예욕은 있어도 금전욕은 별로 없는 편이다. 공돈 얻어쓰기를 좋아하고 갚는 것은 망설이는 형이다. 지도력이 탁월하며 배경을 함부로 남용하지 않는다.

운 천살이면서 일간에 불리한 유년이 오면 집안에 시끄러운 일이 발생하고, 하는 일이 풀리지 않는다. 또한 진단이 어려운 병세가 나타난다. 사업하는 사람은 치명타를 입는다.

④ 지살(地殺) / 승용차, 상제용 가마, 외무장관

신살 년지 일지	지살
해·묘·미	해
인·오·술	인
사·유·축	사
신·자·진	신

땅을 움직인다. 포태법에서 장생이라 이제 막 태어난 것이다. 장성살과 합이라 친하다.

삼합국의 첫 글자이기 때문에 계획진행을 잘 한다. 군주가 행차하자면 많은 아랫사람과 생활 용품을 동반하니 군마에 비교하였다. 군마는 충파를 아주 싫어하고 조용한 곳에서 있기 좋아한다. 외무장관이 활동을 원활하게 해야 다른 나라가 침범하지 못하고, 모든 일이 능률적으로 진행되며, 국가의 이익이 보장된다. 따라서 민생고를 해결할 수 있다.

인신사해에는 4마가 있으니 겁살(적장마), 지살(임금마), 전마(戰馬,망신살), 역마(변동 운반마)이다. 언제나 전위부대요, 본군을 안내하는 전초병 역할이다.

성격 무언가 일을 자주 벌려 확장하고 싶어 한다.

원국 년지에 지살이 있으면서 충하면 옛 분묘를 이전한다. 월지에 있으며 충하면 부모 형제의 변화, 일지에 있으며 충하면 자기 부부 및 가정의 변화, 시지에 있으며 충하면 자녀나 아랫사람의 변동 및 내실의 구조변화가 있다. 일지 지살은 학벌이나 가문보다 재물을 보고 상대를 택한다.

운 직장인은 자신의 이름이 돋보이고, 사업자는 세일즈활동을 잘 해 수입이 생긴다. 학생은 외교 정치학과, 신문방송학과, 외국어대학을 선택하면 무난하다.

⑤ 년살(年殺) / 도화살, 비서, 목욕살, 함지살

년지 일지 \ 신살	연살
해·묘·미	자
인·오·술	묘
사·유·축	오
신·자·진	유

바람을 피운다. 포태법에서 목욕살 즉 도화에 해당된다. 인기가 있으며 함지살, 물과 연관이 있다. 바람나기 쉬우며, 똑똑해져야 하므로 공부하는 운이기도 하다. 본의 아니게 깔끔해진다. 돈이 없을 때는 없는데 많을 때는 많이 생긴다. 계획(지살)의 다음으로 협조신이라 할 수 있다. 장성에게 아첨하고 희롱당하는 지지라 할 수 있고, 장성의 비서 역할을 한다. 년살은 들녘에 피는 곱고 아름다운 꽃이, 색채와 향기를 서로 자랑하고 시기하며 다투는 것이므로 너무 많지 않아야 한다. 향기와 색깔을 자랑하면서 자기의 욕망을 일시나마 채우려는 춘풍의 놀이터와 같다.

성격 애정이 넘치고, 화술이 뛰어나고 외모가 준수하며 임기응변의 재예를 겸비한 사람이다. 박식해야 하므로 고독, 수련, 수학(修學)을 하여 만물박사가 되며, 아무리 지루해도 일단 스타덤에 오를 때까지 끈기 있게 기다려야 한다.

원국 도화가 있으면서 환경이 나쁘면 부부인연이 박하고, 가정이 파탄 나는 경우가 있다. 도화살은 꼭 바람 피우는 것을 말하는 것이 아니라 요염한 자태로 상대방이 호감을 갖게 만드는 것이다.

운 빚을 갚게 되므로 기분이 홀가분해진다. 가끔 뭉칫돈이 들어온다. 교제비가 많이 드는 사업을 하는데 1~2달은 이익, 10개월은 손해이니 권하지 않는다. 바람나기 쉽고, 공부할 수 있다.

⑥ 월살(月殺) / 내당마님, 장애살, 중단, 장벽

신살 년지 일지	월살
해·묘·미	축
인·오·술	진
사·유·축	미
신·자·진	술

위축된다. 포태법에서 대(帶)에 해당한다. 뜻밖의 소득을 얻는다. 월살은 달에 해당하므로 어둠을 밝혀주는 역할을 하며, 역모동조자인 재살과는 합, 화개살(고문관)과는 충이 되며, 재살과 의기 투합한다.

장애살로서 모든 일의 침체, 답보, 중단, 좌절의 뜻을 갖고 있다.

월살은 사무직으로 있으면서 국민의 복지를 돌보는 사회사업가에 해당한다. 정치에는 야당 성향을 띄고, 어두운 곳을 밝혀주는 달이다. 달은 왕궁을 밝게 하여 불순자의 침범이 없도록 하고, 왕이 편하게 생활할 수 있는 환경을 제공한다.

월살은 서민을 위해 금일봉을 희사하는 뜻이 있으니, 운로에서의 월살은 사례금이나 위로금을 받는 것으로 드러난다.

성격 여러 사람을 배려하고 도와준다. 함부로 행동하지 않기 때문에 여명의 경우는 오히려 고독할 수 있다.

원국 돈만 있으면 사회사업을 펼쳐보고 싶은 것이며, 특히 의술에는 조예가 깊고, 약에 관하여 박식하다.

운 약학대를 지원하는 것이 좋다. 부부는 좀 멀리 떨어져 지낸다. 사례금을 받거나 위로금을 받고, 돈을 더 버는 재복이 있다. 상속을 받는 운이기도 하다.

⑦ 망신살(亡身殺) / 격전지, 패전지, 횡재, 상속, 위로금, 보상금

신살 년지 일지	망신
해·묘·미	인
인·오·술	사
사·유·축	신
신·자·진	해

옷을 벗는다. 망신을 당한다. 유산을 받거나 봉급을 받는다. 실속이 있으니 경제적인 면에서는 아주 길하다. 결혼 후 직장생활을 하면서 봉급을 받아오는 격이다.

망신살은 주로 아우성이 많고, 잡음이 많이 들리고, 신체적으로 불편이 유발되는 살(교통사고 등)이다.

장성의 앞자리에 있으므로, 적장(겁살)을 공격하다 부상당한 병사로, 부상당한 병사가 치료받는 야전병원에 비유한다. 전쟁터의 병사이니 구설 시비 송사 투쟁을 직접 나타내는 곳이다.

성격 부끄러움을 타고 노여움도 잘 타지만, 남이 침범하지 못하는 숨은 실력을 가지고 있으며, 몸은 팔더라도 이익만 달성하면 된다는 심리가 있다. 비도덕적일 때도 있다.

원국 월살이나 망신살이 있다면 고생 없이 재물을 늘리고 잘 사는 사람이다. 공망이면 복을 받지 못한다. 일지에 망신이 있으면 부부간에 소원하고, 동등한 자격과 대우를 주장하게 되니, 수양이 필요하다. 일명 '부부냉전 발생살'이다. 시지에 있으면 자녀로 인한 구설이니 교육이 필요하다.

운 횡재수가 있고, 재물에 관한 실속 있는 운으로, 상속을 받기도 한다. 노년이라면 사망을 뜻한다. 30~40대에 월살이나 망신살이 오면 재물을 축적할 수 있다.

⑧ 장성(將星) / 내무장관, 경찰청장, 호신살, 보호살

신살\년지일지	장성
해·묘·미	묘
인·오·술	오
사·유·축	유
신·자·진	자

장군이나 장성이 된다. 12운성의 왕지이다. 내 마음대로 한다. 삼합 중 가운데 글자로 내무장관, 경찰에 비유하며, 공정하고 중용을 지킨다.

총지휘를 하는 곳이며 총수가 집무를 보는 곳이다. 장성은 모든 생명체를 주도하며 지휘하는 행동을 한다. 치안 유지가 장성의 의무이다.

일반적으로 장성이 두 개 이상 있는 사람은 군인으로서 명성이 있으며, 사병일지라도 군생활에 평안을 누릴 수 있고, 군생활을 전혀 하지 않는 사람도 있다. 여명은 생활전선에 직접 참여하는 사람이 많고, 자기영역을 구축하는 사람이 많다.

장성이 강하고 월이 협조하고 사주가 균형되어 있다면 대귀대권을 잡고 국가사회를 영도해 나가는 인물이며, 공과 사를 분명히 하고 공적인 일을 하는 귀인이라 하겠다.

성격 어떤 모임이든 교통순경처럼 질서를 잡는 역할을 하고, 중심인물이 되기를 원한다.

원국 월지에 있으면 장남 노릇을 하고, 일지에 있으면 배우자에게 간섭을 한다. 장성살 띠는 돈이 필요하면 들어오게 된다.

운 월급쟁이를 그만하고 사업을 해서 활동하고 싶어 한다. 가난에 찌들던 사람이 장성살 띠의 자녀를 두면 개운이 된다. 여명의 경우 남편을 바꾸기도 하고 독신생활을 한다. 직장인은 승진하고 사업인은 영업이 잘 된다.

⑨ 반안살(攀鞍殺) / 갑옷, 내시, 고초살

신살 년지 일지	반안
해·묘·미	진
인·오·술	미
사·유·축	술
신·자·진	축

충실한 부하가 된다. 12운성의 쇠(衰)지로 운이 쇠퇴하며, 노인에 해당한다. 자금 마련을 잘하고, 식생활에는 불편이 없다.

일명 '내시살'로서, 원국에 고신 과수살이 동주하면 자식이 없다. 항시 장성을 보필하고 편안하게 협조하는 지지이다.

장군이 타는 말의 안장과 같은 형상이니, 비서실장 경호실장 등으로 말할 수 있으니, 출사에 꼭 필요한 살이다.

윗사람의 도움과 사랑을 받으며 명리를 취하고, 허세를 잘 부린다. 장성의 최측근에서 보필하며 관리들의 출입을 통제하는 자리며, 비밀통로 역할도 하니 막강한 자리이다. 또한 화개인 참모와는 좋지 않은 관계로 내부 마찰이 생긴다.

성격 성격이 곧고 지조가 강해 믿을 수 있는 사람이다. 심성이 강직하고 욕심이 없어 장사는 어렵다.

원국 부부라도 따로 재정관리를 하면, 평소에 자금을 잘 마련한다. 천부적인 봉사 서비스 정신을 가지고 있다. 노처녀 노총각은 원국에 재살과 반안살이 있는 경우가 많다.

운 장사를 하지 않아야 한다. 여명이 반안살 운에는 자식을 두기 어렵다. 저축을 잘하지만 반안살 초기에는 재산이 줄어든다. 자신만이 알고 있는 특이한 비방과 비기가 있다. 육체적인 활동은 좋지 않다. 주변머리가 있고 살림솜씨가 뛰어나다.

⑩ 역마(驛馬) / 변동마, 이동, 통신수단, 계획차질, 변동불편

신살 년지 일지	역마
해·묘·미	사
인·오·술	신
사·유·축	해
신·자·진	인

도망간다, 돌아다닌다는 뜻으로, 현재는 정보, 소식, TV, 컴퓨터, SNS가 되므로 아는 것이 많고 재치가 있다. 12운성의 병지이다. 역마 재라면 큰돈을 벌고, 역마가 관이라면 고관직, 역마가 식신 문창이면 시인 소설가, 문필가로 대단히 좋다. 돈도 들어온다.

계획의 변동이 생기고, 진행방향에 어둠이 깔리고 퇴보하는 형상도 나타난다. 역마는 생왕해야 길하며, 휴수되면 병사마(病死馬)와 같아 역마구실을 못한다.

성격 다니기 좋아하고, 달리기 좋아하고, 여행하기 좋아한다. 견문이 넓고 상식이 풍부하니 똑똑하다는 말을 듣는다. 여러 가지에 관심을 가져 산만하므로 재치는 있어도 전문적인 것이 못된다.

원국 역마가 재가 되고, 시지에 있으면 큰돈 번다. 인기직업인, 연예인, 가수 등은 역마살이 있어야 홍보가 되어 유명해진다. 길신이면 활동력이 좋고, 임기응변과 외교에 능하다. 영업 사교 외국 등과 인연이 있다. 주거가 일정하지 않는 직업을 갖게 되고, 운수업 및 자동차계열의 업무에서 두각을 보인다.

운 봉사할 일이 많아 재산을 모을 수 없다. 특히 역마월에 지출이 심해진다. 역마유년은 길사변동과 흉사변동이 일어난다. 흉신이면 평생 분주하기만 하고 결과와 실속이 없다. 노년기의 역마는 신경통, 중풍 등의 질병을 불러온다.

⑪ 육해(六害) / 지름길, 수문장, 의지살, 신경병

신살 년지 일지	육해
해·묘·미	오
인·오·술	유
사·유·축	자
신·자·진	묘

저승사자를 만난다. 병에 걸린다. 12운성의 사지이다. 일지 육해살은 본인 또는 배우자가 성격이 급하다. 키가 큰 사람이 없다. 뚱뚱하다.

도화와 충하는 지지로 피곤한 기색이 나타나고, 수심과 고민이 있다.

육해살이 많은 명국은 신병(神病)과 같은 증세로서, 의학적으로 감지하기 어려운 병을 앓기 쉬운데, 귀신병이라고도 한다.

성격 눈치·재치·센스가 빠르다. 그러나 매사에 신중치 못하고 경솔한 면이 있다. 성질이 급하고 가벼운 사람이다. 시샘이 많다. 지기 싫어하니 승부욕이 강하고, 일을 억지로 추진하려고 한다.

원국 속전속결로 해결하려 하니 경솔한 면이 있다. 고생이 많으며 여러 가지의 나쁜 뜻을 가지고 있다. 월지에 있으면 부모로 인한 수심과 걱정이, 일지에 있으면 부부로 인한 수심과 걱정이, 시지에 있으면 자식으로 인한 수심과 걱정이 있다.

운 육친끼리의 해를 뜻하는 것으로 부부불화의 일이 생긴다. 영업실적이 저조하며 가난해진다. 급하게 서둘거나 급전을 쓰면 위험하다. 육해는 나에게 행운을 주는 운줄이니, 육해살에 해당되는 달, 육해 일진 육해 시간에 축원을 진지하게 드리면 운줄이 열린다고 하였다. 육해는 배경이 되어주는 빽줄이 되므로, 기고만장해지고 냉정해진다.

⑫ 화개(華蓋) / 참모, 고문관, 반복작용, 예술성

신살 년지 일지	화개
해·묘·미	미
인·오·술	술
사·유·축	축
신·자·진	진

정신적, 종교적 학문을 성취한다. 12운성의 묘지이다. 화개살은 인격완성, 작품의 완성을 기하기 위해서는 갈고 닦고 손이 가는 반복의 뜻이 있다.

총명하고 기예(技藝)에 밝고, 화개가 공망이면 스님의 명이라고 하지만, 예술, 그림, 붓글씨 등에도 재능이 있다. 화개가 공망되면 화개작용이 더 세게 나온다. 마지막에 해당하니 뒤처리하는 곳이다.

참모를 충파하면 끝마무리를 짓지 못하고 용두사미하기 쉽다.

사물과 정신을 보관하는 작용을 하는 동시에 새로운 것을 창조하는 진리의 창고이다. 화개는 문화, 예술, 신앙과 관계된 학교, 학원, 사찰, 교회, 박물관, 수련원, 기도원 등이 속한다.

성격 화개는 색칠하듯 손이 자주 가서 갈고 다듬어지는 과정이므로 반복하는 일을 잘 한다. 항시 공부하고 근면하다.

원국 행동의 재연을 뜻하는 것이니, 재수를 하고, 무슨 일이든 중도에서 끊어졌다가 다시 이어지게 된다. 머리는 총명하고 설득력이 있으며 평소에 트림을 자주한다. 선대가 몰락했다. 참모살이 많으면 고독함이 많다. 술·축은 매우 심하고, 진·미는 친구가 있는 것 같으면서도 외롭고 고독하다. 술·축은 승려가 많고, 은거생활과 야인 학자도 있다. 진·미는 예능인이 많다.

운 복직, 친정과 친하다. 해방된다. 재능을 발휘한다.

후 기

　세상에는 참 많은 역학이 있습니다. 구성학도 그 하나겠지만 다른 학문과는 차별점이 있습니다. 글로 푸는 것이 아니라 아홉 칸에 숫자를 넣어 읽는 것입니다. 지금 후기를 보고 계시다면 이 책을 한 번은 다 읽으셨다는 뜻이겠죠. 구성학의 매력은, 역시 단순 키워드로 궁을 읽어가는 데도, 그 조합에 따라 인생의 오묘한 진리를 다 느낄 수 있다는데 있지 않을까요?
　구성학을 처음 알게 된 것은 꽤 오래 전인데, 별 흥미를 느끼지 못하다가 박창원 선생님의 강의로 다시 한 번 공부를 하게 되었습니다. 관심이 없으면 보이지도 들리지도 않는데, 마음이 바뀌니 구성으로 세상을 바라보고 해석하게 됩니다.
　장점 중에 장점은 매우 단순하다는 데에 있습니다. 5황과 암검살, 파살만 피하면 반은 성공이니까요. 1년운도 월운도 간단하니 보기 쉬울 밖에요.

　몇 년 전에 지인이 돌아가셔서 꽤나 상심했던 때, 책을 주문하신 분이 있었는데, 마침 사무실과 가까워서 책을 직접 들고 갔다가 타로를 보았습니다.
　생년월일을 묻더니 "오늘 좀 답답하군요."라며 운을 떼시더라고요. 대유학당에서 왔다고 하니, 제 본명성인 3벽이 중궁에 든 날이라는 설명을 해 주셨어요. '아! 이렇게도 간단히 보는구나' 했죠. 타로를 주로 하지만 매일 구성반을 칠판에 그려 놓고 일진을 본다고 합니다. 이처럼 누가 와도 간단히 그 날의 일을 설명할 수 있으니 정말 유용하다고요.

구성을 공부하신다는 것은 이미 명리나 다른 역학도 하셨다는 것이고, 더 실력을 향상시키고 싶다는 열망을 가진 분일 것입니다.
이 책은 박창원 선생님이 약 15년 전에 교재로 만들어 강의했던 내용을 바탕으로, 재편집하고 평생운 사례를 보강한 것입니다. 예제가 더 많으면 좋겠지만, 이정도만 가지고도 운을 보는 데는 큰 무리가 없을 것으로 보여 개인적으로는 만족합니다.
물론 줄거리와 동떨어진 내용은 많이 뺐어요. 그래서 공동 저자보다는 편집인이 맞는데, 조금 더 내용을 많이 정리하고 싶은 마음이 있어서 공동 저자로 하고, 독자들이 공부하기 좋도록 오랫동안 신경을 썼습니다.

역학 공부가 참으로 쉽지 않습니다. 조립은 열심히 하는데, 연결해주는 볼트와 너트가 빠진 느낌이랄까요? 혼자 공부하기에는 무언가 부족한 듯합니다. 3번 정도 읽고 손으로 그려보고, 어플도 사용하시다가 그래도 어려우시다면 강의를 듣는 것도 추천 드립니다. 아마 쏙쏙 들어오실 겁니다.
열심히 공부하셔서 자기 것으로 만들어 실력 있는 역학인이 되시기를 기원합니다.

중전 이연실

대유학당 출판물 안내

자세한 사항은 대유학당으로 문의해 주십시오.

전화 : 02-2249-5630/ 010-9727-5630

입금계좌 : 국민은행 805901-04-370471   예금주 (주) 대유학당

블로그 https://blog.naver.com/daeyoudang   서적구입 : www.daeyou.or.kr

주역

- 주역입문(2024 개정) 　　　　윤상철 지음　　　20,000원
- 대산주역강의(전3권)　　　　　김석진 지음　　　90,000원
- 주역전의대전역해(상/하)　　　김석진 번역　　　70,000원
- 주역인해　　　　　　　　　　김수길·윤상철 번역　20,000원
- 시의적절 주역이야기　　　　　윤상철 지음　　　15,000원
- 대산석과(대산의 주역인생 60년)　김석진 지음　　20,000원
- 우리의 미래(대산선생이 바라본)　김석진 지음　　10,000원

주역활용

- 황극경세(전5권) 2011년 개정　윤상철 번역　　200,000원
- 초씨역림(상/하) 2017년 신간　윤상철 번역　　180,000원
- 하락리수(전3권) 2009개정　　김수길·윤상철 번역　90,000원
- 하락리수 전문가용 CD　　　　윤상철 총괄　　550,000원
- 대산주역점해　　　　　　　　김석진 지음　　　35,000원
- 매화역수　　　　　　　　　　김수길·윤상철 번역　25,000원
- 팔자의 시크릿　　　　　　　　윤상철 지음　　　16,000원
- 육효 증산복역(전2권)　　　　　김선호 지음　　　40,000원

음양오행학

- 오행대의(전2권)　　　　　　　김수길·윤상철 번역　44,000원
- 어디 역학공부 좀 해 볼까?　　이연실 지음　　　20,000원
- 천문류초(전정판)　　　　　　　김수길·윤상철 번역　30,000원
- 천상열차분야지도 그 비밀을 밝히다　윤상철 지음　25,000원
- 태을천문도(2008 개정판)　　　윤상철 총괄　　100,000원
- 연해자평(번역본)　　　　　　　오청식 번역　　　50,000원
- 작명연의　　　　　　　　　　최인영 편저　　　25,000원
- 관상학사전　　　　　　　　　박중환 편저　　　50,000원
- 2023~2025택일민력　　　　　최인영 지음　　　17,000원
- 자연풍수입문　　　　　　　　정완수 지음　　　20,000원

분류	제목	저자	가격
불교 미학	마음이 평안해지는 천수경	윤상철 편저	10,000원
	마음의 달(전2권)	만행스님 지음	20,000원
	항복기심(전3권) 2018년 신간	만행스님 지음	60,000원
	선용기심	만행스님 지음	30,000원
	동양미학과 미적시전	손형우 지음	20,000원
	겸재 정선 연구	손형우 지음	23,000원
기문 육임	서산스님의 기문이야기	서산스님 지음	30,000원
	이것이 홍국기문이다(전2권)	정혜승 지음	53,000원
	육임입문123(전3권)	이우산 지음	80,000원
	육임입문 720과 CD	이우산 감수	150,000원
	육임상담소 1. 연애와 결혼편	이우산 지음	45,000원
	육임필법부	이우산 지음	35,000원
	대육임직지(전6권)	이우산 지음	186,000원
사서류	집주완역 대학	김수길 번역	25,000원
	집주완역 중용(상/하)	김수길 번역	40,000원
자미 두수	자미두수 전서(상/하)	김선호 번역	100,000원
	실전 자미두수(전2권)	김선호 지음	36,000원
	자미두수 입문	김선호 지음	20,000원
	자미두수 전문가용 CD	김선호/김재윤	500,000원
	중급자미두수(전3권)	김선호 지음	60,000원
	자미심전(전2권)	박상준 지음	55,000원
	별자리로 운명 읽기(전5권)	이연실 지음	125,000원

손에 잡히는 경전

❶ 주역점
❷ 주역인해(원문+정음+해석)
❸ 대학 중용(원문+정음+해석)
❹ 경전주석 인물사전
❺ 도덕경/음부경
❻ 논어(원문+정음+해석)
❼ 절기체조
❽~❾ 맹자(원문+정음+해석)
❿ 주역신기묘산
⓫ 자미두수 ⓬ 관세음보살
⓭ 사자소학 추구 ⓮~⓰ 시경(1~3)
각권 288~336p 10,000원

족자 & 블라인드

❶ 천상열차분야지도
❷ 태을천문도(한문판, 한글판, 우리말판)
❸ 42수 진언
❹ 신묘장구대다라니

족자(가정용) 120,000
족자(사찰용) 150,000
블라인드(120*180cm) 250,000원
블라인드(150*230cm) 300,000원

구성 키워드 요약

	사	오	미	
진	4 록 목 사업, 교제, 신용 결혼, 해외, 여행 바람, 무역(거래) 결혼궁, 중매결혼 장녀, 수습, 마무리 대장, 소장, 호흡기	9 자 화 머리, 정신, 문서 명예, 직위, 학문 탄로(발현), 망신 이별, 재판(민사) 중녀, 도장, 심장 눈, 유방, 혈액 수술(확인해서 하는)	2 흑 토 가정, 직업(취직) 부모, 처궁, 여자 엄마, 서민, 희생 고집 세다, 골동품 노력, 봉사, 옛 것 위장, 비장, 피부	신
묘	3 벽 목 새로움, 시작(출발) 소리, 전기 통신 갑작스런 사고 사기, 아이디어 젊음, 승진, 개업 간(肝), 목구멍	5 황 토 욕심, 욕구, 부패 고질병, 암, 사고 문제(오래된 병) 장의사, 하자 자기중심, 폭력 오장육부의 병	7 적 금 재물, 손재 소비, 연애, 구설 향락, 유흥, 음식점 돈쓰는 취미 수술, 막내딸 입, 혀, 치아, 폐	유
인	8 백 토 부동산, 형제, 조상 산소, 통장, 감춤 종교, 막내아들 상속, 변화, 가족 직업전환 가능 침체기, 단절 허리, 다리, 관절	1 백 수 계획, 극쇠운 자식, 부하, 차남 이성(숨은 애인) 고난, 술집, 종업원 도적, 사기, 범죄 비밀, 병들게 함 비뇨기 질병	6 백 금 아버지, 남편, 국가 대통령, 조상, 재벌 회장, 자본, 귀인 법규, 정치, 투자 역술, 승려, 자동차 사고, 도박, 형사재판, 뼈, 골수	술
	축	자	해	

년명성	태어난 년도(~2017)
1	1909년생, 18, 36, 45, 54, 63, 72, 81, 90, 99, 2008, 2017
2	1917년생, 26, 35, 44, 53, 62, 71, 80, 89, 98, 2007, 2016
3	1916년생, 25, 34, 43, 52, 61, 70, 79, 88, 97, 2006, 2015
4	1915년생, 24, 33, 42, 51, 60, 69, 78, 87, 96, 2005, 2014
5	1914년생, 23, 32, 41, 50, 59, 68, 77, 86, 95, 2004, 2013
6	1913년생, 22, 31, 40, 49, 58, 67, 76, 85, 94, 2003, 2012
7	1912년생, 21, 30, 39, 48, 57, 66, 75, 84, 93, 2002, 2011
8	1911년생, 20, 29, 38, 47, 56, 65, 74, 83, 92, 2001, 2010
9	1910년생, 19, 28, 37, 46, 55, 64, 73, 82, 91, 2000, 2009